犯罪被害と「回復」
求められる支援

What is "recovery" from crime victimization?
How to develop a support system?
—Based on the Narratives of Victims

伊藤冨士江◎編著

Edited by Ito Fujie

現代人文社

◎はじめに

　私たちの多くは、今日の続きに明日があると考えている。その平穏な日々を一挙に崩されるのが犯罪被害である。他者による不法行為で今までの日常を断ち切られる体験といってもよいだろう。ある被害者は次のように語っている（自由記述原文のママ）*。

　　「犯罪被害にあうと、その日を境に生活が一変する。突然、まっ暗な
　　荒れ狂う海に放り込まれたようなもの」

　　「ある日突然に出合う為、日常生活が破カイされ、何も考えること、
　　することが出来なくなった。廻りの人達が各々の考えでアドバイスして
　　くれたが、後で思い返すと、みんな勝手な事を言い、それに私自身がた
　　だ振り廻されていた感じ……」

　我が国の刑法犯認知件数は2003（平成15）年から19年連続で減少していた一方で、悪質な運転による交通被害は跡を絶たず、虐待や性犯罪・性暴力被害といった潜在化しやすい被害は増えている。
　犯罪被害の実情——被害にあったことで陥る苦境や長く続く影響、そして、どのような支援を受けることができるのか、あるいは受けることができないのかについて、私たちはもっと目を向ける必要がある。
　本書は、性被害、交通被害、身体的な被害（殺人、傷害等）にあった御本人、御家族、御遺族（以下、「被害者」）計22名の方にインタビューをし、その生の声をまとめたものである（第3章）。単に被害体験を集めたものではなく、被害者に対する支援はどうあるべきかという観点から、被害者の置かれる状況、被害後の刑事司法機関や医療機関等における支援、日常生活上の支援、被害後に生じた変化、被害者支援への具体的要望等についてインタビューしている。

犯罪被害は自分とは関係のない「重たい話」だと敬遠する向きもあるかも
しれない。しかし、本書に収められた貴重な語りからは、犯罪被害は決して
個人的な問題ではなく、社会課題であること、被害状況やニーズに違いが
あっても共通するテーマがあることがくっきり見えてくるはずである。まず
目次をもとに、どこからでも関心を引いたところからページをめくっていた
だきたい。

　また、このインタビューでは被害からの「回復」について多角的に尋ねて
いる。犯罪被害にあうという過酷な経験から新たな道を歩み出すことができ
るのか、ポジティブな心理的変容である「心的外傷後成長」を見出せるか、
当事者は「回復」をどのように捉えているのかなどを分析している（第4章）。

　さらに、類書に見られない本書の特徴として、支援する側——警察、検察、
弁護士、更生保護の刑事司法機関、医療機関、民間支援団体、教育現場から
の声を載せている。各現場における被害者支援の現状や、被害者の声を踏ま
えて支援体制を改善するには何が必要かを解説している（第5章）。

　被害者支援に関わるColumnも10項目取り上げ、その分野の牽引役を果た
された方、当事者、研究者に執筆をお願いした。読者にとってより臨場感を
もって被害者の問題を考えるきっかけになるものと思う。なお、第5章と
Columnの各執筆者の肩書は執筆時のものである。

　だれもが安心して暮らせる社会を築いていくためには、加害者を生み出さ
ないこと、また不幸にも被害にあった人々に対する支援を手厚くすることが
不可欠である。本書がそのための一助になれば幸いである。

　本書におけるインタビュー調査は、文部科学省及び日本学術振興会が交付
する科学研究費助成事業による「『被害からの回復』に関する犯罪被害者調査」
（基盤研究(c)課題番号：19K02221）の一環として実施したものである（第2章）。
研究分担者として本調査を担当したのは、大岡由佳氏（武庫川女子大学）、大
塚淳子氏（帝京平成大学）、平山真理氏（白鷗大学）の3名である。

最後に、被害者のニーズを中心に置いた「修復的司法（Restorative justice）」を提唱したハワード・ゼア（Howard Zehr）の言葉を引用したい。

　「被害者の声が多様で複雑であっても、すべて聴くべきである……（中略）。犯罪と正義について真の対話をするためには、被害者の声を聴かなければならない。正義を実現するためには、被害者の声を聴かなければならない。」（編著者訳）＊＊

2024年3月　犯罪被害者等基本法制定20周年の年に

編著者　伊藤冨士江

＊　伊藤冨士江（2016）『科学研究費助成事業研究成果報告書　犯罪被害者のための総合的支援システムの構築―官民協働体制を目指して―』「民間被害者支援団体の利用に関する調査」結果より。

＊＊ Howard Zehr (2001) *Transcending: Reflections of Crime Victims,* Good Books, 197＝西村春夫ほか監訳（2006）『犯罪被害の体験をこえて―生きる意味の再発見』現代人文社。

犯罪被害と「回復」
求められる支援

目次

第6章
被害者支援の新たなステージに向けて

犯罪被害と「回復」
求められる支援

伊藤冨士江◎編著

●

What is "recovery" from crime victimization?
How to develop a support system?
—Based on the Narratives of Victims

Edited by Ito Fujie

第1章

犯罪被害に関する制度・施策や支援はどこまで進んだか

伊藤冨士江

1. 犯罪被害にあうとは

　突然の犯罪被害にあったことで初めて直面する多くの厳しい現実がある。精神的打撃はもとより、物理的・経済的負担、日常生活を送るうえでの困難、そして加害者が逮捕され裁判が始まれば刑事手続上の負担と、被害者（被害者本人、その家族、遺族）は一連の苦境に陥る。

　こうした犯罪被害を被ったことによる困窮に対して、我が国では社会的関心を呼ぶこともなく、救済や支援がほとんどない時代が長く続いた。1980（昭和55）年にようやく「犯罪被害者等給付金支給法（当時 以下、「犯給法」）」が制定され、不十分ながら被害者に対して国による経済的支援が行われるようになった。1990年代以降、徐々に被害者のための制度・施策が整備されていったが、以下、犯罪被害者支援（以下、「被害者支援」）の発展経緯について5つの時期(1)萌芽期、(2)始動期、(3)基礎確立期、(4)発展期、(5)充実期に分けて概説する。また、被害者支援が進展するうえで中心的役割を果たされた3名に当時の苦労や思いを執筆していただいたColumn❶❷❸を本章末に載せる。

2. 被害者支援の発展経緯

（1）萌芽期（1960年代後半から1980年代）

　前述したとおり、我が国で「補償制度」（犯給法）が制定されたのは1980（昭和55）年のことで、世界を見ると、1963（昭和38）年にはニュージーランド

で被害者に対する国家補償制度が制定され、欧米でも1960年代に被害者に対する公的な補償制度が次々に整備されていった。我が国の被害者に対する制度や支援策は、欧米に比べて20年ほど遅れていたといわれる所以である。

犯給法が制定された背景には、1960年代後半から70年代にかけて被害者遺族を中心とした活動[*1]や多数の死傷者を出した三菱重工ビル爆破事件等があり、被害者に対する国の救済策の必要性が認識され始めたことがある。犯給法によって一定の経済的支援がなされるようになったが、それ以後被害者対策整備の動きは沈静化し、本格的に動き出すのは1990年代以降のことであった。

（2）始動期（1990年代）
1990年代に入って民間の被害者支援組織が始動し、警察を中心に被害者保護対策が進んだ。1991（平成3）年の犯罪被害給付制度発足10周年記念シンポジウムを契機に、1992（平成4）年より犯罪被害に関する大規模実態調査が実施され、民間による犯罪被害者相談室が東京に開設された。同相談室では、精神科医や心理臨床家、ボランティアによって、電話相談、カウンセリング、遺族のセルフヘルプ・グループ活動の支援等が行われた。警察庁は、1996（平成8）年「被害者対策要綱」を策定し、被害者対策を警察の本来の業務として位置づけ、被害者対策室の設置等総合的施策の推進を図った。検察庁は、1999（平成11）年に被害者支援員制度や全国統一の被害者等通知制度を開始した。弁護士会でも被害者支援に関する委員会が設置され、法的相談の体制整備が始まった。

民間の動きを見ると、全国的に被害者支援の動きが広まり始め、1998（平成10）年には8つの民間支援団体が全国被害者支援ネットワークを結成し、民間の被害者支援を統括していくことになる。被害当事者らによる草の根の運動組織も設立され始めた。

（3）基盤確立期（2000年〜）
被害者に対する法整備が進んだのは2000年以降である。2000（平成12）年には刑事手続における被害者への配慮や保護を定めた法律「犯罪被害者保護

---

*1 「犯罪による被害者補償制度を促進する会」（1976年〜1980年）が有名。息子を通り魔事件で殺害された遺族の故市瀬朝一が中心になって設立・活動した。

関連二法」（「刑事訴訟法及び検察審査会法の一部を改正する法律」及び「犯罪被害者等の権利利益の保護を図るための刑事手続に附随する措置に関する法律」）が成立した。同法によって証人尋問の際の負担軽減措置、性犯罪における告訴期間の撤廃、心情等に関する意見陳述制度の創設が規定され、刑事手続において「蚊帳の外」に置かれていた被害者が、当事者として扱われる契機となった。

　2000（平成12）年には少年法も改正され、被害者に対して事件記録の閲覧・謄写が認められ、家庭裁判所による意見聴取、少年審判での意見陳述、審判結果等の通知制度が導入された。それまでほとんど情報を得ることができなかった、少年事件の被害者のニーズに応える大きな改正であった。

　また1999（平成11）年から2001（平成13）年にかけて、児童買春・児童ポルノ、ストーカー行為、児童虐待、ドメスティックバイオレンス（DV）、危険運転等、従来の法律では被害者側に立った対応が困難だった場合の被害者保護の新法も制定されていった。

　この時期の特筆すべきことの１つに、2000（平成12）年に「全国犯罪被害者の会（以下、「あすの会」）*²」が設立されたことが挙げられる。あすの会は、重大犯罪の被害者遺族が集まり、被害者の地位の向上や司法制度の改革を訴える運動を展開した。

　また、民間支援団体においては、2001（平成13）年に犯罪被害者等早期援助団体の指定制度が開始され、警察が被害者の同意を得たうえで、被害者の情報を早期援助団体に提供し、同団体から被害者にアプローチするという仕組みが創設された。

（4）発展期（2004年〜）

　被害者支援の進展において画期的だったのは、2004（平成16）年12月の「犯罪被害者等基本法（以下、「基本法」）」制定である。被害者の権利を初めて明文化した同法は、与野党合意の議員立法の形で、急ピッチで制定にこぎつけ、被害者の切実な声が全国からの56万人近い署名に後押しされて結実したものだった。基本法は、被害者のための施策に関する基本理念を定め、国と地方公共団体、国民の責務を明らかにするとともに、被害者の権利利益の保護を

＊2　被害者遺族５人が中心となって設立。自助グループというより、被害者の権利と被害回復制度の確立を求めて運動を展開した。2018年６月に一定の成果を上げたことなどを理由に解散したが、2021年３月「新全国犯罪被害者の会（新あすの会）」として、被害回復、犯罪被害者庁の設立等を求めて活動を再開している。

図ることを目的としている。従来、「パッチワーク的に保護・支援策が組み立てられてきた」(椎橋 2006)といわれる我が国で、ようやく被害者の権利を認めた総合的・計画的な施策を明記した法律ができたといえる。

　基本法に基づき、2005 (平成17) 年に具体的な行動計画ともいうべき犯罪被害者等基本計画 (以下、「基本計画」) が策定された。基本計画は、次の4つの基本方針と5つの重点課題から成っている。基本方針は、①「尊厳にふさわしい処遇を権利として保障すること」、②「個々の事情に応じて適切に行われること」、③「途切れることなく行われること」、④「国民の総意を形成しながら展開されること」。重点課題は、①「損害回復・経済的支援等への取組」、②「精神的・身体的被害の回復・防止への取組」、③「刑事手続への関与拡充への取組」、④「支援等のための体制整備への取組」、⑤「国民の理解の増進と配慮・協力の確保への取組」である。被害者の広範囲にわたるニーズを反映した重要な指針・枠組みとなっており、以後の基本計画においてもこの基本方針と重点課題は維持されている。

　上記の第1次基本計画は、重点課題ごとに関係府省庁による計258の具体的施策が定められ、以後被害者施策は大きな展開を見せていくことになる。基本計画は5年ごとに見直され、第4次基本計画が2021 (令和3) 年4月からスタートしている。各基本計画のもとでどのような発展があったかを以下に概観する。

　第1次 (2005年12月～2011年3月) 及び第2次基本計画 (2011年4月～2016年3月) のもとでは、犯罪被害給付制度 (犯給制度) の拡充や「損害賠償命令制度」の創設が図られるなど、「損害回復・経済的支援等への取組」が進んだ。また、「刑事手続への関与拡充への取組」として、「被害者参加制度」、仮釈放審理において被害者の意見等を聴取する制度、一定の重大事件の少年審判の傍聴を可能とする制度等が導入された。

　とくに、2008 (平成20) 年導入の刑事裁判における「被害者参加制度」は、あすの会を中心に被害者が長年求めてきた制度であり、被害者参加人として被告人や証人に質問したり意見陳述ができるようになった (Column❷参照)。被害者の刑事手続への直接関与については、我が国の刑事司法の根幹構造に改変をもたらすものとして議論のあったところだが、事件の当事者としての被害者の立場が認められ、刑事司法の公正さという点でも国民の信頼を得やすい制度といえる。また、被害者参加人のために国選被害者参加弁護士制度も創設された。

2010（平成22）年には殺人罪や強盗殺人罪等の公訴時効を廃止し、強姦致死傷罪（当時）、傷害致死罪、危険運転致死罪等については公訴時効期間を延長する法整備がなされた。「加害者の逃げ得を許さない」という被害者の強い要望が実って改正に至ったものである。

　また、地方公共団体における被害者支援体制の整備が進み、第1次基本計画のもとで全都道府県に被害者のための総合的対応窓口が整備され、第2次基本計画のもとで約9割の市区町村に総合的対応窓口が開設された。地方公共団体においても被害者支援に取組むことが促進され始めた。

　民間の支援としては、全国被害者支援ネットワークに加盟する民間支援団体が2009（平成21）年にすべての都道府県に設立され、2015（平成27）年には全国47団体が早期援助団体としての指定を受け、警察と連携が取れることになった。

　第3次基本計画（2016年4月～2021年3月）のもとでは、犯給制度において課題であった点、例えば重傷病給付金の給付期間の延長、親族間犯罪における減額・不支給事由の見直し等が検討・是正された。カウンセリング等心理療法の費用の公費負担制度も全国展開されるようになった（Column❸参照）。

　また、性被害に対する取組みとしては、性犯罪・性暴力被害者のためのワンストップ支援センター（被害直後からの医療的・法的・心理的な支援を1か所で総合的に行う組織）の設置が進んだ。2017（平成29）年には性犯罪に関する刑法が110年ぶりに改正され、性犯罪の非親告罪化、被害者の性別も問われず、強姦罪の罪名は「強制性交等罪」に改められ、「監護者わいせつ罪」及び「監護者性交等罪」も新設された。この刑法改正の背景には、性暴力被害の当事者たちが声を上げ全国的にも注目されたことがあった。

　2016（平成28）年には「国外犯罪被害弔慰金等の支給に関する法律」が成立し、国外での犯罪によって被害を被った日本国民（遺族）に対して弔慰金が支払われるようになった。

　さらに、全ての基礎自治体に被害者のための総合的対応窓口が開設されるに至り、中長期的な生活支援が強調され、社会福祉士、精神保健福祉士及び臨床心理士等の専門職の活用が第3次基本計画に明記された。地方公共団体における支援体制の整備は、近年の大きな動きであり、住民の生活に身近な基礎自治体で、被害者からの相談に応じサービスや支援を提供できる意義は大きい。第1次から第3次基本計画の施行によって、経済的支援や精神的ケアが充実し、支援体制が整い、司法手続における被害者の権利の保障も進ん

だ。被害者支援は国としての一定のスキームが出来上がり、世界的に見ても引けを取らない制度になったといえる。

　我が国の特徴として、被害者支援の発展は後発であったが、進展した背景には犯給法から始まり基本法制定、刑法改正に至るまで、被害当事者の尽力、大きな働きかけがあったことを指摘できる。

（5）充実期（2021年〜）

　被害者支援の現況について、第4次基本計画（2021年4月〜2025年3月）をもとにポイントをまとめる。同計画には計279施策が盛り込まれ、第3次基本計画をさらに推し進め、被害者のニーズにきめ細かく対応する内容となっている。具体的には、①地方公共団体における条例制定を含む被害者支援の推進、②性犯罪や児童虐待等被害が潜在化しやすい被害者への支援体制の強化、③加害者処遇における被害者への配慮の充実、④障害者や性的マイノリティ等さまざまな被害者に配慮した多様な支援の推進等が挙げられている（警察庁）。また、SNSを含むインターネット上の誹謗中傷に関する相談体制の充実と、そのための広報啓発活動の強化等、最近の社会情勢を踏まえた施策が新たに入ったのも特徴である。

　①の地方公共団体における被害者支援を目的にした条例制定について、支援の法的根拠が明らかになる点で意義は大きく、2023（令和5）年4月時点で、46都道府県、13政令指定都市、606市区町村で制定されている（「令和5年版犯罪被害者白書」）。条例制定を機に、見舞金の給付や法律相談・転居費用の助成等、被害者のニーズに対応したサービスを提供するようになった自治体も多く、条例制定の動きは今後さらに広がっていくことが期待される。ただし、支援内容にはまだ地域間格差があり、総合的対応窓口の専門職配置も不十分なのが現状である。

　性被害については、2023（令和5）年に大きな動きがあり、性犯罪の規定が改正された。これまでの強制性交等罪と準強制性交等罪を一本化して「不同意性交等罪」、強制わいせつ罪を「不同意わいせつ罪」とし、犯罪の成立要件として「同意」の有無を明確化した。そのほか、性交同意年齢を13歳から16歳に引き上げ、わいせつ目的で16歳未満の者を手なずける行為（グルーミング）を処罰の対象とし、公訴時効の期間を延長するなど、従来から課題だった性被害に関わる定義や処罰規定を大幅に見直した内容となっている。「性暴力を許さない」という新たな社会的メッセージにもなることが望まれる。

また、2023（令和5）年にはもう1つ大きな展開があり、6月に犯罪被害者等施策推進会議において「犯罪被害者等施策の一層の推進について」が決定された。これは、自民党政務調査会司法制度調査会「犯罪被害者等保護・支援体制の一層の推進を図るプロジェクトチーム」の提言等を受けたもので、次の5項目の取組を実施することになった。①犯罪被害給付制度の抜本的強化に関する検討、②犯罪被害者等支援弁護士制度の創設、③国における司令塔機能の強化、④地方における途切れない支援の提供体制の強化、⑤犯罪被害者等のための制度の拡充等（警察庁）。

　上記の①②④については有識者検討会が設置され、①と④は警察庁のもとで1年以内を目途に結論を出し、これらを踏まえて必要な施策を実施することとされている。また③については、10月1日警察庁に「犯罪被害者等施策推進課」が新設され、職員を増員し司令塔機能の強化に向けて動き出したところである。

　これらの動きは、基本法制定以降の重大な展開ということができ、被害者支援・施策が被害者のニーズに応えるものとしてさらに充実していくか、注視していく必要がある。

【引用文献等】

・椎橋隆幸（2006）「犯罪被害者等基本計画が示す施行の全体像」『法律のひろば』59(4)、38-44
・警察庁「第4次犯罪被害者等基本計画（資料）」
　https://www.npa.go.jp/hanzaihigai/kuwashiku/keikaku/pdf/dai4_basic_plan_shiryou.pdf（最終閲覧：2023年8月31日）
・警察庁「地方公共団体における犯罪被害者等支援を目的とした条例の制定状況」
　https://www.npa.go.jp/hanzaihigai/local/jourei.html（最終閲覧：2023年8月31日）
・警察庁「犯罪被害者等施策に関する基礎資料」
　https://www.npa.go.jp/hanzaihigai/whitepaper/2023/zenbun/siryo/siryo-4.html（最終閲覧：2023年8月31日）
・国家公安委員会・警察庁編『令和5年版犯罪被害者白書』

被害者支援創成期を振り返って

山上 皓
東京医科歯科大学名誉教授
公益社団法人被害者支援都民センター特別顧問

　1992（平成４）年から2008（平成20）年まで被害者支援の最前線に携わり、志を同じくする全国各地の知人や専門家とともに被害者支援活動を進展させてきた。その歩みを振り返ってみたい。

　私は日本に欧米並みの被害者支援を実現したいと願って、1992（平成４）年に勤務先の東京医科歯科大学の研究室を拠点として「犯罪被害者相談室」を設立した。そのきっかけとなったのは、1991（平成３）年の犯罪被害給付制度発足10周年記念シンポジウムでの、ある被害者遺族の方の発言である。御自身の体験をもとに支援活動の必要性を強く訴える言葉が心に重く残り、犯罪被害救援基金より財政支援を受けて相談室を開設したのだった。

　1998（平成10）年に当時設立されていた民間支援団体８組織で、活動内容の充実を図る目的で「全国被害者支援ネットワーク」を結成した（現在全国48団体が加盟）。翌1999（平成11）年には、被害者支援は社会の責務であるという観点から「犯罪被害者の権利宣言」（①公正な処遇を受ける権利、②情報を提供される権利、③被害回復の権利、④意見を述べる権利、⑤支援を受ける権利、⑥再被害から守られる権利、⑦平穏かつ安全に生活する権利の７項目）を公表した。この権利宣言が社会を動かす第一歩となり、犯罪被害者遺族の団体と連携して国に働きかけ、2004（平成16）年に「犯罪被害者等基本法（以下、「基本法」）」が制定された。翌年には具体的施策を定めた「犯罪被害者等基本計画（以下、「基本計画」）」が策定され、以後、国の被害者支援策は急速に進んできた。

　この間に犯罪被害者相談室は支援の実践を重ね、2000（平成12）年に警視庁と東京都の支援を受けて「被害者支援都民センター」へと発展的に解消した。現在は、電話・面接相談のみならず、早期直接的支援、心理療法・認知行動療法の実施等、充実した支援活動を行っている。

　このように民間支援団体による被害者支援活動は比較的短期間で順調な歩みを進めたように見えるが、それには二つの極めて大きな要因とそれに関わる方々の貢献があったことを忘れてはならない。その一つは、1996（平成８）年の警察における「被害者対策要綱」の策定である。同要綱は、「被害者対策・被害者の保護」を警察本来の業務の一つとして位置づけ、この業務を担当する部署を警察庁、全国の警察に設置し、これらの機関が民間支援団体の発展を大きく支えてくれた。

　もう一つの要因は、犯罪被害者・遺族及びその団体の活動である。私たちの活

動の原点が、一遺族の声にあったように、その声は社会を動かす力をもっている。多くの被害者・遺族の声と思いとが、マスコミ、社会を動かし、ついには国会や行政府等も動かして、基本法が制定され、基本計画が策定され、さらに展開されてきたといえる。これらの要因のいずれか一つが欠けても、現在のような被害者支援の発展はあり得なかったであろう。

　私は臨床精神科医から犯罪精神医学研究の道に入り、被害者の方々の実情を知ることで被害者支援の実践に関わるようになった。研究者は社会によって学ぶ機会を与えられているのだから、国民の安全や幸福のために必要な改革への提言を積極的に行う責任があるものと考える。次代を担う支援者には、「被害者支援活動の原点は、被害者・遺族の思いにある」ことを忘れず、さらに歩みを進めることを願っている。

　なお、紙数が限られていたため、お世話になった方々の氏名や基本法制定以後の経過などには触れることができなかった。下記の参考文献を参照していただきたい。

【参考文献】
・山上皓（2001）「被害者支援との関わり―この10年を振り返って―」『犯罪被害給付制度20周年記念誌』76－80
・山上皓（2002）「被害者支援の歩み」『センターニュース』6号、2－3
・山上皓（2011）「被害者支援の二十年を顧みて」『犯罪被害者支援の過去・現在・未来―犯罪被害者支援20年・犯罪被害給付制度及び救援基金30年記念誌―』94－97
・山上皓（2016）「被害者支援活動をはじめた頃の記憶―お別れのごあいさつに代えて」『センターニュース』49号、3－5
・山上皓（2019）「犯罪被害者相談室の設立と、その歩み」「全国被害者支援ネットワークの設立に至る経緯」『民間団体による犯罪被害者支援の歴史と展望―全国被害者支援ネットワーク創立20周年記念誌―』33－37、42－46

（やまがみ・あきら）

被害者参加制度の創設
──検察官への意見表明権と検察官による説明義務

髙橋正人
弁護士

　被害者支援の進展において刑事司法手続上大きな転換となったのが、被害者参加制度である。同制度創設の経緯を振り返ることとする。

　刑事訴訟法316条35の検察官に対する意見（要望）表明権、検察官の説明義務は、被害者参加制度という大きな建物を基礎から支える土台の部分にあたる。これらの権利・義務が定められるにあたり、2006（平成18）年10月から始まった法制審議会刑事法（被害者関係）部会（以下、「法制審」）では、さまざまなやりとりがあった。

　被害者参加制度の創設運動を率いてきたのは、言うまでもなく全国犯罪被害者の会（通称あすの会：2018〔平成30〕年6月解散。以下、「旧・あすの会」）であった。被害者らからは、従来より、訴因設定権、証拠調べ請求権、上訴権を認めて欲しいという強い要望があった。なぜ傷害致死で起訴し、殺人で起訴しないか、なぜ、この証人を呼んでくれないのか、なぜ、上訴しないのかなどの点で、被害者には大きな不満があったからである。

　例えば、包丁を振り回して通行人を次々に刺殺した東京の通り魔事件で2人が死亡、5人が重傷、2人が暴行を受けた事件で、2名殺人罪、5名傷害罪、2名暴行罪で起訴された（ただし、後日公判で変更された）。そもそも、通り魔の無差別殺人で、この人は殺そう、この人は生かそうと思って刺して回るはずがなく、本来であれば、後者7名については当初より殺人未遂罪で起訴しなければならなかった。さらに、包丁の柄の部分をしっかりと右腕に固定するためさらしを巻いて犯行に及び、何度も突き刺したという別の事案でも、遺族らへの説明では「病院で3日間生き延びたから」という意味不明の理由で殺人罪ではなく、傷害致死罪で起訴されたこともあった。仕事に追われている検察官の、できるだけ手を抜きたいという意図が見え隠れしていると疑われても仕方のないような事案が跡を絶たなかったのである。そこで、法制審では、訴因の設定変更権を認めてほしいという要望が、被害者側から寄せられることになった。

　もっとも、そこまで認めると三当事者主義（検察官、被告人、被害者を訴訟当事者とする制度）となり、現行法の二当事者主義（検察官と被告人を訴訟当事者とする制度）と整合性がなくなる。もちろん、旧・あすの会では、現行法では被害者は救われないからそれを変えてほしいと訴えているのであるから、三当事者主義の採用を否定する理由にはならない。

ただ、そうは言っても、わずか8回の法制審だけで、それまで60年間続いた刑事訴訟法の根本を変えることは、あまりに難しく、このまま会合が無益な「そもそも論」に空転するのであれば、被害者のためにはならない。

　そこで、旧・あすの会では、苦汁の選択として、三当事者主義を撤回し、二当事者主義を前提とする案を受け入れることにした。

　一方、それに変わるものとして法務省より、上記の検察官への意見（要望）表明権と検察官による説明義務が提案された。もちろん、これが単なるお飾りであっては困るが、法文で明記されれば、特に、被害者参加人に弁護士がつけば、検察官も合理的に説明しなければならなくなるので、被害者の要望が適切に取り入れられるだろうという信頼のもとに定められた。そして、それをさらに敷衍化し詳細にするため、2007（平成19）年9月と2014（平成26）年10月21日に最高検察庁より全国の検察官に対し依命通達が発出されたのである。

　被害者参加弁護士は、被害者と話す時間が長く、その中で一見して事件と関係ない話をすることも多いが、反面、検察官も知らない重要な事実や被害にあった者でなければ分からない視点に気づかされることも多々あり、それを事前に意見（要望）表明という形で検察官に伝えることによって、公判で被告人質問の事項を一緒に考えたり、論告で反映したりすることで弁護人の理不尽な弁解に効果的に反論することができるようになったのである。これらの制度は、一見すると検察官と対立する制度のようにも見えるが、実際の趣旨は、被害者と検察官が十分なコミュニケーションを取りながら、協同して訴訟を進める土台とすることにある。まさに、刑事司法は被害者のためにもあると書いた第一次犯罪被害者等基本計画の理念に沿うものである。

（たかはし・まさと）

「第３次犯罪被害者等基本計画」の策定と推進

安田貴彦
公益社団法人全国被害者支援ネットワーク顧問
元警察庁警察大学校校長

　筆者は、行政官として、我が国の被害者支援の発展の出発点となった1991（平成３）年の犯罪被害給付制度発足10周年記念シンポジウムの企画・開催、1996（平成８）年の警察庁「被害者対策要綱」の策定、2001（平成13）年の犯罪被害者等給付金支給法の全面改正など、たびたび犯罪被害者政策の大きな節目に関わってきたが、行政の立場で最後に担当した大きな施策が第３次犯罪被害者等基本計画（2016〔平成28〕～20〔令和２〕年度）の策定とその推進であった。本稿では筆者が第３次基本計画の策定等に当たって心がけてきたことから、二点に絞って申し述べたい。

　第一に、政策立案のプロである行政官のなすべき仕事は何か、ということである。犯罪被害者政策の検討に当たって、被害当事者や被害者支援団体からの意見・要望に真摯に耳を傾けることは当然であり、政策立案の原点である。しかしながら、行政官の仕事は、単に被害者等からの要望等に対して、「それはできます」、「それはこんな事情があるので難しいです」と回答すれば事足りるというものではない。被害者等は政策のプロではないのである。被害者等が真に困り、苦しみ、憤っていることは何か、そうした困難が生じる本質的な問題点はどこにあるのかを的確に把握すること、そして、それに対して現時点で可能な最適解の政策（被害者等の当初の要望とは全く異なる解決策である場合もあり得る）を企画立案し、さまざまな関係者との折衝や調整を経ながら実現へと導くこと、それこそが行政官のなすべき仕事である。

　だが、それだけではまだ十分とは言えない。

　第二に重要なことは、犯罪被害の実態に対する想像力、洞察力である。意見要望を言語化し主張できる被害者だけが被害者の全てではない。余りに困難な状況に置かれているために声を上げる力さえない被害者、あるいはさまざまな事情により声を上げたくても上げられない被害者、さらには自身の置かれている困難な境遇が犯罪被害であることすら自覚できない被害者が存在すること、そしてそうした人々こそ、本来最も支援を必要としているにもかかわらず、支援の手が届いていない被害者であるということに対して、深く思いを致すことが重要である。

　こうしたことを踏まえ、第３次基本計画策定に当たっては、多くの新たな施策や視点を盛り込んだ。その一つが犯罪被害給付制度の改正である。被害者団体との真摯な意見交換を通じ、本当に被害者が困っている４つの論点（①重症病給付

金の支給対象期間等の在り方、②犯罪被害者に負担の少ない支給の在り方、③若年者の給付金の在り方、④親族間犯罪被害に係る給付金の在り方）を具体的に抽出して第3次基本計画等に盛り込んだ。それらの論点について、警察庁として一年をかけて綿密な実態調査と広範かつ多角的な制度の検討を行い、全ての論点において被害者団体を含むあらゆる関係者が十分に納得できる結論を得、制度化することができた。

　今一つが、「潜在化しやすい被害者」への注目である。顕在化していない以上具体的、網羅的に対象となる被害者とそれに対する支援施策を特定することは困難であり、それゆえ行政の施策として基本計画に盛り込むことには消極意見や抵抗も少なくなかった。しかし、我々が未だ認知できていない被害があるという事実を認識すること、そして、被害を潜在化させている背景・要因を探り、一人でも多くの被害者を顕在化させ支援の手を差し伸べる努力をすることが、これからの被害者政策の展開にとって極めて重要であることを力説し、専門委員等会議の委員の後押しもあって、第3次基本計画に新たに盛り込むことができた。この視点は第4次基本計画においても引き続き強調されているところであるが、宗教団体や芸能事務所において長年潜在化していた夥しい被害者の実態が明るみになった最近の事例を見るにつけ、ますます深化させていかなければならない視点であると考える。

　問題の本質を捉えた政策を実現すること、そして「声なきに聞き、形なきに見る」こと。これらは将来にわたって被害者支援の政策を考える際に大切にしていきたい二点である。

【参考文献】

・安田貴彦（2016）「これからの犯罪被害者支援施策（上）（下）～第3次犯罪被害者等基本計画を中心に～」『警察学論集』69（9）、96-116、69（10）、103-112
・小堀龍一郎（2018）「犯罪被害給付制度の改正の背景と有識者検討会の提言について」『警察学論集』71（5）、9-27
・安田貴彦（2019）「犯罪被害者支援における民間団体の意義及び、警察による被害者支援の展開と民間団体との関わり（上）（下）」『警察学論集』72（9）、125-143、72（10）、167-192
・安田貴彦（2021）「内閣府及び警察庁において、そして民間の立場から」『犯罪被害者支援30年・犯罪被害給付制度及び救援基金40年記念誌』38－47
・安田貴彦（2021）「第4次犯罪被害者等基本計画を踏まえての犯罪被害者支援の展望と課題」『警察学論集』74（10）、97－148
・安田貴彦（2024年6月刊行予定）「被害者支援に貢献する被害者学をめざして」『被害者学研究』33

（やすだ・たかひこ）

第2章

「被害からの回復」に関する犯罪被害者調査について

伊藤冨士江

1. 犯罪被害者調査の概要

　第1章では犯罪被害に関する制度・施策が整備され、国としての一定のスキームが出来上がってきた経緯を概説した。しかし、そうした支援は必要とする被害者にきちんと届いているか、また被害者のニーズに対応できているだろうか。被害当事者の声をもとに被害後の実態をおさえて、支援の改善につなげていく必要がある。

　そこで、犯罪被害にあった方々の視点からより良い支援体制を探ることを目的に、全国調査を実施した。この調査は、P17の**図1**に示すように、①オンラインによる質問紙調査（量的調査）と②インタビュー調査（質的調査）から成る。調査の対象は、交通事件、性犯罪、ストーカー行為、DV、傷害等の暴力犯罪、殺人未遂・殺人等の被害者及び家族、遺族で、1990（平成2）年〜2019（平成31）年の間に被害を受けた18歳以上の方（調査時点）とした。

　①　オンライン調査では、回答数を多くするため、調査委託会社クロス・マーケティング（学術調査部門）のアンケートモニター（モニター調査）及び関係機関・団体やマスコミの広報を通じて協力を得た一般の方（オープン調査）という2つのルートから回答を得た。調査期間は2020（令和2）年10月〜12月末日であった。回答データはデータクリーニングを行い、モニター調査：412名、オープン調査：95名、計507名を分析対象とした。オンライン調査の結果報告書は、デジタルブックとして次のURL（http://fujie-ito.com/research/digitalbook/html5.html#page=1）に公表した。

図1　「被害からの回復」に関する犯罪被害者調査の全体像

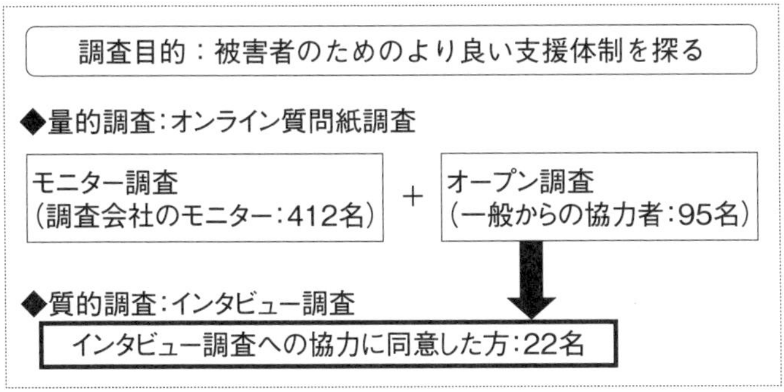

```
┌─────────────────────────────────────────────────────────┐
│  ┌───────────────────────────────────────────────┐      │
│  │  調査目的：被害者のためのより良い支援体制を探る  │      │
│  └───────────────────────────────────────────────┘      │
│                                                           │
│  ◆量的調査：オンライン質問紙調査                          │
│  ┌─────────────────────┐     ┌─────────────────────┐   │
│  │ モニター調査          │  +  │ オープン調査          │   │
│  │（調査会社のモニター：412名）│   │（一般からの協力者：95名）│   │
│  └─────────────────────┘     └─────────────────────┘   │
│                                          │                │
│  ◆質的調査：インタビュー調査              ▼                │
│  ┌───────────────────────────────────────────────┐      │
│  │ インタビュー調査への協力に同意した方：22名        │      │
│  └───────────────────────────────────────────────┘      │
└─────────────────────────────────────────────────────────┘
```

②　インタビュー調査では、より詳しく被害者の声を聴き取るために、オンライン調査の中でインタビューの協力者を募り、オープン調査に参加した22名の方から協力の同意を得ることができた。

2. インタビュー調査の実施

　前述のとおり、インタビューへの協力に同意のあった方々に対して個別にメールで連絡を取り、インタビューの目的や方法等を説明し、依頼文書と同意書及び撤回書を送付し、サインした同意書もしくは協力撤回書を返送してもらうという手続を取った。依頼文書には、インタビュー協力の自由意思の尊重、途中で辞退しても不利益が生じないこと、個人情報の保護、分析結果の公表の仕方、またインタビュー後に体調に変化が生じた場合の相談先等を明記した。

　インタビューは、2021（令和3）年6月から11月にかけて、Web会議システム等を使って実施した。インタビュアーは2名で、1名が主に質問し、1名が補助として記録を担当し、インタビューの録音・録画については事前に確認し了承を得た。

　インタビュー内容は、被害の概要、被害後に受けた支援（警察、医療機関、検察、法テラス、民間支援団体、地方公共団体、行政サービス、周囲のサポート等）の中で、役立った／満足と感じたもの、あるいは役に立たなかったと感じたもの、支援を受けなかった場合どのような支援があればよかったと思うか、

「被害からの回復」のイメージ、被害後の自身の変化、被害者のための支援への要望等であった。

　最終的にインタビューに協力いただいた方々（以下、「協力者」）は、被害者本人、その家族、遺族の計22名で、居住地は東北、北陸、関東・甲信越、近畿、九州地方にわたり、協力者の被害種別は以下のとおりであった。全員からインタビュー内容の録音・録画の許可を得ることができた。

・性被害：8名
・交通被害：9名
・殺人（傷害致死）：4名
・傷害致傷：1名

3．インタビュー結果の分析方法と公表

　22名から得られたインタビューデータについて、①性被害（8名）、②交通被害（9名）、③身体的な被害（殺人、傷害等）（5名）の被害種別に分けた。インタビュー実施の平均時間は、性被害：約68分、交通被害：約80分、身体的な被害：約70分であった。逐語録にしたデータを質的研究手法であるロング・インタビュー法（G. McCracken 1988）によって分析し、カテゴリー化し、研究チームで検討を重ねまとめていった。

　ロング・インタビュー法は、質的研究法であるグラウンデッド・セオリー・アプローチをもとに確立され、データ採取から解析の方法まである程度構造化されている点が特徴である。「研究の対象が社会・文化的事項、個人的経験などの場合に用いるのに適している手法」「対象者が対等な研究協力者であることが明確に意識される手法」（熊倉・矢野 2005）とされ、本インタビュー結果の分析に適していると考えられた。

　インタビュー結果は、協力者の語りを大切にする形で、次の5つのテーマにそってまとめた。⑴被害の実態とその影響、⑵適切だと感じた対応・支援、⑶不適切／不十分だと感じた対応・支援、⑷被害後の変化・「回復」、⑸被害者支援に関する要望・社会への発信。

　インタビュー結果の分析内容については、協力者全員から確認と公表の了承を得たのち、ウェブサイト「科研費による研究 2021年度インタビュー調査」（http://fujie-ito.com/research/interview_2021.html）に公表した。

4．倫理的配慮等

本調査は、文部科学省及び日本学術振興会が交付する科学研究費助成事業基盤研究（C）（研究課題：犯罪被害者の「回復」過程を促進する要因に関する研究、課題番号：19K02221、代表者：伊藤冨士江）の一環として行ったもので、「上智大学『人を対象とする研究』に関する倫理委員会」の承認を受けた（承認番号2020－93）。

【引用・参考文献】

・Grant McCracken（1998）*The Long Interview,* SAGE Publication
・熊倉伸宏・矢野英雄（2005）『障害のある人の語り―インタビューによる「生きる」ことの研究』誠信書房

第3章

被害にあった人々の声を聴く

伊藤冨士江

　第3章ではインタビューに協力して下さった方々（以下、「協力者」）の声を、性被害、交通被害、身体的な被害（殺人、傷害等）の順で取り上げる。被害種別ごとに、4つのテーマ①被害の実態とその影響、②どのような対応・支援を適切だと感じたか、③どのような対応・支援を不十分／不適切だと感じたか、④被害者支援に関する要望・社会への発信に沿ってまとめる。

　なかなか声に出しにくい、協力者の貴重な語りにぜひ耳を傾けて欲しい。

　なお、協力者の語りの「　」内の（　）は、編者による補足部分である。語り末尾の（　）内は、S＝性被害、T＝交通被害、V＝身体的な被害を表し、同一人の発言を示す便宜上の番号及び被害者との関係を記している。

1．性被害にあった人々の語り

　性被害と聞いて、夜道を女性が一人歩いていて突然襲われる……といった場面を思い描くことが多いかもしれない。しかし、実際には性被害は普通に生活している中で起きており、子どもに対する被害も多く、実にさまざまな形の被害がある。被害の暗数が多く、潜在化しやすいのも性被害の特徴である。

　性被害のインタビュー協力者は計8名（すべて女性）で、概要は次のとおりである。

　8名のうち、7名が被害者本人、1名が被害者の母親で、インタビュー時の年齢別は20代1名、30代5名、40代2名であった。本人が被害にあったときの年齢別は、10歳未満1名、10代前半2名、10代後半2名、20代2名、30代1名だった。被害内容は、強制わいせつ罪被害5名、強制性交等罪（未遂

を含む）被害3名であった（被害時の罪名）。加害者との関係では、無関係・知らない人5名、知人1名、担任教諭1名、カウンセラー1名であった。

（1）性被害の実態とその影響
① 性被害が与える身体的・心理的影響
　性被害の特徴として、一定の共通した症状（トラウマ反応）がインタビュー協力者に現れていることが挙げられる。性被害の及ぼす影響がいかに大きいかを指摘できる。
　協力者の多くが被害後に、フラッシュバック[*3]、不眠、悪夢、解離、過呼吸[*4]、自傷、薬の過剰摂取（オーバードーズ、以下、「OD」）の行為に至るなど、長期にわたって身体面・心理面で苦しい経験をしている。自分ではコントロールできない症状について、次のように語られている。

　　「何がきっかけだったとか憶えてないんですけど、被害にあったのが砂利道だったし、川が近かったから、水がなんか湿った臭いみたいなのがすると思い出したりとか。あと、就職活動とかで、どんなこと頑張ってたとか、自分の人生（を）振り返るときにフラッシュバックすることがあって、寝れなくなってみたいなのがあった……」（S6・本人）

　　「やっぱり1回パニックというかそういうふうになっちゃうと、制御がどうも効かないみたいで。体に症状が出たりとか、そういう感じになりやすい体になっちゃったところはあるかもしれないです。」（S4・本人）

　　「（被害にあってから自分を）傷つけちゃったり、あと、薬、自分が持ってると、1回大量に飲んじゃったりということもあったんで、……家族に全部、薬、今、預けて。切っちゃったりするといけないから、部屋とかにカッターとか置かないようにとか。」（S1・本人）

---

*3　心的外傷後ストレス障害の症状の1つ。意図していないのに、ある手掛かりで、過去の出来事が不意に思い出される症状。
*4　「記憶の連続性が途切れたり、自己の記憶が自分のものとして統合されないような通常とは異なる心理状態」（『有斐閣現代心理学辞典』〔2021〕、93頁）。

「ものすごい解離もひどかったりして、記憶が飛んだりとかもしょっ
ちゅうあって、何かすごいボロボロだったんですけど、ご飯も食べれな
かったり仕事も行けなくてというときに、記憶がないときに、いつの間
にか薬をいっぱい飲んでしまっていて事故にあいそうになったときが
あって。そのときも、だれにもこんなひどい状態のことを相談できない
し、どうしようって、またそうなったらどうしようとか、すごい不安で
……」（S5・本人）

　このような症状について、適切な医療が提供されなかったり、精神科にか
かることに抵抗があったり、しばらくたってから受診する場合が見られた
（詳細は後述）。一方、次のS2さんのように被害後早い時期にカウンセリング
を受けることができ、安心感を得た方もいる。早期に精神面の治療や適切な
サポートにつながる必要性が示されている。

　「精神面のところでサポートしていただける制度があると聞いたので、
無料のカウンセリングは何回か受けさせていただきました。（中略）
……そういう場があるという安心感はあったのと、話せて私自身もよ
かったなっていうところはあります。自分が正常なんだ、これは大丈夫
なんだという裏付けにもなったので、それはよかったなと思います。」
（S2・母親）

② 性被害後の日常生活に及ぼす影響

　身体面・心理面に及ぼす直接的な影響のみならず、日常生活を送るうえで
も支障が出てくる。神経がピリピリしている、事件と関連することを見聞き
するだけで怖い、被害にあった時刻が怖い、警戒心が強くなる、防犯意識が
高まるなど、とくに自宅で被害にあった方に顕著な傾向が見られた。こうし
た症状について、その訴えを丁寧に聴き長期的に見守っていくことが肝要と
いえる。

　「実家に帰っても怖くていられないような状況だったので、（20代後
半だったが）それこそ子どもみたいに（両親に）お願いしたようなとこ
ろがあったと思います。夜中にトイレに行くのも怖くて……」「すごく
神経がピリピリしてたですし、あとは、いつも悪夢を見てました。事件

のことの夢とかを見ることがすごく多かったし、あと、少しでも関係が
あることを見たり聞いたり何か感じると、もうそれだけで怖いっていう
か、……時計が（被害時刻を指している）のを見るだけでも気持ちが悪
いっていうか恐ろしくて、つらくて耐えられないみたいな、そんな状況
でした。」（S3・本人）

　　「（自宅で被害にあった娘の）警戒心はすごく強くなりましたね。
　　……防犯意識もすごく高まってるので、窓は一人のときは絶対暑くても
　　鍵は開けないとか言ってるくらい……」（S2・母親）

③ 長期にわたる性被害の影響：アニバーサリー反応

　長期にわたる被害の影響の１つとして、アニバーサリー（記念日）反応も[*5]
挙げることができる。こうした反応について、病的なことではなく、トラウ
マ体験をした場合に生じる自然な反応であることを伝えるなど適切な心理教
育を行うことが必須である。

　　「事件があった月とかになると、『わー』ってパニックみたいなのが
　　起きちゃうときもあるんです。」（S1・本人）

　　「事件自体が８月の夏場だったんですけど……夏場の同じぐらいの時
　　期に急に具合悪くなるとか、左側を殴られたりとかがあったんですけど、
　　左側だけ重くなるとか、夏場のそのときだけちょっと痛くなるっていう
　　のがありましたね。」（S4・本人）

　　「事件があったのが７月の終わりなので、いつもだんだん暑い時季に
　　なってくると気分が悪くなってくるというか、『アニバーサリー反応で
　　すよ』って教えてもらってたんですけど、いつも毎年のようにそういう
　　ときが、ひどかったりひどくなかったりはいろいろなんですけどあって
　　……」（S3・本人）

＊5　事件や事故、災害等大きなストレスを受けた場合、被害（被災）体験をした月日や時期が
　　近づくと、当時の反応（症状）が再び生じることをいう。

④　子どものときの性被害による長期間にわたる影響

　今回のインタビューでは、小学生や中学生のときに被害にあった方が４名いた。子どものときの性被害は、その後の学校生活や人生にさまざまな影響を及ぼす。具体的には友人を避ける、異性が苦手になるなどの不適応傾向、継続する自傷行為などが見られた。

　小学低学年のときに、見知らぬ男性から校内で強制わいせつ（自慰行為を手伝わされる）被害にあったS7さんは、中学生のときにも痴漢にあい、その後の変化について次のように語っている。

　　　「やっぱり小学校の被害直後っていうことを振り返ってみると、友達が遊びにきても、『ひとりでいたい』って言って追い返してしまった記憶とかがあって、そういう部分ではちょっと影響があったのかなと思います。ひとりでいる時間が長くなったり、（中略）……もともとそんなに積極的なほうでもなかったですけれども、より自分から人と接することを避けてしまうようなことはあるかなと思います。」「一番つらかった時はやっぱり10代のころで、中学生の時に歩いていて、ちょっと痴漢。胸を、すれ違った時に触られるっていう被害にあって、その後、その影響かどうか分かんないんですけど、ちょっと髪の毛が抜けるようになった時期があったりして……」（S7・本人）

　中学生のときに通学電車内で痴漢にあうことが多く、また模試に向かう途中で道を聞かれた男性から強制わいせつ被害にあったS6さんは、次のように語っている。

　　　「友達に対しても結構苦手意識があったりとか。女子の友達も少ないけどいるんですけど、その子たちとは全然仲よくできるのに、男の人になった瞬間に、自然、引くじゃないけど、仲良くできないかなって思う部分もありました。」「中学のその被害にあった直後とか、大学に入るまで、性被害だっていう認識がなくて。適応障害になったのも、後々、心療内科の先生に、『PTSDと関係があるんですか』って聞いたら、『あるよ』って言われて、そうなんだと思って。」（S6・本人）

　また、自尊感情の低下や自暴自棄に陥りやすく、大人になってさらなる性

被害にあう場合が見られた。

　　「どうなってもいいやって思う部分が結構あって。それこそ、大学に
　　入った直後とかに全然知らない人とホテル行ったりとかしたことがあっ
　　て。別に何がしたかったわけじゃないけど、ただ何か、自分が何なのか
　　分からなかったし、今もたまにそう思うことがあるから。だから何か、
　　大事にできないかなって思いに……」(S6・本人)

　　「自分の体に価値がないというか、どうでもいいと思っていました。
　　そして（留学中のホームステイ先で）何の感情もなくされるがままで、
　　結局妊娠し、中絶もしてしまいました。亡くしてしまった子どもには申
　　し訳ないのですが……。そうなることで、あのこと（子どものときの性
　　被害）は大したことなかったんだ、あれくらいどうでもよかったんだと
　　思っていたのではと、今思うんですけど。（中略）……何かもう性に関
　　してどうでもよくなって何の感情もなくなっていました。」(S8・本人)

　小学生から高校生のときまで兄から継続的な性被害を受けていたS5さんは、
大人になって心理状態が不安定になり、ネット検索で探し当てたカウンセ
ラーからカウンセリングを受け始めたが、逆にそのカウンセラーから性被害
にあった。子どものときの性被害を止めることができず適切にケアされな
かったことが、成人してからの性被害の要因の１つとなっていることがうか
がえる。

　　「カウンセラーから、カウンセリングと称して性被害を受けたんです
　　けど。私、子どものころに、小３から高校１〜２年ぐらいまで、兄から
　　性被害を受けていて、大人になってからのほうが結構つらくなって、大
　　人になってからカウンセリングを受けたり病院に行ったりし始めたんで
　　すけど……（いいカウンセラーが見つからず、ネットで見つけたカウン
　　セラーに相談するようになった）。」(S5・本人)

　長期にわたる影響として、被害時の自分と同じころの年齢の子どもたちを
みると強い不安感をもつと述べた方もいる。

「(自分の子どもの) 成長を見ていて、周りにその時の自分の年齢と
だんだん近くなってくると、不安というか、そういう毎日保育園に送り
迎えをしてて、5歳とか、6歳の子たちを見てると、やっぱり何か不安
な気持ちっていうか、これからそういうことが自分の知ってる子たちに
起きてしまったらどうしようっていうふうな不安感っていうのは他のお
父さん、お母さんと比べたら強いのかなって。」(S7・本人)

⑤　子どものときの性被害の問題点：だれにも言えなかった

　子どものときの性被害について、被害者の4名全員が当時「だれにも言え
なかった」と語った。性被害だと認識できなかった、怖くて言えなかった、
大人に言いたくなかったなどその理由はさまざまであるが、どのような状況、
心境だったのか、次のように語っている。

【自分の理解を超えたことで、人に言ってはいけないと思った】
　S7さんは同級生二人とともに、校内で見知らぬ男から強制わいせつ被害
にあい、去り際に「大人に喋ったら、おれにはそれがすぐ分かるから、おま
えたちを殺しに行く」と脅かされた。

　　　「全然話せなかったです。やっぱり、(加害者から) そういうことを
　　言われた直後でもありますし、自分たち自身がやっぱり、言われたこと、
　　自分たちがしたことの意味がやっぱり分からないというか、とてもこん
　　なことをしたっていうことは人には言えないことだっていうふうに感じ
　　ていたので、多分、口止めとかされなかったとしても、自分たちからは
　　ちょっと、言葉にできなかったのかなって思います。」(S7・本人)

　上記のS7さんは、加害者が去ったあと教員が来て子どもたちの様子から
異変に気付き、おそらく親に連絡をし、帰宅後親から尋ねられたことを憶え
ている。親からのアプローチがあっても、固く口を閉ざしていた様子がうか
がえる。その心境について、次のように語っている。

　　　「……(その夜) 母から『何かあったんだったら、話、してね』って
　　いうふうに言われた記憶はあるんですけど、やっぱりそれも、『うん、
　　分かった』っていう返事だけして、何があったかっていうことについて

はいまだにやっぱり言えてないです。……自分の口からは言えてないし、親も知らないと思います。」「やっぱり、そういう自分の理解を超えたことをしてしまったというのがあって、それを人に話した時にどういうふうに受け止められるか。何か〇歳（10歳未満）っていうことだと、まだ人間はそんなことしないと思っていたので。何か人間だったら絶対しないようなことを自分は殺されるのが怖いからやってしまったんだっていうふうに、その当時は思っていたので。それを人に言うことで、何かもう、そんな、あいつらは人間じゃないというか、そういう目で人から見られてしまうんじゃないかなっていう、やっぱり心配があったんだと思います。」（S7・本人）

【性被害だと認識できなかった】

　S5さんは小学生のときから長期間にわたって兄から性被害を受けていたが、親にもだれにも言わなかったとはっきり述べ、中学生になるまで何が起きているか分からなかったと語っている。

　　　「（兄からの性被害について）寝てるときに布団に入ってきて触ってくるっていうのがエスカレートしていったっていう感じだったので……（中略）でも親とかには、そのときは、されてる期間は親には言ってはいなかったし、だれにも言っていなかったです。」「その当時は、本当に起きていることなのか、夢の中の出来事なのか分かんなかったし、それが明確に現実に起きているんだなっていうのが分かったのが中学生のときだったと思うので、それまでは別に何もつらさとかもなくて、汚い感じとかはあって、何だろうなっていう感じはしていて……」（S5・本人）

【どう対応していいか分からなかった、説明できなかった】

　S6さんは中学生のときに路上痴漢にあい、学校の教員に報告し一人で警察署まで行ったが、その後の対応が不十分で親の理解が得られなかったことを経験する。以後、通学電車の中で度重なる性被害にあったが、だれにも言わなくなった。周囲から理解が得られなかったために、心を閉ざしていったことがうかがえる。

　　　「親には学校から連絡がいっちゃって。自分から話す気はなかったん

ですけど、母親しかいなくて、お父さんが単身赴任で。そのときに、あんた災難だったねみたいな感じで笑われたので。」「もう話す気もないので、被害とかについては何も話してないです。」「（継続的な痴漢について、警察には）行ってないです。だれにも言ってないです。」

　「結構普通に被害に、電車の中で被害にあっても、普通にしてなきゃいけないじゃないけど、そんなに大げさに騒いだりしちゃいけないのかなと思って、ずっと普通に学校に通ってたんですけど、もっと頼れる人がいれば頼ってもよかっただろうし、そこまで頑張って学校に行く必要もなかったんじゃないかなって思います。」（S6・本人）

【怖くて言い出せなかった、意味が分からなかった】
　次は小学高学年のとき担任教諭から継続的に（1年以上）性被害を受けていたS8さんの声である。放課後校内の用務員室に複数の女子児童が集められることがあり、一人だけ残されて教諭に抱きつかれ、服の中に手を入れられ体を触られるという強制わいせつ被害にあっていた。現在40代になり、当時のことを次のように語っている。

　「（だれかに発見されたことは）ないです。やっぱりだれかに言おうかな、明日は校長先生の方に行こうかなと思うときはありました。でも、すごく威圧的な、怒るとビンタするような担任だったので、怖かったのがありました。親には言えなかったです。」「（だれにも話せなかったのは）どうしてか、何でですかね……今思うんですけど、私がそのことを言わない子、言えない子だろうと思われたからですかね。やっぱり言えなかったんですけど。」
　「そのとき性教育があったのかなかったのか……なぜ相手はそれを喜んでいるのか、自分の体に何が当てられているのかすら、理解できていませんでした。その意味が分からないんです。だから余計、言い出しにくかったんだと思います。」（S8・本人）

（2）どのような対応・支援を適切だと感じたか
　性被害当事者にとって、被害後にどのような支援を受け、役立ったと感じたのはどのようなことだったのだろうか。警察や検察での対応、裁判等の司法手続、また民間支援団体による支援等について、「よくしてもらった」「あ

りがたかった」など肯定的に語られたものを、以下にまとめる。当事者の目から見てどんなことが役立ったのか、見ていきたい。

① 警察における適切な対応
　警察の被害者対応について、近年は配慮が行き届くようになったといわれるが、実際にどのような対応がよかったと感じたのか、近年被害にあった方々の声である。

【被害現場で親身になって対応してもらった】
　数年前に自宅で娘が被害にあったS2さんは次のように語っている。

　　「警察の方は、女性の警察官の方も一緒に来ていただけたので、そういう意味では話しやすい環境であったり、刑事さんの聞き取りに関しても、とても親身になってやっていただきました。検証（実況見分）する男性の職員さんとかもたくさんいらっしゃいましたが、ただ、そこに関してもすごく丁寧で、（被害）内容を考えると、娘たちの状況を考えると、その辺もすごくケアしていただいた上で、警察の方にはとてもよくしていただきました。」（S2・母親）

　次は10年ほど前に自宅兼職場で被害にあったS3さんの声である。被害直後は非常な混乱状態にあり、そのような中での警察による丁寧な対応、安心感を与える言葉かけが重要なことを示している。

　　「警察の人は皆さん優しくしてくださってよかった。最初はもう鍵も開けられない、『警察ですから開けてください』って言われても、男の人に開けてって言われても、もしかしてさっきの人かもしれないと思うと。もちろん下にパトカーが止まってて、窓から見れば分かってたんですけど、『開けてください』と言われてもちょっとしばらく怖くて開けられないような。でも、『安心してください。大丈夫ですから、開けてください』って感じで、開けたりして、優しく、親切に対応してくださってありがたかったです。」（S3・本人）

【「あなたは悪くない」と言ってもらえた】

中学生のとき痴漢被害にあい交番に出向いたS6さんは、そのときを振り返って警察官から「あなたは悪くないよ」と言ってもらえたことがよかったと語っている。

「一人で交番に入るのも怖いし。でも、結構優しい、対応してくれた方が優しい方だったので、しっかり話は聞いてくれたりはしたんですけど、人に話すのもちょっと嫌だなって思う部分があって。『あなたは悪くないよ』って言ってもらえたので、……それはよかったと思います、その中では。」（S6・本人）

【無料のカウンセリングや臨床心理士の対応が役立った】

次の方々のように、警察での無料のカウンセリングがよかった、調書を取るさいの臨床心理士の付添いが役立ったといった発言があった。

「精神面のところでサポートしていただける制度があると聞いたので、無料のカウンセリングは何回か受けさせていただきました。受けなかったよりは絶対受けたほうがよかったんだろうな。私ども、私もそうですし、娘も……（中略）そこ（深刻なレベル）までは至ってなかったというのはあるんですが、ただ、そういう場があるという安心感はあったのと、話せて私自身もよかったなっていうところはあります。自分が正常なんだ、これは大丈夫なんだという裏付けにもなったので、それはよかったなと思います。」（S2・母親、再掲）

「調書を取ってもらうとき、私、もともと過呼吸になったりパニックになったりするので、知り合いの方にそれを相談したら、警察に心理士さんがいるはずだから、付添ってもらえるかどうか、駄目もとで聞いてみたらって言われて。それを駄目もとで聞いたら、してくれることになって、調書のとき、2日間かかったんですけど、そのときずっと付き添ってくれて、途中何回も休憩してくれたり、深呼吸したりとか、警察の方の対応も全然違ったし、すごいよかったです。」（S5・本人）

【幅広い相談に乗ってもらえた】
　また、起訴がむずかしかったケースについて、警察の相談室で幅広い相談に乗ってくれたことがよかったという声もあった。

> 「警察の被害者相談室だったかの人が会いに来てくれて、詳しく、被害内容じゃなくて、今の職を失ってる状況とか、そういうのも話を聞いてくれて。ただ、（給付金について）ハードルが高いし、期間がもう過ぎてしまっているからっていうので難しいだろうけど、でも結構親身になって話は聞いてくれたり、全然関係ない相談とかも乗ってくれたりしたので、その方たちはよかったです。」（S5・本人）

② 検察における親身な対応

　検察の対応については、「（加害者を）許せない」という観点から親身になってくれた、真摯に話を聞いてくれたなど、起訴、不起訴にかかわらず事情聴取のさいの検察官の態度にかかわる発言があった。

> 「やっぱり（検察官は）同じ女性ってこともありましたし、許せないねっていうところで結構いろいろ親身になって話聞いてくださったり……」（S4・本人）

> 「検察はとっても真摯に話を聞いてくださって、丁寧に対応してくださった」（S5・本人）

③ 被害者参加制度を利用して満足した

　刑事裁判の被害者参加制度[*6]を利用した当事者からは肯定的な評価が見られた。公判に参加でき、自分の意見を直接伝え、加害者本人の言葉を聞くことができたことの満足感を語り、「前へ進むことができる」と表現している。

> 「被害者本人（娘）はまだ未成年なので、その場には出たくないという思いも当然あったので、そういう代弁はできるようなものがあるのは

---

*6　被害者参加制度：2008（平成20）年12月1日から導入され、一定の重大な事件の被害者や遺族等が刑事裁判に参加できる制度。

すごくありがたかったし、自分の言葉で伝えるということが、私たち家族にとっても、前に進むことができる、最終的につながっていくであろうと思っていた部分があったのでよかったです。」「直接、正直、文句言いたいじゃないですか。言いたかったんですよ。『何で？』ということを、とにかく自分の言葉で、生の声で伝えたい。言いたい。そして、本人の声で、どういう声なのか、反応するのかというのを感じたいという思いが強かったのでよかったです。言えたし、本人からの言葉というのを聞けたのでよかったと思います。」（S2・母親）

　満足した背景には、被害者参加制度の利用のための打ち合わせについても、弁護士の配慮がありスムーズにいったことが挙げられる。

　　「弁護士の先生のご指導をいただきながら、言う内容を調整したり、作文みたいなのをつくるんですけど、それは結構大変。先生が最終的にはまとめてくださったんですけれども、仕事と家のことと、慣れないそういうことが（ある）というのは、時期的には大変でした。……職場にも近かったということがあったので、たまたまなんですけれども。打ち合わせするにしても、仕事にあまり支障がない程度に時間調整ができたので、そういう意味でもやりやすかったですね。（弁護士が）女性の方っていうのも安心な部分はありました。」（S2・母親）

　また、国選（被害者参加）弁護士を利用して費用がかからなかったことの利点を述べた当事者もいた。

　　「今回は国選弁護士でするので、費用とかはかからないですよみたいな感じで。なので、そういうのもあったので、結構多額の費用がかかるとかだったら、もしかしたら裁判やるかやらないかというのは悩んだかもしれないですけど、金銭面とかも大丈夫そうだったので、じゃ、裁判やろうかなって感じです。」「弁護士さんもすごくいい方、女性の方だったんですけど、結構いろいろそのまま自分の気持ちとか書いたものを分かりやすく裁判用にまとめてくださったりとか、ちゃんとやっていただけたので、裁判の中でもより伝わったかなと思います。」（S4・本人）

④ 被害者等通知制度があってありがたい

被害者等通知制度について、利用したS2さんは「絶対（制度が）あってありがたい」と語っている。被害当事者にとって加害者の処遇経過について知ることができることが、いかに重要かが示されている。

> 「加害者がどこの刑務所に入った、今どういう状況だということは、何か変わった都度、通知をしていただいています。（中略）（被害者本人の娘には）聞きたいかどうかを確認して、今後も話すタイミングがあれば、本人の意向に沿って伝えていきたいなと思っています。」「生活範囲内に、（中略）……刑務所に入っちゃったら、また出てきたときには結局また地元に帰ってくる可能性が高いし、何か嫌だなという思いがあったんですけれども、今回通知もらっているのは、もうちょっと遠い刑務所なので、若干安心しました。なので、今回の通知制度というのはありがたいです。（中略）絶対これは欲しいです。絶対これはあってありがたいです。」（S2・母親）

⑤ 民間支援団体における役立った支援

協力者には民間支援団体（以下、「支援センター」）による支援を受けた方が5名いた。実際に被害当事者が適切だった／役立ったと感じたのはどのような支援だったのだろうか。

【最初のコンタクトが大切】

支援センターにつながった経緯は、「警察からの紹介」、「自分でインターネットを調べて」、「親が電話してその電話口の声を聞いて」などさまざまだった。

S1さんはためらいはあったが支援センターと連絡を取り、その後支援センターから付添支援や専門的治療を受けることができた。相談窓口に被害者

＊7　被害者等の希望に応じて、事件処理の結果、裁判に関すること、加害者の身柄の状況等が通知される制度。

＊8　犯罪等の被害者、その家族及びその遺族に対する支援活動を行う公益社団法人。全国支援ネットワークに加盟する団体として全国に48（北海道は2団体）あり、犯罪被害者等早期援助団体として都道府県公安委員会から指定されている。電話・面接相談、カウンセリング、付添い・代理傍聴等の直接的支援、自助グループ支援等を行っている。

側から連絡を取るのは容易でないこと、その最初のアプローチに対して温か
く親身になって対応することがポイントであることが分かる。

> 「最初は行くのが不安だったんですけど、電話越しで（窓口の人の）
> 声を聞いてたら、『あ、行けるかな』と思って、行ってみて……」（S1・
> 本人）

【司法機関、病院等への付添いがありがたかった】

　支援センターによる付添支援については、「よかった」「ありがたかった」
という声がほとんどだった。とくに検察庁への付添いでは、支援センターの
相談員が自分の味方になってくれたと感じ取っている。

> 「検察庁とか行ったんですけど、そのときにもずっと隣で支えても
> らってたんですけど、『示談とかしたら』とか、検察庁の人に言われた
> ときに、一緒に怒ってくれたりとか。」「（病院の付添いが）よかったで
> す。大丈夫。待合室の雰囲気が嫌だったんで、だれかにいてもらったの
> がよかった。」（S1・本人）

> 「（裁判では）やはり緊張して、あまりうまくしゃべれなかったんじゃ
> ないかなというのは後から思ってます。（被害者のきょうだい）も聞き
> に行ったんですよ。ちょっと見たいと言っていて。そのときにも付添い
> の方が来て、サポートとしていてくれたので、非常にありがたかったで
> す。」（S2・母親）

【専門的治療（PEプログラム）が役に立った】

　支援センターでPTSDの治療法であるPE療法[*9]を受けた方の声である。PE
療法はトラウマ体験を詳しく想起する段階があるが、PE療法を受け終了で
きた方は次のように語っている。ただし、全国の支援センターのうちPE療

＊9　PEプログラム（prolonged exposure 法）のこと。エクスポージャー（暴露）法とPTSD
　　の情動処理理論に基づいて開発されたPTSDの治療法。トラウマとなった体験やその中心部
　　分を想起し、詳細に繰り返し語る（『有斐閣現代心理学辞典』（2021）、312頁）。トレーニ
　　ングを積んだ心理士等が実施する治療法であり、全国の支援センターで実施できるところは
　　少ない。

法を実施できる体制が整っているところは大都市圏に限られ、センターの地域間格差があるのが現状である。

> 「思い出しても平気だよっていうプログラム（PE療法）があって、支援センターのほうで。それに参加したんで、何とか通常の生活ができるようにはなってましたね、そのプログラムのおかげで。」「結構過酷なやつだったんです。でも、それをやっちゃったら、もう楽です。」（S1・本人）

> 「（PE療法について）『やめたほうがいいんじゃない、そんな無理しなくていいよ』って周りは言ってきたんですけど、私は、多分これを信頼して最後までやったほうが回復するんじゃないか。せっかくそういう機会を与えてもらったからと思って、……（中略）最後まで続けることができて、本当にこういうふうに回復できたんですけども……（中略）PE療法がこういう被害者の方に行き届くっていうか、受けたい人が受けられるような、全国どこにいても受けられるようなことになって、もっと広がっていって欲しい。」（S3・本人）

しかし、次のS4さんのようにPE療法が向かない被害者もいる。被害者の心理状況や準備状況に合わせて、専門的治療が選択肢の1つとして提示されることが重要である。

> 「私は、どっちかというと思い出すのも嫌だったんで、自分の声とかそういうのでちょっと嫌だなっていう、（PE療法で）録音した声とかが嫌だなとか、そういう感じがあったんで、（中略）……家でやったかっていうとあまりやらずその（相談）当日迎えてとか、そういう感じだった記憶はあります。」（S4・本人）

【一番よかったのが支援センターによる支援だった】
支援センターによる全般的な支援について、肯定的評価をした被害者の声は次のようである。

> 「（支援センターの対応について）全部がうれしかったんですけど、

つらいときに『大丈夫だよ』って、『悪いのは○○さん（S1さんの名前）じゃないからね』とか。」「やっぱ泣き寝入りしてる子たちが多いってよく聞くんで、それでへこまないで、ここ（支援センター）の人たちはサポートすごくしてくれて、私もすごくきつかったりしたんですけど、この人たちがいたから乗り越えられたなっていうのがあるんで……」（S1・本人）

　「（一番役立った支援は）支援センターだと思います。もちろん（職場の団体）のサポートも本当に配慮と、温かいっていうか、一生懸命考えてくれて対応してくれたからすごくありがたい。でも、それだけのサポートだったら、多分ここまで回復してなかったと思いますし、やはりそれは支援センターの支援があったからだと思います。」（S3・本人）

【継続的な支援が助かっている】
　支援センターによる継続支援を望む被害者は少なくない。S3さんの事件は犯人未逮捕で、いつか犯人が逮捕されたときにも相談に乗って欲しいと全幅の信頼を寄せており、現在の生活の安心感につながっていることがうかがえる。長期にわたる支援は、民間支援団体だからこそできるサポート体制である。

　「もしものときには（支援センターに）電話しようって思っているし、PE療法とかが終わって、または何年かたってある程度回復しても、ふっと調子悪くなったり、これってどうやって考えたらいいんだろうってことが起こってくることがあって、そういうときには電話で、担当してくれた相談員の人か、PE療法をしてくれた臨床心理士の方か、どちらかに大体電話することが多かったです。（中略）……ここ２～３年前に二次被害[*10]のことについて、電話で、すごく何かがつらくって、二次被害のことだったと思うんですけど、相談した……」「（支援センターには）いつかまた犯人が捕まったときとかも相談に乗ってもらいたいし、何かあったときに相談したいなと思っていて……」（S3・本人）

---

*10　被害者に対する周囲の人や関係者、マスコミ等からの理解のない言動。直接の被害から派生して生じるさまざまな被害を指す。

⑥ 医療機関につながり適切な治療を受けることができた

被害後に適切な医療機関が見つからなかったり、つながらなかったりする被害者が多い中で、S1さんのように医師との相性がよかったので通い続けていると語る被害者がいる。

> 「(医師と) 合わない人は本当に合わなくて、行かなくなっちゃったりとかが多いんですけど、でも、(私は病院に) 行けてるんで、何とか大丈夫だったのかなという感じです。」(S1・本人)

病院につながる経緯として、S6さんは大学の学生相談室から紹介され、PTSDの治療につながった。専門的治療を受けることができ、長い間抱えていた問題が少し片付いた実感をもっている。PTSDの専門的治療を提供できる医療機関が増えることが望まれる。

> 「大学2年ぐらいのときに、ちょっと体調崩して、あとで適応障害って言われたんですけど、そのときに大学の学生相談室みたいなのがあって、そこに相談しに行ったときに紹介していただいたところがちょうどPTSDの治療もやっていて、4年生になってからやってもらってた感じです。」「想像エクスポージャーっていうのをやったんですけど、片足は今に置いておいて、もう片足を被害のときに突っ込んで、思い出して話していくっていうのをやってました。……すごい眠れなくなるとか、思い出したりしちゃって寝れなくなるとかはなくなりましたし、すごいもやもやっとしたものが自分の中にあったんですけど、それがちょっと片付いた気がします。」(S6・本人)

次のS4さんのように、警察、支援センター、医療機関とつながっていたので、引きこもらず日常生活が送れていたと述べる方もいた。

> 「警察の方とか、民間 (支援センター) の方も割と、心療内科の先生とかもいい方に会ったんで、完全に引きこもったりとかもなく、それなりの生活を送れてました。」(S4・本人)

職場等のインフォーマル・サポートに助けられた

上記のような制度化されたフォーマルな支援のほかに、インフォーマル・サポート[*11]を挙げた被害者がいた。例えば、被害後に職場の配慮によって休養期間をもらい実家に帰ることができたり、宿泊先を確保してもらったりしたことや、友人や家族からのサポートである。

　　　「職場の団体のサポートがやはりすごくありがたかったなということは思いました。」「実家に帰ることができたのは、後々考えるとすごくありがたかったなって思いました。」（S3・本人）

　　　「結構周りの人たちに恵まれてたんで、職場とかも、もしあれだったら迎えに行くからねとか……」（S4・本人）

また、何でも話せる友だち、幼友だち、伴侶に支えられたという声もあった。インフォーマル・サポートに着目し、得られやすくする点も見逃してはならないポイントである。

（3）どのような対応・支援を不十分／不適切だと感じたか
協力者の語りには上述のように、適切だった支援が挙がった一方で、不十分あるいは不適切だったと感じられた対応や支援、二次被害についての発言もあった。不適切だと感じる点は個別性の高い面があるが、被害者の立場に立った場合にどのような対応、支援が求められるかを検討するヒントにしたい。

① 警察での不適切な対応
【女性警察官の不在】
S1さんは被害後に事情聴取のため警察署に行ったところ、男性警察官しかいないと言われた経験を次のように述べている。性被害にあった女性への対応として、警察署では女性警察官の適切な配置を保つことが必須である。

　　　「やっぱり警察、行ったときに、男の人しかいないっていうのが、女

---

*11　自然発生的な家族や親族、友人、近隣住民、ボランティア等によって提供される支援。

の人が少なかったっていうのが、結構しんどくて、行きづらいっていうのがあって、何回か呼ばれたときにも、行きたくないって言ったりしてました。」「（事情聴取の）場所のことより、女の刑事さんが多いほうがいいなって。詳しい話とかする部分とかあったんですけど、そのときとか（男性警察官には）話しにくいなと思ったりはありました。」（S1・本人）

【事情聴取・実況見分での不適切さ：長時間にわたる負担感や被害者の心情の理解不足】

事情聴取では被害者の負担を考える必要がある。長時間になったり、正確さを期すためもあろうが、被害状況を何度も尋ねられたりすることで負担感は増す。被害者の負担感への配慮を最優先にすることが望まれる。また、関係者に事情を聞く場合も、被害者に事前に十分に説明し了解を得ておくことが求められる。

　　「また同じ話を何回も何回もしなきゃっていうのも嫌になっちゃって。」「『じゃあ、もう一回』『もう一回』みたいな感じになるんで。そんなに思い出したくないのにって。」
　　「友だちとかに連絡してもらって、お酒飲んだときにどういう状態になるかというのとかを確認されるのが嫌になっちゃって、『もう嫌だ』って言って、パニック状態というか、大暴れしてっていう感じです。」（S1・本人）

実況見分での警察官の対応について、不適切だったと考えられる指摘もあった。

　　「男性の警察官の人が、（下着の）模様とかを大きい声でというか、多分何か書いたりするためだと思うんですけど、何色でどういう柄とか言ってて、えっ、だれにも見られないようにしてくれるって言ったのに、そんな大きい声でしゃべって、しかも見えてるし、恥ずかしいなっていうのがありました。」（S3・本人）

【不起訴になる可能性について説明不足】

　事件によっては、立証が困難なため起訴を見送ると判断される場合があるが、被害者に対して丁寧な説明が必要である。S5さんは、自分の被害について勇気を出して警察署に相談に行ったものの、警察官の一方的な対応に不信感や絶望感をもつに至っている。

　　　「相談したときには、私が一通り話をして、その後に、どんなに立証が難しいかとか、不起訴になることがほとんどだとか、どんなにつらい、今もつらいだろうけど、これ以上もっと精神的にも負担がものすごくなるし、それを長期間続けることになるし、途中で、どんなにつらくても、すごいつらいからやめますって途中でやめることもできないから、それでもやりますかっていうような、何か、何ていうんだろう、被害届出さないで欲しいみたいな感じに言ってるように私は捉えてしまって……」
　　　「そんな感じに、向こうはどういうつもりで、本当にそのぐらいつらいから覚悟してくださいっていう意味で言ったのかも分かんないですけど、私は、そのときはもう絶望感でいっぱいでした。」（S5・本人）

　また、上記のS5さんは被害届を出すにあたって、警察官から一方的に出せないと言われ、絶望感、理不尽さを感じたと表現している。

　　　「（加害者の）大体の住所とか勤めてるところとか年齢とか全部分かったんですけど、その（対応した）男性の警察官は、たぶん、私のその事件のことについて目を通してないみたいで、どこのだれかもまだ分かってないのに、そんな被害届なんか出せないとか、何かもうすごいガーッて言ってきたので。そんな、警察官の考えでそんな変わってしまうんだなっていう絶望感というか理不尽さといったものをすごい感じました。」（S5・本人）

【捜査段階で使われる言葉の不適切さ】

　「強姦」（当時）[*12]等被害当事者からするとストレートすぎる言葉が使われて

---

*12　強姦罪は、2017（平成29）年7月13日から施行された刑法改正により、「強制性交等罪」になった。さらに「強制性交等罪・準強制性交等罪」の名称を「不同意性交等罪」、「強制わ

いるといった指摘があった。例えば、法律上の用語だと前置きしたうえで聴取するなど、女性被害者の心情への配慮が必要である。

　　「調書取るときとかもそうだと思うんですけど、やっぱり警察とかだと、普通だとこういう言い方しないよねっていう言い方も（していました）。あえてというか、ちょっとストレートなというか、最近も強姦というのが違う名前になりましたけれど、言葉がストレート過ぎたりとか……」（S4・本人）

② 検察での不適切な対応
【示談についての説明不足】
　S1さんの事件は証拠不十分で不起訴となったが、検事から示談を勧められたように感じ不快な思いをしている。

　　「頑張って、結構時間かかってたんで、（不起訴と聞いたときは）『時間かけてこれか』っていうショックはすごくありました。」「（検事から）……何か『示談も刑の1つだよ』って言われて……お金が欲しいからっていうわけじゃないんで……（嫌だった）。」（S1・本人）

【公判の「被害者への配慮」についての説明不足】
　公判で自分の氏名や住所を伏せることができモニターによる証言も可能だと思い、証言しようと覚悟を決めていたところ、検事からそれは裁判官が決めるので分からないと言われ困惑したケースがある。近年、検察は被害者のための配慮を推進しているが、地域によって差があり説明の仕方等徹底されていない面があるかもしれない。被害者の権利を守るという観点からも丁寧な説明が求められる。

　　「裁判のときに証言するのも、その冊子には、名前とか住所とかは伏せれるみたいな、そういうのもありますって書いてあったり、別の部屋でモニターで証言することもできるって書いてあったんですけど、その検察で言われたのを、それを受けられるものだとずっと思ってたんです。

いせつ罪・準強制わいせつ罪」を「不同意わいせつ罪」に変更することが決まった。

ずっと思って、検察まで３年半ぐらい頑張ったんですけど、そこで、『名前を伏せられるか、伏せられないかは裁判官が決めるので、それは分かりません、それが使えない場合も考えて証言できるかを決めてください』って言われたんです。」「それで『もう証言はしません』って話をしたんです。それを何かもう、裁判官が決めるんだったら決めるでいいんですけど、それが決まってから証言するかどうかを決めさせてもらえたりとか……そんな理不尽なことないわって、すごい思いました。」（S5・本人）

③　医療機関における不適切な対応

　性被害を受けた高校生に対する病院における不適切な対応として、次のような指摘があった。性被害にあった翌朝、警察から紹介された病院に行って検査を受けたが、当直医と思われる男性医師の対応に問題があった。付添った母親は次のように述べている。被害者の年齢や被害直後の心理状況に配慮し、本人と保護者に対して、検査前に丁寧に説明し対応していくことが求められる。

　　　「男性の当直医の先生の対応は、私にとっては最悪でした。まず、検査が、分かると思うんですけれども、産婦人科の台に乗って、足を広げるじゃないですか。……（中略）事件直後の、まだ何も分からない子どもがあの台に乗ること自体が、すごく嫌がったということと、（検査後の洗浄処置を）していない……」（S2・母親）

　また、医療機関（精神科）にかかった被害者の発言として次のようなものがあった。性被害にあった方のOD（薬の過剰摂取）の問題について、医師がもっと敏感に対処し、当事者とともに適切な投薬治療を考える必要がある。

　　　「近くの病院でいい病院がないし、行っても意味ない感じがしてしまって。私、（薬を）もらっちゃうとすぐODとかしちゃうんで、なんかODするために薬をもらってるみたいな感じになっちゃって。すごく悪影響しかないなって思って、薬も少しずつ減らしてもらって、今は行ってないです。」（S5・本人）

④ 被害者のニーズと社会資源のミスマッチ

　犯罪被害者のための経済面・生活面の制度・施策は整ってきたが、被害者のニーズと社会資源が合わないケースも見られる。以下は、被害現場が自宅ですぐに引っ越す必要があったが、転居先として提示されたものは家族のニーズに合わず自ら探すことになった方と、給付金の支給が受けられなかった方の声である。

　　　「(転居先として) 使えるものはいろいろ提示していただいたんですけど、なかなか一時的な避難場所というような取り扱いになっていたりすることが多かったので、あんまり使えなかったなというところがありました。結局、(転居先の) 自宅は自分の足でいろいろと調べて決めました。」(S2・母親)

　　　「あそこ (被害者支援の冊子) に書いてある支援って、結構いろいろあるじゃないですか。でも、結局使える支援って本当になくて。私、被害者給付金の申請もしようかと思って、その冊子を見て、駄目もとで電話して聞いたんですけど、でもそのとき、今、変わって、被害を受けてから3年間ってなってるけど、そのときはまだ仕事をなんとか踏ん張って頑張って働いていた1年間で、仕事も失っていないし……(申請しなかった)」(S5・本人)

⑤ 学校・家庭における不適切な対応

　中学生のときに学校のそばで痴漢被害にあったS6さんは、すぐに学校の教員に報告したが、適切に対応されなかった。その後も被害の影響が続き学業に影響が出たが、親からの理解も得られなかった。今から10年ほど前の出来事であるが、現在は改善しているだろうか。教育現場において性被害にあった生徒への対応について手引き等を作成し、教職員間で共通認識をもち対応することが必要である。

【学校に報告した際の負担・失望感】
　　　「(報告したあと被害について) 聞かれました。学校でも、学年主任の先生と担任の先生、両方とも女性の方なんですけど、昼休みに呼ばれて、話さなきゃいけなかったり……」「担任の先生が女性の方だったん

ですけど、『刃物を持ってたら怖いから抵抗しちゃ駄目ですよ』って言われたりとか、結構、私が悪いみたいな言われ方をしたので、それがすごい今も心に残ってると思います。」（S6・本人）

【教員や親の理解不足とその後の影響】

「学校の先生からは、結構その被害にあった直後はいろいろ言われたし、成績が下がってから個別面談みたいなのがあったんですけど。そのときに、ああいうことがあったのはかわいそうだけどみたいな感じで、結構その後も引き合いに出されることが多くて、何かことあるごとに。それが嫌だった。結構、親も、笑ってごまかしたじゃないけど、心配してくれなかったというのが自分の中でまだ大きいかなって思います。」（S6・本人）

【相談窓口の周知がされていない】

上記のS6さんは被害後の相談について次のように語っている。中高生に対する相談窓口の周知が望まれる。

「（性被害の相談窓口について）学校では全然言われないし、窓口あるよって言われていたら確実に相談してると思うんですけど、言われなかったっていうか知らなかったし。それ、大学に入ってから知ったんです。」（S6・本人）

6　子どものときの性被害を訴えた場合：警察の不十分な対応

小学生のとき担任教諭から継続的に性被害を受けていたS8さんは、20歳を過ぎてカウンセリングを受け、そのカウンセラーから警察に相談に行ったらどうかと助言された。そこで、担任教諭から当時届いた手紙をもって警察に行くが、適切な対応を得られなかった。

「（加害者からの）手紙をもって、親に言ってなかったので一人で県の警察に行きました。手紙は、捨てたかったのですが、将来何かの証拠になると思い取っておいたので。警察で話は聞いてもらいましたが、『もう時効だからね、今後どうこうしたいわけではないんでしょ』という感じで。時効と言われれば警察に行ってもどうしようもないのは分かって

いましたが、『言い出せるには時間がかかるもんです』とは言ってきました。」「手紙の中に（教師である前に人間だったと書いてあり）……それを見た警察の方は『その先生は本当にあなたのこと好きだったのね』と言われました。私、別に好かれても嬉しくないですし、『好きだからって何してもいいんですか』と今なら言えるんですけど、その時は、『ああ、そうだったんですか』とがっかりして帰りました。」（S8・本人）

　S8さんは、被害にあった話を警察で真摯に受け止めてもらえたとは感じられず、教育委員会とつながっているのではないかと疑念を抱いた。そして、時効があることについての理不尽さについても発言している。

　　「教師をかばうイメージはありました。結局、教育委員会とつながっていると思いました。『また気をつけて見ておきます』だけで、じゃあ、その人を調べようとかの話は全くありませんでした。」「時効があるというのは、つらいです。言い出すことに時間がかかるのに、とくに子どものときは理解もできていないのに、と思います。」（S8・本人）

　さらに、後年その担任教諭がまだ教員を続けていることを知り、怒りとともに自責の念を強くしている。

　　「（教師を続けていることを知ったら）何かすごく心が乱れました。まだ教師をやっているんだと。」「怒りも当然ありますが……一番つらいのは、なぜ私はあのとき人に言わなかったんだろう、なぜ言えなかったんだろうと自分を責める気持ちの方が苦しかったです。」（S8・本人）

　児童生徒にわいせつ行為を行う教員の問題は、近年ようやく光が当たるようになった。2021（令和3）年5月には「教育職員等による児童生徒性暴力等の防止等に関する法律（わいせつ教員対策新法）[*13]」が成立し、2022（令和4）年4月に施行された。性被害が児童生徒に非常に大きな影響を長期にわたって及ぼし続けることを認識し、警察、学校、家庭、地域における適切な対応

＊13　性暴力等で教員免許を失効した教員の復職を制限するため、その免許再交付について、都道府県教育委員会が可否を判断できるようになった。

や連携、また時効の検討が望まれる。

　また政府は、子どもと接する仕事に就く人に性犯罪歴がないことを確認する「日本版DBS」の導入に向け動き出したところで、実効性のある制度の創設が待たれる。

７　二次被害：周りからの理解不足の言動によって傷ついた
【対応した相談員の言動が被害者の心情に寄り添っていない】

　S5さんは、警察に行く際の支援センターの相談員による付添いについて、次のように語っている。相談員が被害者の様子をよく観察していればこうした言動は生じなかったといえる。

> 「（支援センターの方が）一緒に警察に来てくれたんですけど、何だろう、私の気を紛らわそうとしているのかもしれないんですけど、（中略）……はしゃいでいる感じがすごいしてしまって。（警察署の部屋について）何かテレビドラマみたいだねとか、ドキドキするねみたいな感じの、にこにこしながらずっとそんなのを、二人来てくれたんですけど、二人の方がずっとそんなにしゃべっていて……」「私が覚悟を決めてそこにいた気持ちと、その支援センターの方はどういう気持ちだったのか、全然私には伝わってないんですけど、そのはしゃいでいる感じがすごく嫌で。本当に、『いなくていいです』って言いたかったんですけど、支援センターの方が来れば警察の方、全然対応違うので、そばにいてくれるだけでいいやって思って、その日はやり過ごしたんです。」（S5・本人）

　また、S5さんは精神状態が悪くなり支援センターに電話したところ、一方的に「しっかりしなさい」と言われ非難されたように感じた。相手の心理状態を考慮していない「説論」はまさに二次被害といえる。支援センターは中長期にわたる支援ができる団体であり、適切な対応をするための相談員の研修やスーパービジョン（指導・監督）体制を全国的に整備することが強く要請される。

> 「……私がものすごい解離もひどかったりして、記憶が飛んだりとかもしょっちゅうあって、何かすごいボロボロだったんですけど、ご飯も食べれなかったり仕事も行けなくてというときに、記憶がないときに、

いつの間にか薬をいっぱい飲んでしまっていて事故にあいそうになったときがあって。そのときも、だれにもこんなひどい状態のことを相談できないし、どうしようって、またそうなったらどうしようとか、すごい不安で……（中略）支援センターに電話したら、『もう（OD）しないって約束して』とか『あなた、お母さんなんだよ。子どもたちがいるんだから、しっかりしなさい』とか、すごい責められて。PTSDや解離のことを理解されていなくて、そんなふうに言われて大変傷つきました。」
（S5・本人、一部再掲）

【周囲からの理解不足の言葉で傷ついた】

　S3さんは、被害にはあったが命は助かったという点で周囲から理解不足の言葉をかけられたり、住まいに関することで傷つきを経験している。外観は変化がないように見えても、心の中が傷ついていることについての理解が得られにくいことが分かる。

　　「周りの人が理解してくれてないというか、そういうのをすごく感じて、（中略）……言葉でしょうか、何だろう、大丈夫だったからよかったとか、大丈夫っていうか命が大丈夫だったからよかった、みたいな感じとか。あとは、私は学校の寮に住まわせてもらったんですけど、（中略）……そこにもう1回入れるなんてうらやましい、みたいな感じとか。あとは、（中略）……（住まいが2カ所あることについて）2つも部屋があってすごくぜいたくだねみたいな感じとか、そこにいてうらやましいなとか、何気なく言ってくるんでしょうけど、私としては、実際にすごくケガがひどくてとかそういう状況じゃないから、心の内なんて分からない。しかも経験してない人には全然想像もつかないことなんだろうなって思いながらも、いろんな言われることとかで傷つくことが多かったです。」
（S3・本人）

【被害者への配慮のしすぎが負担になることもあった】

　S4さんは、職場での同僚のかかわりが「腫れ物に触れる」ようだったと感じ、負担だったと語っている。周囲のかかわりの難しさが示されているが、遠巻きに見たり興味本位で接したりするのではなく、本人に「どんな関わりがよいか」と直接尋ねてみることも二次被害を生まないための策の1つ

といえる。

　　「つらい時期に会社に行っていたときに、腫れ物に触られる感じがあるっていうのもあったんですけど。それは自分の被害妄想的な受け取り方をした部分もあったと思うんですけど……」「（職場で）配慮され過ぎても何か逆にそれがつらくというか、申し訳なくなっちゃうというか、そういうふうに感じて話がなかなかできなかったりとか、気持ちを出せないとこもあったりするかなと思いました。」（S4・本人）

（4）被害者支援に関する要望・社会への発信
最後に、協力者に被害者のための支援について日頃感じていること、こうなって欲しいという要望等について尋ねた。

① 検察の対応への要望
検察の対応に不快な思いをした方は次のように要望している。被害者側に寄り添った対応として「一緒に怒って」欲しいと表現している。

　　「被害者支援の方にはこれからも頑張って欲しいって思うんですけど、検察庁の人たちがダメダメだから、もし被害者の人がへこんでたりしたら一緒に怒ってあげてください。」（S1・本人）

② 早い段階で必要な情報を提供して欲しい
情報提供について、被害後の司法手続の経過等の総合的な情報が早い段階で欲しかったという声があった。

　　「何をしたらいいかが全然分かんないんですよね、被害を受けて。支援センターの方が、……次こうしたらいいよ、こうなっていくと思うから、……とか、そういう話をしてくれたからよかったんですけど。（中略）……そういうのを明確に分かるような情報が欲しかったなと思いました。ネットで調べても全然出てこないし『犯罪被害者の方々へ』っていう冊子は支援センターの方からもらったんですけど、警察からはそれを見せてもらったこともないし、あれを一番最初にもらいたかった。」（S5・本人）

また、子どものころ被害にあった方々は、次のように早い時期の相談窓口の周知等、情報提供の必要性を訴えている。

　　「相談窓口とか、あることにはあると思うんですけど、それをもっと早く言ってくれって思います。中学のときとかに教えておいてもらえれば、もっと早く頼れただろうし。頭の片隅にあるだけでも違うんじゃないかなって思うので、10代のうちに教えて欲しいかな。そういう教育じゃないけど、なんか保健体育でしょうもないことを教えてるぐらいだったら、役に立つことを教えてくれるとか、そういうことを教えてくれたほうが、将来じゃないけど、何かあったときに役に立つんじゃないかって思います。」（S6・本人）

　　「今、自分が子どものころに比べて、すごく情報っていうのはいろんなところで手に入るようになっているので。やっぱり、そういう悩んでる子どもに大切なここで相談できるとか、こういう目にあったときにはこういうふうにしたほうがいいよっていう情報が、ちゃんと信頼できる情報が届くといいなと思います。」（S7・本人）

③　性被害に対する学校での対応

　性被害にあった生徒に対する学校での対応について、何度も同じことを聞かないで欲しい、情報共有して適切なところにつないで欲しいという要望が挙がった。この点については保護者とどのように情報共有し、子どものケアにつなげるかが課題である。

　　「（学校で）結構何回も同じことを聞かれることが多かったので、情報共有じゃないけど、そんなに何回も話したくないから、つないで、情報はつなげておいて欲しいし、できれば頼れるところとかにつないでもらえるようにしてくれたらいいなって思います。」（S6・本人）

　また、教員に対する性被害に関する研修についても言及があった。

　　「……あとは、先生たちとかの理解じゃないけど、対応が、当たり外

れが多いので、一貫して、1回どこかで（研修等を）やってから先生に
なって欲しいなって思います。」（S6・本人）

　④　被害当事者が社会に戻っていくための支援
　性被害という問題に関心をもち、被害者が住居や仕事等段階的に社会生活
が営めるように、社会資源やサポートがあるとよいという具体的な提案が
あった。

　　　「自分のことではないんですけれども。やっぱりそういう被害にあっ
　　たとか、インターネットやSNSで見ていると、やっぱりすごくPTSDと
　　かで生活がままならなくて、そういう状態で、何度も追い詰められて
　　いってしまうというか。何か無理に生活のために回復しなきゃっていう
　　ところをすごく感じてしまって。例えばDVとか、ホームレスの方とか
　　に対して、宿泊施設があったり、生活保護を受ける時には一緒に付添っ
　　てとか、そういうサポートとかあると思うんですけど。何かその性被害
　　にあわれた方とかに対して、何か回復するまで住居の提供があったりと
　　か、あとは仕事とかも、体調が不安定で休んだりしがちであっても、で
　　きることから仕事があって、その中でもちょっとずつ生活費が稼げて、
　　みたいな段階的に社会に戻っていけるようなことがないと、見ていて、
　　すごくつらいなと思ってしまう……」（S7・本人）

　また、立ち直るうえで、被害当事者の話を聴いたり自身の体験を話したり
する機会が、支えや自分の力になるという発言もあった。

　　　「やっぱり話を聞いてもらえるだけでも変化はあると思いますし、実
　　際、そういう被害にあった方が参加してるケースもあると思うんです。
　　病気のこともそうですし、事件のこととかもやっぱりそういう体験した
　　方でないと分からない部分も多いので、（中略）……体験した方とかの
　　そういうお話を聞けたり、逆にそういう方にお話ができたりというのは
　　心強くなるのもそうだし、自分の中で、こういうこともできるとか、こ
　　ういう考えもあるのかというのを受け入れやすいのかなって（思いま
　　す）。」（S4・本人）

⑤ 地域での安全を広くつくっていきたい

S2さんは、娘が自宅に侵入した男から性被害にあったが、すぐに子ども
たちが通う学校と連絡を取っている。地域での安全を広くつくらなくてはと
いう強い思いを次のように語っている。

　　「被害にあったときも、すぐに同じ性犯罪を負ってほしくないという
　思いが。やはり自分の我が家だけで止めたいという思いがあったので、
　その当時、（犯人が）近くにいるかもしれないと思ったので、（きょうだ
　いが）通っている中学校の先生にはすぐ報告したのと、高校のほうにも
　すぐに言いに行きました。やはり地域での安全というところを、大きい
　輪でつくっていかないと、いろんな目がないとできない部分ってきっと
　あるなって私は思っていたので、オープンにしたほうがいいと思って、
　校長先生とかに、信頼、当然できるであろうと信頼しているので、お話
　ししたんですけれども……」（S2・母親）

⑥ 被害者支援を知らない人に広めたい

支援センターによるサポートに大いに助けられたと語るS3さんは、被害
者支援の広がりについて要望している。

　　「被害にあったことのない人は、本当に犯罪被害なんて考えたことも
　ないというか、被害者支援だとか犯罪被害にあうのはどうかとか、テレ
　ビのニュースで一瞬見て、かわいそうにと思って、ニュースが終わった
　ら忘れるって。でも、ニュースが終わったって何年もものすごく大変な
　状況が続くし、私みたいにニュースにもならなくても何年もつらいのに
　と思うと、やっぱり被害者支援ということについて、まだ全く知らない
　普通の人たちに知って欲しいなって。そのために私も自分の身近なだれ
　かに伝えていきたいし、たくさんの人が知って欲しいなっていうふうに
　思ってます。」（S3・本人）

⑦ 性被害にあった子どもにかかわる重要な問題提起

ここで、子どものときの性被害についての問題提起をしたい。

以下は、小学低学年のときに校内で被害にあったことをだれにも話さず、
大人になった方の発言である。S7さんは親にも一切話さず、だれにも聞か

れなかったので、小さいころ「ひたすら忘れることができた」と語っている。しかし一方で、話さなければ犯人も捕まらないといったジレンマにも言及している。性被害にあった子どもにとっての最良の選択は何か、子どもの気持を大切にした対応とはどのようなものか、また被害を防ぐにはどうしたらよいのか、学校や関係機関が検討し実行できるようにしておく必要がある。

　　「何か私の場合はほんとに言わない、だれにも言わなかったことが自
　　分の回復っていう面にとってはよかったっていうふうにちょっと思って
　　しまってるんですけど。でも、逆に継続的に（被害を）受けている場合
　　はやっぱり一刻も早く、他の人に相談できて、その被害をストップでき
　　ることが大事だと思うんですけど。」
　　「人に被害にあったことを話すっていうことについて、最初っから周
　　りに話せたほうが回復につながるのか、それとも周りに知られてないか
　　ら、やっぱり周囲からの発言で、それに触れられることもないし。せっ
　　かく自分がひたすら忘れるっていう、小さいころはできたので。でも、
　　それだとほんとに被害の実態が分からなくて、犯人の逮捕にも結び付か
　　ないしっていうところで、何かほんとに被害にあった子どもにとって、
　　いい一番の選択っていうのはどういうことなのかなって（思います）。
　　私は話せなかったっていう経験しかないので、そういう、すぐに話せ
　　たっていう方はその後、どういうふうな感じなのかっていうか。そのこ
　　とによって、どんな変化が、そういう方にはあるのかなっていうことは
　　気になるというか……」（S7・本人）

2．交通被害にあった人々の語り

　交通事故の発生件数は2005（平成17）年以降減少を続けているが、悪質な運転による事故は跡を絶たない。刑事裁判で被害者側の思いが反映されず悔いが残るなど、交通事案ならではの被害経験が見られる。
　交通被害のインタビュー協力者は計9名で、全員が交通事故によって家族を亡くした遺族であった（内、1名の方は重体・重傷の家族も含む）。概要は次のとおりである。
　被害者との関係は、父親が3名、母親が3名、夫が1名、叔母が1名、義

理の娘（及びきょうだい）が１名で、インタビュー時の年齢別は40代２名、50代３名、60代２名、70代２名であった。被害内容は、飲酒（酒気帯び）運転、引き逃げ、わき見運転等による死亡事案、過失運転致死傷罪、危険運転致死罪等で、被害にあった年代は1990（平成２）年から2017（平成29）年と幅があった。

（１）交通被害の実態とその影響

① 家族を喪うという被害直後の衝撃

　突然の交通被害によって家族が命を落としたり、重傷を負ったりした場合の衝撃の大きさは想像を超えるものがある。当事者となった方々の声から被害直後のインパクトの甚大さを知るとともに、家族への事故の適切な伝え方、家族の心情に配慮した言葉かけ、御遺体に対面するときの配慮（だれが臨席すべきか）など、警察や医療機関、学校等において求められる配慮について考えたい。

　T2さんは、大学生だった息子が自転車で通学していたところを中型トラックにはさまれ亡くなり、次のように語っている。

> 「（息子の意識は）戻らないですね。もう頭部の損傷がひど過ぎて、（中略）……顔が２倍ぐらいに腫れてましたね。これはただごとじゃないなって思いましたね。医者もひどいこと言いましたしね、こんなひどいの見たことないみたいなこと言いましたからね。もう何か本当、優しい人ってそんなにいないんだなっていう経験をずっとした感じですね。」（T2・父親）

　次のT9さんは、小学生の息子を登校途中にバスではねられ亡くした。被害当日の記憶を次のように語っている。

> 「第一報は小学校から電話があって、事故の詳細は分からないので、（病院）の高次救急のほうにいらしてくださいということだったので、（中略）……救急支援センターの中に入ったら、ベッドに全部白い布がかけられたものがあって、それを見た瞬間に動けなくなったというのが、私が記憶している一番最初の記憶です。」「事故当時はそれこそ病院での処置があるということで、私だけが残って、主人と娘（被害者の姉）を取りあえず帰しました。午後の２時過ぎくらいでしょうか、息子を連れて

自宅の玄関に入った瞬間に、娘が飛び出してきて、娘を抱いた瞬間によ　うやく泣けた。二人で大きな声で泣いたというのが、その日の一番の記憶でしょうかね。」(T9・母親)

　T8さんは、20代の娘を自転車通勤中の事故で亡くした。事故の一報を聞いたときは、校長として小学校の子どもたちを連れて修学旅行に出かけている最中だった。引率の責任を任せて大急ぎで病院へと駆けつけた。当時の状況や気持ちを次のように詳しく語っている。

　「(病院に行き部屋に案内されて)、娘が、遺体となってこの中でおるんかなと思ったら、なかなかよう入ることができなくて、でも、『ここまで来たんやから、入らないかん』『娘に会わないかん』『いや、それよりも、本当に、娘なのかを確かめなあかん』と思いながら、恥ずかしい話なんですが、腰が抜けるというのか、本当にヨロヨロとしたような感じでドアを開けたというようなところです。中に入りまして、小さな部屋やったんですけれども、私の家族とか、警察の方もおられたというようなところで、真ん中にベッドが1つあって、ビニール袋がその上に載っていて……(袋のチャックを開けると)娘の顔が、まさに眠っているような顔が出てきたということで、……(中略)……そのときもまさかと思いながらも、悲しいような、苦しいようなというような、言葉では表せんような対面で……(中略)……(袋のチャックをずっと下ろしていくと、)特に大きな体の損傷はなくて、(お腹と胸の辺りの傷を確認して)……恥ずかしい話ですけれども、涙が止まらなくて、大きな声出して、皆さん周りにおるんですけれども、泣いてしまったというふうなことがありました。そして、娘がパッと目を開けて、『お父、何泣いとん』と言ってくれないかと思いました。そんな感じで、私はとにかく修学旅行で楽しい時間から一転、地獄のようなところに突き落とされたみたいな感じで、そのときにどういうふうな感じで事故が起こったのかというふうなことは全く分からずに、娘と対面したというふうなことになります。」(T8・父親)

　T7さんは、同居家族4人が飲酒運転の車による追突事故にあった(2名が死亡、1名が重体、1名が重傷)。4人が別々の病院に運ばれ、混乱したなかで

病院にたどり着くまでも大変苦労した。被害者が複数出た場合、警察が情報を一元化して伝え、病院への送迎を調整するなどの配慮がされるべきである。事故後1週間の混乱について、次のように語っている。

> 「（事故後1週間で医療費、葬式代等の出費が一挙にふくらみ、事故の被害が明らかになっていくなかで）……本当に幸せな未来を願い生きていた日々の希望が崩れていきました。1週間ですべての希望と光が消えていき、どんどんと闇が深くなっていったイメージでした。一日を終わるたびに新しい課題が生まれていくことに、闇がこれだけ深いのか、もっと深くなる、もっと深くなると、泥沼にズブズブと足がすくわれていって、もう身動きが取れないほどの地獄のような感じがしました。」（T7・義理の娘等）

② 遺族の悲しみ・思いは家庭内でも違った

亡くなった被害者のことを家庭内で遠慮なく話すことができ、家族間の気持ちが一致していたと語る方がいる一方で、次のように悲しみや受け止め方の違いからくる家族間の「軋轢」を語る方もいる。支援者は被害者家族にはさまざまな思いの違いがあることを認識しておく必要がある。

> 「家族はみんなつらいですから、家族でもそれぞれ悲しみの表現の仕方が違うというのか、消化の仕方が違うというのか、私は割と黙って、じっとしてるんですけど、○○はベラベラしゃべって、ワーワー泣いてという感じで、○○も毎日気の狂ったように泣いてたときもあったし、私はほとんど泣けずにきちゃってるんですけど、そういう姿を見るのもすごくつらかったですね。家族のそういう姿を見るのもつらかったし、家族とは（亡くなった）子どもの話ができないです、いまだに。」（T1・母親）

> 「うちは同居してたんで、じいさん、ばあさん、父、母がきつかったですね。○○が、私に向かって、『おまえメソメソ泣いて、男が泣くんじゃねえ』とかね、泣いてないですけどね。酔っ払って絡むみたいな感じで。あれが大変だったな。一番（精神面の）被害受けたのは、多分、同居の（家族）からの被害が多かったと思います。」（T4・夫）

「（30年ほど前の被害だが）普段話さない、全然家の中では話しませんので。……それが問題なんですよ、いまだにうちの中ではタブーといいますか。……孫とも私、事件についてしゃべったことないんです。（中略）うちの家族の中でだれも触れることができない宙に浮いてる問題ですね。でも孫は事件について分かってると思いますよ、今どきはネットの時代ですので。」（T3・母親）

③ 遺族の気持ち：自責感

遺族にとって、亡くなった被害者を想うあまり自責感を抱きやすいのも特徴の１つである。小学生の息子を亡くしたT9さん、同居していた甥を亡くしたT6さんは次のように語っている。

「その（事故後）１年間そうなんですけど、食べることすらも自分の中で、……いけないことだと思っていて、（事故死した）子どもが食べれないのに、何で自分だけ食べれるんだろうって、食べなきゃいけないんだろうって私思ってしまって。１週間に１回くらいですかね、近くの病院で栄養点滴をしてもらって命をつないでいるような状態で。だから、自宅にいるときは仏壇の前から離れたくなかったし、でも、娘とか主人には、『食べてくれ。頼むから食べてくれ』と頼まれて、だからお水と、今でいうウィダーインゼリーみたいな感じ、そんなのだけで１年過ごしたような感じですね。」（T9・母親）

「今の医師にも指摘されたんですよね。人生に『たられば』はないので、『あなたがああすればよかった、こうすればよかったというふうに自分を責めないでください』と、もう念押しで言われました。やっぱりどこかにあって、代わりにやってあげられなかったのかなとか、いろいろ、今も思ってます、それは。思うなと言われてますけど。」（T6・叔母）

④ 被害者の叔母としての負担・悲しみ・孤独

上記のT6さんは、被害にあったのが甥で、叔母という立場のために苦労した。甥の両親のために自分一人で動き負担が重なり、「もう本当に突然、ドスンときた感じ」で精神的にも経済的にも苦しい時期を経験した。被害者

の直系でない家族に対するケアも必要である。

　　「もう本当、息子のような感じだったので、小さいころから育ててきた子なので。ただ、そういう事情は全く関係なく、直系かそうじゃないかというので、もう決められてしまうというところがなかなか難しいなとは思いました。」「やっぱり私は親じゃなくて叔母さんという立場なので、直系じゃないので、何の権限もないというところでブツブツ切られることが多くて、いろいろ手を出せないというか。一応、民事裁判では、判例をつくりたいということで、慰謝料の請求という形をやってみたんですが、甥の母親のほうが裁判を続けたくないということで、ちょっと立ち消えになってしまって。」「私が結局、一人暮らしになって、仕事もできなくなってしまったので、経済的に不安定になってしまって、本当についこの間まで生活保護を受けてました。……難しかったですね。もう本当にうちの中でただ転がってるだけというか、寝込んでるだけというような感じだったので。」（T6・叔母）

⑤　刑事手続における遺族の気持ち

　交通被害後に、遺族は警察の捜査や裁判等の刑事手続を経ることになるが、次のようにさまざまな思いを抱く。

【警察で「普通の交通事故」と言われた】

　T8さんは、警察に対して「殺人罪に」できないのかと口にしたときの気持ちを語っている。警察は日ごろ多くの交通事案を扱っていても、被害にあった方の思いはそれぞれに深刻で非常に重いものがある。遺族の深い悲しみや心の傷をまず受け止める必要がある。

　　「（初めて過失運転致死罪と聞いて）私はそこで『殺人罪にできへんのですか』って警察の方に思わず言うてしまったんですけれども。警察の方が、『殺人罪にはできません。これは普通の交通事故ですから』と言われて、……一瞬胸にグッときたんですけれども（中略）……うちにしたら、もちろんあってはならんようなことなんで、それを普通の交通事故と言われたときに、怒りとかそういうことじゃなしに、胸にグッとくるものがあって、『そうなんか』と思ったりしたのを今でも憶えとる

んですけれども。」(T8・父親)

【息子のためにやれるところまでやりたい】

　T2さんは被害事故について不起訴の可能性がある中で、息子のためにやれるところまでやろうと思った気持ちを語っている。

　　「今でこそこうやって話せますけども、当時は嫁と二人なんでもう何かけんかもあるし思いも違うし、(中略)……それをこう一つひとつほぐしていったり何かするのは大変でしたね。だからまあ、僕も嫁にならって、『いいよ、じゃあもうやめよう』って言ったら、もう不起訴になって刑事記録も見れない、それでもうそのまま終わってしまう。それがいいって言う人もあるかもしれない、それは、もう真実はいいからって。『もう息子帰ってこないんだから』って言うかもしれないけど、自分はそうは思いたくなかったんでやりましたね、やれるとこまで……」
(T2・父親)

【被害者参加制度を利用して、これでは終われないと思った】

　T1さんは公判で被害者参加制度を利用したが、公判中の加害者の態度から「これでいいのか」という不全感をもった。

　　「検事さんが『これは、じゃあ、僕が質問するよ』というのと振り分けて、私が意見陳述をするので、主人が被告人質問はしたんですけれども。参加できたことはすごく良かったなと思うんですけど、高齢で脳梗塞などの病歴もあるためか、人の話を理解できないような加害者だったので、足りないっていうんですか、もっと分からせたい。分かっていない。私が読み上げている意見陳述も、左耳がほとんど聞こえないらしく、聞こえてるのか、聞こえてないのかも分からないような、じーっとはしてたんですけど。届いてるのかどうかも分からないし、『本当にこんなんじゃ終われない』っていう気持ちでした、裁判が終わったときに。」
(T1・母親)

⑥　亡くなった被害者のための正当化のニーズ

遺族のニーズとして、被害にあった家族に落ち度はなかったという「正当

化」のニーズがある。こうした親の気持ちについて、場面はそれぞれ違うが、次のように語られている。遺族にとって新たな一歩を踏み出すうえでも、正当化のニーズへの対応は重要である。

【親として亡くなった子どもの名誉挽回ができなかった】
　「葬式があった後に（警察から）飲酒運転だったということを聞いたもんで、葬式のときは飲酒運転を知らなかった。そのまま葬儀をして、会葬者のほうに説明するのも、どういったことで亡くなったんだという説明をするときも、相手が飲酒運転だったという説明はできなかったんです。（中略）……（亡くなった息子の）名誉挽回ができないんですね、葬式の後ですから。葬式の前にその説明を聞いとけば、こういう加害者が、こんなことで事故をやって、息子のほうには悪いところ、過失は全くなかったんだというような説明、これも本来的にするべきだと思うんです、親として。そういったものも一切できなかったということなんです。」（T5・父親）

【検察官が事実と違う（被害者に不利になる）ことを言ってきた】
　「（担当の検察官が）家までかなり早い段階で来ましたね。ただそこですごく言われたことが、うちの子どもは歩道を歩いていて、歩道に乗り上げてきた飲酒運転の車にひかれたんですが、この検察官がすごく変なことを言ったんです。車道を歩いていたって言ったんです。……車道を歩いていた、うちの子どもが。それって大嘘なんですよ。」（T3・母親）

【公判の被害者参加制度を利用して、亡くなった娘のために発言できた】
　「裁判で（加害者の親族から被害者側に非があったというようなことを言われ）、逆に今までそういう（被害者）参加制度がなかったら、本当、死人に口なしじゃないけど、向こう側の言い分が……言い放題で、僕が言わへんかったらだれが言うてくれるのやと。それが検事（は）、失礼な言い方やけど、お仕事としての立場でお話しされると思うんで、身内としての感情的な思いなんかはなかなか言い出されへんやろうし、逆にそんな話を聞いても仕事的に受け取るだけやろうけど、私らにしたら、うちの娘に限ってそんなことあるんかというふうな思いがあって……。」（T8・父親）

[7] 子どもに落ち度があったとのうわさをママ友が打ち消してくれた

　　「私の知らないところでですけど、うちの子が飛び出したっていううわさが流れていたみたいで、そのうわさをしているのをその場で聞いていたママ友が、『違うって言っといたからね』って。誤解されているのが悔しいって、ママ友たちも本当に自分のことのように感じてくれていたので。(小学校でも全校集会で事故のきちんとした説明があり) ママ友たちが行って、『そうじゃないんだよ』というのは言ってくれたみたいなので、それほど誤解も広がらずにいたんじゃないかと思います。」
(T1・母親)

[8] 判決に対する理不尽な思い

　交通被害の場合、多くの遺族は判決が軽すぎるのではという理不尽な思いを抱く。子どもを一方的な運転で奪われ、判決で加害者に執行猶予がついたことに対して、次のように語っている。また、判例主義の裁判制度に対する不満(遺族の気持ちを反映できていない)も述べられている。

　判例主義については、手抜きからくるのではなく、罪刑の均衡の観点等から仕方のない面もあるといわれるが、時代の変化に応じて求刑の在り方を検討することは当然であり、何より遺族の方の気持ちを尊重した十分な説明が不可欠である。

　　「(裁判では極刑にして欲しいと言ったが) 当たり前やけど聞き入れられなくて、……禁錮(刑)の執行猶予付きというようなところで、私は全然満足できなくて。(中略) 一人の命を奪っておきながら、交通事故やからいうこともあるんでしょうけれども、一日も結局刑務所に泊まったりとか、何かしたりとかすることもあらへんし、結局罰にしたって執行猶予が付いてしまうし、だから罰金やなんやいうて損害賠償やいうけど、結局保険会社が払うことになるわけで、そのうえ、私たちとの話のときは、弁護士任せで、結局加害者は何もすることなしにというか、そのままの生活で何の罰も与えられることもなく、そんなんでええんかい？　いうふうなところもあったんで、……(控訴したいと思ったが検事に過去の判例から考えてということで断られ、それもできなかった。弁護士から執行猶予5年は長いと言われたが) 一般市民の僕にして、娘を、命を奪われた私にしたら、執行猶予10年だろうが、20年だろうが、

全然納得できへんというふうなところなんで、その辺は違うやろうなと
……。」

　「その辺が、あの人ら（検察）にすると判例主義というんですか、過
去の例に沿ってやるというようなことで、それ言うと、弁護士さんは、
『そう言いながら、少しずつ私たちも今、執行猶予５年ということ（判決）
もできるようになってきたし、昔やったらそんなのなかったんだけれど
も、少しずつ見直しはされますけれども、○○さん（T8さんの名前）
が言うように、急には、コロッとは変わらないのは事実やと思います』
というようなことを言われて。だから、日本の裁判制度に対して不満は
あるというようなところはあるんですけれども。そして、日本の法律は、
加害者側に手厚く、被害者側に冷たいと思います。刑法38条１項や、
39条のように『罪を犯す意思がなければ何をしても許される』のでしょ
うか？　それは、加害者側の理屈であって、被害者側、遺族側の失われ
た『命』『悲しみ』『苦しみ』についてはどう考えられているのでしょう
……この程度かというのが正直なところです。」（T8・父親）

　「もう怒りばかりですよ。息子の命を奪っとるのに、何でわずか２年
８月の判決になるんだと。そんなものでは許せないという気持ちがいっ
ぱいですよ、その当時は。」「裁判の基本的な、判決を出すときに基本的
な考え方として、判例に従って、という言葉がありますよね。もうそれ
そのまんまなんですよ。10年前、50年前という、ものすごく古い判決
を持ってきて判断していきますから、とんでもないやり方だなと。戦後
にできた法律ですから、ほとんど改正されてない状態のものを利用して、
参考にして、判決を下ろすんだと。こんなばかな国はないですよね。そ
ういった憤りも、今もずっと持ち続けていますけどね。やっぱり世の中
が進んでいくんだから、それに合わせた判決を出さないと、とても被害
者のための判決とは。被害者のために判決するんじゃないんでしょうけ
ども、やっぱり被害者が納得できるような判決を出せるような形にもっ
ていって欲しいなと思いますね。」（T5・父親）

⑨　事故後・裁判後の加害者の態度に傷つく
　事故後の加害者の態度について、遺族側は不快感をもつことが多く次のよ
うに語られている。

【事故後に会ったが、加害者は全く非を認めようとしない】

　「夕方に、事故担当というのと、加害者の運転手と二人で来て、『焼香させてください』って。『謝罪をしたいです』っていうことだったので玄関に入れたんですけど、実際は道路が悪かったとか、学校の指導が悪いとか、挙げ句の果てには、『人間のやることだから間違えはあって当たり前じゃないですか』というのを言われたように思います。」（T9・母親）

　「全然、反省のはの字も見えませんよ。もうとにかく自分が助かりたいばかりで。事故の後は、うちに来るのはよかったんですけども、全く事前連絡せずに、ふらっとうちのほうに来て、商売してるにもかかわらず、そのお店の入り口のところまで来て土下座するんですよ、お客さんが来てるのに。こちらの気持ちを全く考えてない、自分のことしか考えられないような（加害者）でしたね。（中略）自分から進んでおわびに来たということではなしに、言われたから来ましたよ、許してくださいね、こういう感じですよね。だから、僕らとしてはもうとてもじゃない、許せるような気持ちには全くなれませんでした。」（T5・父親）

【裁判後の加害者との接点の難しさ】

　遺族は、加害者が被害者のことや事件の重大さを忘れないでいて欲しいと望んでいる場合がほとんどである。命日といった節目のときに線香を上げにきて欲しいと伝えても、一周忌だけでその後は来なくなったり、執行猶予中から音信不通になってしまったりといったことが語られた。また、T8さんのように、裁判後の加害者の態度にさらにつらい思いをしたと語る方もいる。

　「判決は、やっぱりその執行猶予５年というのが腑には落ちなかったんですが、裁判官のほうで執行猶予５年が最長で、これはすごい重いんで、それをよく肝に銘じといてよという説諭が加害者にいったんで、そういうもんだなって思って。裁判所出るときも検事と加害者家族と話して、刑務所入らなかった、良かったんだろうけど、その５年間ね、どうやって償うのかよく考えてみたいな、俺まで説諭みたいなことをして、で別れましたけどね。１回、２回ぐらいお線香上げに来て、その後はちょっと音信不通になっちゃったりとかでしたよね。」（T4・夫）

「（加害者と生活圏が近いので、裁判後に加害者を見かけたときに）
『一度お話したいことがあるから』（と言ったところ、加害者が）『何言
うとん』言うて、『もう裁判終わったんやから、終わりやろ？　もう終
わりにして』と言われたんで、それ聞いたときに、結局、裁判中は相手
が『いろいろ相談しながら、これからお互い良いように頑張っていきま
す』とか言うとったけれども、裁判が終わってしもうたら、そんな言い
方する。どれがホンマかなと言うたら、終わってからの発言がホンマな
のかなというように捉えると、（中略）また、１年に１回、命日ぐらいは、
線香を上げに来るものと、私は思っていましたが、ある日、私たちの弁
護士から電話がありました。『相手の弁護士から連絡があり、命日に線
香を上げに行かない。こちらに話もしに来ないで欲しいと言っている』
というものでした。加害者側は、嫌になったら、弁護士を通していつで
も、今のこの状況をやめることができる。しかし、私たち遺族は、嫌に
なっても、泣いても、叫んでも、今の状況から逃れることができない。
娘を亡くしながらも、なおかつそういうふうなことも言われたりして、
非常につらいなというようなこともあって……」（T8・父親）

⑩　自助グループをつくりたい／活動している

　交通被害者遺族の特徴の１つに、自助グループについて発言する方が多く、
「同じ経験をした人と話したい」という気持ちが読み取れた。自助グループ
をつくりたいという希望を語ったT5さんと、実際に自分の力で立ち上げた
T3さん、現在活動を続けているT7さんの声を記す。自助グループについては、
支援者は遺族の気持ちを汲み取り、安心して語れる場づくりの必要性を認め
て、運営面を含め側面的に援助していく必要がある（第４章５.で詳述）。

　　「確かに資格を持った心理士の人たちとか、そういった人たちはい
　らっしゃるんですけども、やっぱり遺族として気軽に話をできるのは、
　やっぱり同じ経験をした遺族なんですね。遺族同士であれば、本当に気
　軽に涙を流しながら話ができるんです。そういったものがないと、そう
　いった組織をつくっていかないと、支援するというのが大変難しいんで
　すね。最初のころは、泣きそうになるから行きたくないよとかいう人も
　おるんですけども、そういった人たちを気軽に受け入れていける、そう

いう組織をつくりたいなと。そういった組織が欲しいなと……」（T5・
父親）

　「私、自助グループを立ち上げたときには、やっぱり純粋にこんな目
にあっているのは自分だけなんだろうか、同じような人と話し合いたい、
同じ人とでなかったら気持ちが分かり合えないのではないか、被害に
あったことのない人に話をして、あの人の話重たいから嫌だわとか思わ
れるのも嫌なので、ということでやっぱり仲間を募りたいって思ったん
ですね。そういうとき……（アメリカに行く機会があり）、その自助グ
ループがありました。実際のその自助グループに参加をしたとき、被害
から殺人事件のご遺族だったんですけど、警察の人に連れられて1週間
しかたっていない後だっていう人がもう自助グループに来ていたんです。
その自助グループを立ち上げた人自身も、単に他の被害者、遺族と話を
したいという、話し合いをしてみたいという気持ちだけでこの自助グ
ループを立ち上げたっておっしゃっていたんですね。だから私も話をし
たいと思ったときに、仲間をとにかく集めようと思って、手紙を書いた
り新聞とかで見て訪ねて行ったりして。手紙を出した方からはすぐに返
事があって、じゃあ今度会いたいということで始まりました。」（T3・
母親）

　「自助グループの役割というのは、ただ単に話すことができる感情の
吐き出し口というのはすごく大事です。何回も何回も話すことでグリー
フにもなり心の整理にもつながることがある、吐き出すことというのは
すごく大事なんです。裁判に関わる日々の中で、さまざまな壁が立ちは
だかることや、家族の中でも不和があった場合、『そうだよね、うちも
そうだったの』という、共感や共有できる話があるからこそ、要はタブー
がないからこそ、話していくことに、自分自身の中で回復が生まれてい
くのだと私は思います。○○の会（T7さんたちの当事者の会）の自助
活動では、（会以外の）人には言わないことや、人を傷つけないことを
お伝えしながら、自助活動をしています。」（T7・義理の娘等）

（2）どのような対応・支援を適切だと感じたか
第1章で記したように、2000（平成12）年以降犯罪被害に関するさまざま

な法律が制定され、刑事手続上の権利も保障されるようになった。民間支援団体としては公益社団法人全国被害者支援ネットワークに加盟する団体が2009（平成21）年に全ての都道府県に設置され、2015（平成27）年には早期援助団体として指定され、支援活動を本格化させていった。インタビュー協力者が被害にあった年代は1990（平成2）年から2017（平成28）年と幅があり、受けることができた支援に差があるが、「適切だった」といえる対応・支援について、以下にまとめる。

① 弁護士と精神科医につながることができた

　T3さんは今から30数年前に18歳だった息子を飲酒ひき逃げ運転で亡くした。当時の状況を次のように語っている。

　　「（被害）当時は、被害者参加制度どころか警察にも被害者支援という考え方そのものがありませんでしたし、検察庁にももちろんありませんでしたので、私たちはメディアを通じて自分たちがあった被害について知るしかなかったんですね。それがすごく、えっ日本ってこんなにひどい国なのかということで、社会に対するその信頼感とかも、だれも信用できないとか、そういう気持ちがすごく大きくなってしまいました。」（T3・母親）

　しかし「幸い」なことに、T3さんは知り合いの弁護士につながり、仕事上精神保健にも関わっていた関係で、すぐに精神科医にかかったほうがいいと自分で判断した。躊躇はあったものの、早い時期から精神科医にかかり、長年にわたって治療や支援を受けることができた。

　　「知り合いの弁護士さんがいましたので、弁護士さんはこう敷居が高いとかいうことではなくて、何で、どうしてこんな目にあわなければいけないのって結構すぐに聞けましたし。」「呆然自失状態で、どうやって日々暮らしていけばいいのかも分からないというときも、（中略）……すぐ精神科医にかかったほうがいいということを自分で判断できましたし。……私自身の中でもやっぱり自分の弱みをさらけ出すということとか、こんなことで精神科に関わっていいものなのかっていう躊躇がなかったわけではありません。世間一般にあるような、何となく精神科と

いうのは特別な人が行くというような気持ちが私の中にも多分少しあったんだと思うんですね。ただ幸いにそのとき職場の隣が精神保健支援センターで、（知人を通して精神科医に連絡を取ってもらい）……それから毎週1回ずつきちっと面接を受けることができたんですね。」（T3・母親）

② 民間支援団体（支援センター）につながり支援を受けることができた

次の方々は被害にあったのが2008年以降で、支援センターによるさまざまな支援を受けることができた。

【支援センターにつながった経緯】

T2さんは事故後1か月後くらいに、非常につらく「へとへとで何をしていいか分からなく」なり、だれかに頼りたいと思うようになった。そんな気持ちを吐露したところ、警察の被害者支援担当者から支援センターを紹介され、妻が電話した際に第一印象がよかったことから支援センターにつながった。

　　「事故のあった後に冊子をもらったんです。これもいろいろ書いてあって、（中略）……実際に（支援センターの説明があって）妻が電話したんです。妻が電話したら、『非常に良かったよ』って話をしたんですね。何か聞いてくれてと。」（T2・父親）

T8さんは、事故直後に警察から支援センターのことを聞かされたものの「（よく）分からなくて」という状況だったが、数週間後に知り合いから被害者支援のハンドブックを渡され、はじめて地元に支援センターがあることを理解し連絡を取った。支援センターから、司法手続に関する情報を提供され、弁護士の紹介を受けることもできた。

　　「初めて（支援センター）に電話を入れさせていただいたんです。そこでいろいろお話を聞かせていただいたり、弁護士さんを紹介していただいたり、それから、『裁判というのがこれから始まっていきますよ』というふうな話とか聞かせていただいて、そこには『被害者が裁判に参加できる制度がありますよ』とかいうようなことをいろいろ教えていた

だいて、（中略）……この支援センターの方との出会いがあったんで、そういう裁判のことも、弁護士さんが、もちろんそのときには付けていただいていたので、中心になってやっと刑事裁判に臨む。まずそれが刑事裁判ということも教えていただいたりして、そこで『あなたの思いとかいうのを次の裁判で言うんですよ』『次はこうなるんですよ』というのも教えていただいたりして刑事裁判が始まったと。自分が受け入れられたというふうなことになります。」（T8・父親）

【支援センターから訪問や付添支援を受けて助かった】
　支援センターから司法機関や医療機関に行くときの付添支援を受けたという声も複数上がった。同居家族4人が被害にあったT7さんは、支援センターの支援内容が分からず、すぐに支援を受けられなかった。しかし、のちに入院している被害者のもとに支援センターの担当者が来てくれて「ほっとした」と語っている。支援センターの支援内容については早期に、被害者に理解してもらえる形で伝えることが肝要である。

　「（支援センターがあることは）分かっていても、どんな支援をしてくれるか分からないところに、プラス人間不信になっている被害者が、支援センターに支援を頼むという選択肢をするというのは非常に難しくて。（中略）……（しばらくたって自分から連絡を取り）1～2回、病院に被害当事者の妹が入院しているときに来てもらい、非常にほっとしました。私たちはもちろん（事故で）両親を亡くしているわけですから、（事故で重傷を負った）妹は涙を流しながらも話をできる人が家族以外にいることに安心し、友達に話すことができない程の異常な状態で、支援員がいるというのは、すごく私たち家族にとっては必要不可欠な存在だなと思っていました。」「弟の裁判時に関しては、病院でまだ車いすでの生活だったので、体調不良になったときに、私たちはやっぱり真実を聞きたい、（事故で障害を負った）弟が体調不良で（公判廷から）抜けるとなったら、本当は私が付き添わなくちゃいけないときに、支援センターの方が弟に一緒に付き添っていただきました。家族が必要な支援をしてもらえたことで、裁判で真実を聞くことができました。何よりも家族それぞれに違った不安や混乱の中で話すことにより、長期にわたっての心のケアを本当に丁寧にしてくださったので、大変助かりました。」

（T7・義理の娘等）

③ 司法手続において適切な支援を得た
　交通被害では、事故後直ちに司法関係者と関わることになり、その都度丁寧に対応してもらったことを遺族は憶えており、次のように語っている。

【警察に事故直後から裁判までフォローしてもらった】
　　「警察の方、多分被害者支援の担当の女の方と、交通課の方は、ちょくちょく家に来てくださって、裁判が終わるまで来てくれてたのかな。裁判も傍聴に来てくださったんですけど。（公判が始まるまでが長かったので）それまで割と警察の方が出入りしてくれて、お線香を上げに来てくれたり、私が知りたいことを調べてきてくださったり、そういうことはありました。」（T1・母親）

【裁判の進行について検察と被害者参加弁護士が丁寧に説明してくれた】
　　「実際裁判が始まったら、（事前に）『今日はこんなお話します』とか、終わったら、『今日はこんな感じでしたね。次はこんなんなりますよ』というようなことを検事さんと弁護士さんが私のほうに親切に教えてくださったりして、そのときに、『次、（意見を）言う機会がありますけど、どうしますか』というようなことを一つひとつ聞いてくださって、私はその度に、『娘のためにできることやったら何でもしようと思ってるんで、ぜひ話させてください』とか（言っていました）。」（T8・父親）

④ 被害者参加制度を利用してありがたく思ったが、一方で嫌なことも
　被害者参加制度を利用されたT8さんは、「非常にありがたい、いい制度」とそのときの気持ちを語り、また一方で嫌なこともあったと次のように語っている。

　　「（自分が思っていることを言うことができた）そういう意味で被害者参加制度というのは良かったなと思います。……直接加害者に向かって話ができるというのが、残された遺族の思いをぶつけることができる、向こうにしたら知らん顔して、目つぶって、聞いとるのか、聞いてへんような態度でしたけれども、言えるというようなところ、自分の思いが

伝えられたというようなところは非常にありがたい、いい制度やなというふうに私は思っておるんですけれども。」

　「でも、反対に、嫌なこともありました。それは、裁判に参加することによって、思い出したくない事故のことを何度も何度も思い描いて話をしなければならなかったり、聞きたくもない相手側の自分勝手な無茶苦茶な言い分を聞かなければならないことです。」（T8・父親）

⑤　心情等伝達制度を利用して、最終的にはほぼ満足した

　T1さんは、加害者に「（亡くなった）子の命の重さを分からせたい」「苦しみを分かってもらいたい」という強い気持ちから、加害者が保護観察を受けている間、心情等伝達制度[*14]（当時）を複数回にわたって利用した。同制度利用のきっかけ、利用しての困難、感想を、次のように語っている。

【同制度利用の経緯：保護観察所の配慮があった】

　「（加害者は裁判中）聞いてたのかな？　というのがすごくあって、この思いを伝えるにはどうしたらいいんだろうって。弁護士さんとかに相談すればいいのかなって。（中略）……どうしたものかと悩んでいたときに、保護観察所から手紙が。（被害者）通知制度でしたね。被害者の通知制度、裁判が終わったときに、判決が出た日に申し込んであったんで、『保護観察が始まります』みたいな通知が来て、そこに被害者の人が使える制度というリーフレットが入っていて、担当の保護司の方が、心情伝達のところに、ピッて付箋を貼っておいてくれたんですよね。私、それで気がついて、これは私がやりたいと思ってたことだと思って、すぐ申し込んだんですけれど。」（T1・母親）

【一時は保護観察所の無理解に苦しんだ】

　上記のT1さんは、度重なる利用について保護観察所の担当官から「同じこと（心情）を何度も伝えることはできない」「（同制度）のことしか見えていないのでは」などと言われ、ショックを受けた。しかし、支援センターか

---

*14　心情等伝達制度：2007（平成19）年12月より導入された更生保護段階における制度。保護観察中の加害者に対して、被害者や遺族等が申請をして心情等を伝え、その結果についても知ることができる。詳細は第5章4.を参照。

ら援助を受け、担当官が代わったこともあり、利用を続けることができた。保護観察所は、遺族の深い悲しみと思いを第一にし、加害者の状態を適切に伝え、遺族がどうしたら納得できるか、ともに考える姿勢が求められる。

　「伝えたいことはまだいっぱいあるのに、そんなことを言われちゃったんで、どうしていいか分からなくて、弁護士の先生とか、支援センターに相談して……（中略）支援センターの方が（保護観察所に）『被害者の人というのは、ずっと同じ心情が続くものなんだから、同じことは言えませんと言われちゃうと、それは違います』と言ってくださって、分かってくださったというか……（中略）それで（支援センターの）付添いも許可をもらって、……やっとまた通えるようになって続けたんですけど。」「（最初の担当官は2年後に）異動になって、代わったら全然対応が違って、すごくいい方にその後は恵まれました。」（T1・母親）

【同制度を利用して相手の変化をみることができた】
　「主人はすごく『実刑にして牢屋（ろうや）に入れてやりたい』っていう気持ちは強かったみたいですけど、私はあまりそういうのがなくて、そういうことよりも、うちの苦しみとかを分かってもらいたいという気持ちのほうが強かったですね。『牢屋に入れたい』というのはあまりなかったです。予想どおりの（執行猶予の）判決だったけれども、プラスアルファで保護観察が付いたので、そのときはそれがどういう意味をもつかなんて全然分からなかったんですけれども。終わってみてから考えたら、本当にありがたい判決だったなと思って。多分あの人はあのまま牢屋に1年6カ月入っても、何も考えず、何も感じられないままで終わってたって思うんですよ。4年かけて心情伝達をやれたからこそ、少し変化はあったんで、それは本当に。私は（のちに）裁判官にお手紙を書いたくらいで……」（T1・母親）

6　適切な専門的治療が受けられることの重要性
【支援センターを通じて受けるようになった箱庭カウンセリングがよかった】
　被害後に精神面の適切な専門的治療を速やかに受けられることは容易ではない。T9さんは、支援センターを通じて地元の大学教授のもとでカウンセ

リングと箱庭療法[*15]を受けることができた。現在かかっている精神科医との連携も含め、次のように語っている。

> 「（箱庭のカウンセリングは）私にはそれが一番合って、お薬を飲むより、何よりも。先生が言われるのには、『一回吐き出してほうがいいよ』って。『自分の心の中にたまっているものを、自分でも分からないものがいっぱいあるはずだから、ちょっとつくってみようか』って言われたのがことの始めです。」「今の精神科の先生にもお話をさせてもらうとともに、つくったものを携帯で撮って、『こんなのつくりました』というふうに見せると、大体先生のほうも『なるほどな』とか、『こうだね、ああだね』というアドバイスをいただいたり、『この間はこんなんだったんじゃないの？』と言ってもらうことも、自分にとっては理解してもらっているような感じで、気持ちが軽くなるような気がしました。」「今もちょっと調子悪いなとか、もやもやするなと思ったときは、（大学）の先生のほうにお話をすると、その先生が空いているお時間であれば、『いつでもいいよ』って言っていただいて、年に１回、あるかないかですけれど、たまに行って、箱庭をつくってみるようなこともさせてもらってました。」（T9・母親）

【理解ある精神科医にやっと出会えた】

T6さんは交通被害に理解ある精神科医と出会うことができ、長年にわたって治療を受けている。

> 「前の病院の先生とはちょっと相性が合わなかったという部分もあるんですけど、今の病院の先生はちょっとお友達を事故で亡くした経験をされてたので、ちょうど話を、こういう事故だったんだという説明をしたときに、その事故は憶えてますということになって、ちょっといろいろ深く話したりはしましたね。そのときに結構、わんわん泣いたという感じだったんですけど。」（T6・叔母）

---

*15　箱庭療法：心理療法の１つ。砂の入った木箱のなかにミニチュア（人や動物、植物、乗り物、建物等）を自由に置いて、セラピストに見守られながら内的世界を表現する。

⑦　グリーフケア・遺族会の重要性

T8さんは、職場関係のカウンセリングを受けたが、合わない感じをもちグリーフケアにたどり着く。インターネットで調べた地元の遺族会に通うようになり、何でも言えるという安心感をもったことについて、次のように語っている。遺族に対して心のケア＝カウンセリングだけでなく、グリーフケア等の選択肢が用意されていることが大切である。

　　「……僕、いろいろお話聞いたり、会に行ったりしてたときに、思うのは、どっちかといったら、僕、専門家じゃないんでよう分からへんけど、カウンセリングというよりも、グリーフケアというのがあるみたいなんですけれども、カウンセリングというたら、ポンポンというマニュアルがあってとは言わないですけど、理屈的な……僕の勝手なイメージがあるんだけれども、グリーフケアというのは、話を聞いて、逆にいろんなアドバイスがどうのこうのじゃなしに、とにかく僕の話を聞いてくれて、『うんうん、うんうん』とうなずいて聞いてくれるというのが、すごく心が休まるなというか、ありがたいなというのがある……僕はカウンセリングというよりもグリーフケアみたいなのがええんかなと思う。」「こんなの誰にも言われへんけれども、この会やったら言うてもいいかなというような感じで、自分がしんどうなったときに行って、お話をガーッと言わせていただくと。そんな話は、会社行ったりとか、そんなところの同僚には話できへんですし、なかなか吐き出すところがないのがつらいなというようなところも一つあったんですけれども、そういう意味で、そういう会があると非常にありがたいなというふうなことを思っています。」(T8・父親)

⑧　被害者のきょうだいへの支援

被害者のきょうだいに対するケアについて、近年ようやく着目されるようになったが、その点に関して次の方々（母親）の発言は示唆に富む。

【地元に子どもの精神的治療のための社会資源(児童思春期精神科)があった】

T9さんは事故で息子を亡くした後、小学生の姉に風邪のような症状が出て、医師から外傷後ストレス障害と診断された。その娘を地元の子ども専門総合病院の精神科に通院させ、転院したりしながら中学を卒業するまで治療を続

72

けることができた。そのときの様子を次のように語っている。親は亡くした
子どものことのみに思いが傾いたり、自分のことだけで精一杯になったりし
がちだが、残されたきょうだいに目配りすることや適切な治療に結びつける
ことの重要性が示されている。

「（中学生になってからは）『来たいときだけでいいよ』とか、『年に
1回だけでいいよ』というような形で、切れることなくて、娘のほうも、
『ちょっと先生に会いたい』とか言われたときはもちろん連れて行くよ
うな、治療っていっていいんでしょうか。私よく分からないんで、絵を
描いたり、工作をしたりしたというようなことは当時聞きました。」「何
をしてる治療かというのも分からないんですけど、ある日、先生に……
『病院と自宅を往復するだけではなくて、どこかに買物しに行ったり、
ご飯食べて帰ってね』と言われて、何回かそれを試した。そうしたら、
その後の娘の描く絵とか態度が少しずつ柔らかくなったって言われまし
た。実際娘自体の話もあるんですけど、私って、意識してたかどうか、
（中略）……よく憶えてないんですけど、おうちで笑わなかった。でも、
娘とご飯食べたりすると、笑うんですって。だから、娘は、病院の先生
に『お母さん、笑うようになったよ』とか、自分だって本当は大変なは
ずなのに、親を気遣うそぶりを見せたというのは聞きました。」（T9・
母親）

【きょうだいの言動について適切な精神科医の助言があった】
　上記のT9さんは、娘の言動について精神科医から次のような助言を受け
ることができた。助言がなければ対応に困っていたであろう。

「今もあるんですけど、（娘は）事故当時というのを全部憶えてるわ
けではないんでしょうけど、事故の年は、亡くなった夢と生きてた夢を
毎月交互に見てたというようなことを、実は小学校6年生くらいになっ
てから突然、一緒にご飯の支度しているときにぽっと話して、『今言う
の？』という感じのときもあるし……。でも、2〜3日すると、きれい
にそれを忘れてしまうんですよ。精神科の先生に言わせると、それを繰
り返しながら、弟が亡くなったということを本人の中でも認めようと
思ってることだから、『お母さん、泣かないでね』って。『泣くと、子ど

も、しゃべれなくなるから、泣かないで、『ふーん』とか、『へえー』と
かって、どうしろっていうふうに返しは要らないから、聞くだけでいい
から』っていうのは現在も続いてます。」(T9・母親)

　T3さんは、残されたきょうだいの行動について、精神科医の助言が大変
役立ったと語っている。精神科医ならではの適切な助言だったといえる。

　　「……それともっと良かったのは、やっぱり次男に対して、私は人に
　よってその悲しみの克服方法は人それぞれということを先生(精神科医)
　から聞かされましたし、そのとき私、一番腹が立つというか嫌だったこ
　とは、(亡くなった)長男の洋服とかかばんとか次男がすぐに使いだし
　たんですよ。私にしてみたらそれは触らないで、私の大事なものなんだ
　からって思っていて、ついきつく叱ったりしそうになったんですけれど
　も、そのとき先生が本当に早い段階で、『洋服を着たり持ちものを持っ
　て歩くのは、次男なりの悲しみの克服方法なんだから、絶対叱っては駄
　目、お兄ちゃん喜んでると思うよって言ってあげなさい』って言われた
　のですよ。」「それで怒鳴らなくて良かったって、それはすごく早い段階
　から専門医に助言を受けたことの中で、一番良かったことなのかもしれ
　ませんね。」(T3・母親)

　⑨　葬儀屋の心遣い、学校関係者の配慮があった
　遺族にとって、亡くなった家族のために良い見送りができた、気持ちの区
切りをつけることができたと感じられることは大きな意味がある。以下は、
亡くなった小学1年生の息子に対して、葬儀屋の心遣いと学校関係者の配慮
があったことが語られている。

　　「葬儀のときの、まだ小さい子だからということで葬儀屋さんがいろ
　いろ心を尽くしてくださって、お気に入りのおもちゃとかも全部飾らせ
　てもらったり、大好きだった仮面ライダーの曲をかけてくれたり、……
　オレンジジュースにしてくれたり、……野球が好きだったので、野球の
　ボールの骨つぼがあるんですけど、それを内緒で用意して、『間に合っ
　たんで使ってください』って言ってくれたり、……夏休み直前の事故だっ
　たんですけども、学校を挙げてお葬式にみんな来てくださって、1年生

の子たちもみんないたし、学年ごとの代表の子もみんな来てくれたし、職員の方もみんな、大勢の方に参列していただいた、大きなお葬式でした。」

「1年生のたった3カ月、夏休みにも入らない前に亡くなっちゃったんですけど、6年生になったときに、同級生たちからうちの子と一緒に卒業したいって言われて、卒業式に呼ばれて行ったんです。だから、子どもたちの中でもうちの子がずっと一緒で、先生がとにかくそうやって、やってくれたんだと思うんですけど、（中略）……『子どもたちも一緒に卒業するっていう作業が必要なんだと思います』ってその先生が言ってくださって、行ってきたんですけど、本当に行って良かったなと。ちょっと勇気は要ったんですけど、私もちゃんと卒業できた。」（T1・母親）

しかし一方で、大学生の甥を亡くした方は、大学から除籍の通知がきて「本人は別に除籍したかったわけじゃない」（T6・叔母）と、つらい思いを語った。不慮の事故等で命を落とした生徒や学生に対する学校関係者の配慮が欲しいところである。

⑩ インフォーマル・サポートの重要性

フォーマルな支援のほかに、インフォーマル・サポートも日々の生活の中で助けとなる。友人から事故後の手続についての情報を得たり、子どものママ友に助けられたり、同僚等の周囲の人の思いやりを感じたりといったインフォーマル・サポートがあったことが語られている。

「こうなって初めて感じたのは、周りの人の思いというのが、いい意味での温かさというのか、そういうふうなのは得たというか、感じたなと思います。（中略）……電話も入れていただいたりして、ほんまに同期とか、職場の人とか、ありがたいなと思いますし……。そして、どんな状況でも、応援してくれる人は必ずいるということが分かりました。」（T8・父親）

また、亡くなった息子の友人の訪問について「掛け値なしでうれしい」と語る遺族の方もいる。

「子どもの友達ですね、来てくれるんですよね、まだ。（うちは子ど
　もが）一人しかいなかったから、別に兄弟に会いに来るわけでもないし、
　こんなおじさん、おばさんの相手してくれるのに来てくれるんですよね。
　それが中学のとき、小中のときの友達のグループ、高校のときのグルー
　プ、大学のときの友達ってこう何か本当にポンポンポンと来てくれるん
　ですね。最近コロナだからちょっと断っちゃったりしてるんだけど、で
　も忘れないで来てくれるっていうのがあれかな……」「掛け値なしで
　うれしいですね。ただこれも周りの方にも言ってんだけど、（年月が経
　ち）結婚する子もいるんですよね、結婚しましたって来てくれるのもい
　て、若干複雑にはなってくるなっていうのがありますね。まあただ、や
　はり大人と違って、まあ大人だけど、大人と違って嫌な感じはしないで
　すね、来てくれるんですね。」（T2・父親）

（3）どのような対応・支援を不十分／不適切だと感じたか
　協力者の語りから、交通被害後に遺族が不十分あるいは不適切だと感じた
対応や支援について以下にまとめる。

□1　警察の不十分な対応
【当時は遺体処置が不十分だった】
　T4さんは、2010年代に妻がトレーラーにひき潰されて即死という被害に
あった。警察の霊安室で御遺体に対面したときのことを次のように表現して
いる。御遺体の処置や遺族が対面する際には特別な配慮が求められる。

　　「当時は、今はずいぶん良くなったと警察からは聞いているんですが、
　検死医が修復した状態がこう、ブラックジャックみたいに黒くて太い糸
　で縫合されてたんですよね。……（中略）当時気になったのは、修復し
　てからのほうがいいですよって言われたんで、ものになっちゃったんだ
　なってそのときは感じましたね。」（T4・夫）
【遺体を引き取りに行ったときの警察の連絡不足】
　T2さんは、御遺体を引き取りに警察署に行ったときのことを思い出して
次のように語っている。遺族がどんな思いで警察署に足を運んでいるか、警
察では担当部署と連絡を密にするなどして細心の配慮を払う必要がある。

「『受付に遺体を取りに来てください』って言われ、受付の人にも会わなきゃならない。そのときに警察って行けば分かるんですけど、ものすごい高圧的なんです。何しに来たのみたいな感じなんですね。何しに来たって、息子の遺体を引き取りに来ましたっていう、そういうときに、おまえ何の用だよみたいな1つの対応も、もう何かこう傷つくしね。」
　「（警察からは）遺体取りに、何時に取り来てくれと。それでそこから一生懸命葬儀屋さん探して行って遺体取りに行ったときに、受付は分かんないですよね、何しに来たか分かんない。それでこれこれこうですと言うと、何か変なとこ通されて待たされて、係の人来ましたけどね。そのときもいろいろ言われましたね。」（T2・父親）

【警察段階での説明不足：事件直後の遺族の混乱状態が理解できていない】
　警察は事故後の捜査段階で、遺族に対して支援に関する情報を提供するが、遺族は大きな打撃を受け混乱状態が続いており情報が把握できていない場合が多い。以下の語りから支援についてのパンフレット等を渡すだけでは不十分なことがよく分かる。遺族の心身状態をよく観察し、必要な情報を丁寧に、複数回伝えていくことが必要である。

　　「（事情聴取のあと警察から被害者支援についてのパンフレットを渡されたが）私も精神的にも非常に不安定やったんで、『ああ、分かりました。分かりました』って、何か言うとったんやと思うんですけれども、それを受け取るだけで、どうしたらええんやろうかというふうなところをほんまに悩んでたというか、困ってたんですけれども。」（T8・父親）

　　「（事故後の支援は）何もないですよね。死亡届出したり、警察のほうも調書取りに行ったけど、来たのは被害にあったときに警察から。支援センターとか、その他支援とかのリーフレットみたいなのとか来るけど、それを見ても何が何だか分かんないし、どんなもんだか分かんないんで、こちらからは連絡しなかったですね。そのまま裁判に突入しました。」（T4・夫）

　　「（警察の）被害者の担当の女の方がパンフレットを置いていってく

ださって、でも、私は全然そういうところに行こうという気持ちは全く、当時はなかったので、資料を読む気持ちにもなれなかったし、だから、どうやって支援センターとつながったのか……」（T1・母親）

【捜査が不十分だと感じた：遺族には高圧的と感じられる態度だった】
　T2さんは、自転車通学中の息子をトラックの側面に巻き込まれる事故で亡くした。「分かりにくい」事故だったために、警察に都合のいい形で捜査が進められたように感じ、警察の捜査に不信感を抱いた。支援センターによる支援を得て、長期間かかって略式起訴となった。

　　　「その後、事故から、そうですね、本当に詳しいことが分かったのは、相手が起訴されて刑事記録を見るまでかなり歪曲したといいますか、警察の都合のいい捜査で進めてて、われわれには説明がなかったということです。そこでわれわれは、特に妻もそうなんですけども、妻と私がかなりその経緯で苦しめられたといいますか、警察がちゃんとしたこと教えてくれないということと、加害者に対するいろんなことが今でもこう引っ掛かってますね。結論からいくと、……（支援センターが働きかけてくれて）……（中略）あることがきっかけになって警察がもう一回捜査をやり直して、略式ですけども起訴まで持ってったっていう、そういう経緯がありますね。」「なんで略式起訴になったかというと、被害者支援センターが類似の判例をもってたんです。判例なんてめちゃめちゃあるんで弁護士でも探すの大変だっていう判例があった、たまたま類似判例があって、それを情報提供したんですね。そうするとそれとの、彼らはもう本当に役人ですからバランスしか考えない。これが有罪になってこれが無罪だっておかしいだろうって話になるんで、急遽くるっと手の平変わりましたね、それを受けて……（略式起訴となった）」（T2・父親）

　② 検察の説明不足
【検察に対する不信感】
　上記の「分かりにくい」事故だったと述べたT2さんは、当初検察から不起訴前提の話を長々され苦しい思いをしたことを次のように語っている。

　　　「検察がもっと駄目ですね。検察はよく正義っていうのをちょっとイ

メージしてるんですけど全くそれはなく。交通事故ってよっぽどのことがない限り副検事がやるんです。……副検事ってのは必ず検事がいて、その下にいる。（中略）……多分副検事は、これは不起訴にしろと言われたんだと思いますね。だからもう不起訴前提の話をずっとしてました。われわれ、5時間ぐらいいたんですけど、検事と話してるというよりも、要するに向こう（加害者）の弁護士と話してる感じですね。」（T2・父親）

【裁判の結果と被害者の権利についての説明不足】

　「手紙で、今回の件に関しては、不起訴というか、刑罰的なことは先ほど言った免停と免職だけで済ませますと。不服があれば、申立てをして裁判にしてくださいみたいな文言は書いてあったんですけど、裁判にしたらどうなるの？って。覆されるの？って。実際どんなふうにしてというようなことは、何一つ教えてくださらなかったので、私たちのやりようがなかったというのが……。今だったらいろんなこと調べて、今ネットでも出ますよね。でも、携帯電話のガラの時代だったので、どこに何を聞けばいいかも分からなければ、実際いろんなお電話はもちろんもらうんです。うちでどうですかとか、弁護士がどうこうというのはもらうんだけれど、何を信じていいかも分からないし、どこが正解なのかも分からない。そういうのもどうにかして欲しいなと実際思いますね。」（T9・母親）

【求刑についての説明不足】

　「確かに居眠り運転は危険運転に当たらないというのは、当時（2010年前後）、言われてはいたんですけど。4年半が精一杯でしたというふうに検察の方に言われたんですけど、何をもってして4年半の求刑なのかなというところの説明がちゃんとなくて。過失とはいえ、二人亡くなっているんだから、（刑期は）もっと長くてもいいんじゃないかと。今よりいろんな罰則が緩かったので、10年ぐらい前は、あれ（仕方なかった）なんでしょうけども。」（T6・叔母）

３　支援センターの不十分な対応

　支援センターについては、前述したように、適切な支援が得られたという声が多く寄せられたが、次のような発言もあった。情報提供の不備について

は上記のT6さんの声である。地域差があるのかもしれないが、遺族の個々の状況に合わせた支援の必要性が示されている。

【情報提供が不十分だった】

「(支援センターの人が)うちにも来たことがあるんですが、何かあったらということで名刺はいただいていて、それで、兄(被害者の父親)は電話したのかちょっと分かんないですけど、私が一番動けるだろうと思って2〜3回行ったんですけど、ちょっとその流れ、どのようにしていったらいいのかという流れとか、そういうことが、あんまり説明がなくて、ちょっと困っちゃったなというか。(パンフレット等の提供は)なかったですね。話だけですかね。」「(裁判の付添支援についての説明も)ないです。何もないです。だから、何をする団体なのか分からないというか、本当に名前だけという気がしてしまったのは事実ですね。いいところと、いろいろ差があるみたいですけど。」(T6・叔母)

「その情報がないから何が要るんだか要らないんだかも分からないで連絡してるんで、その支援センターについても何か言われても、それが必要かどうかというのが分からない感じですかね。今にして思えば……支援センターのそのある程度経験がある人に付いて来てもらえたら、例えば途中で、途中というかその裁判が始まる前に弁護士を付けたりする必要性とかに気づいたかもしれないですかね。」(T4・夫)

【支援センターの専門的治療が(時期的にも)合わなかった】

「(支援センターで受けた認知行動療法について)つらかったですね、つらかった。何か自分の小さいときからの人生の洗い直しみたいなイメージもあって、何か落ち込むこともありましたね。でもそれを通してちょっとは落ち着いてきたみたいなところも、……(でも)それはない。……自分の中ではもうその当時は(心の中が)怒りにあふれてましたから。だからその怒りじゃないな……、そのときは何かわけ分かんなかったな。(認知行動療法が)効いてたのかもしれないけど……」(T2・父親)

④ 生活上の問題(育児)についての支援がなかった

次は事故で妻を亡くし、幼い子どもがいたT4さんの発言である。自分で

駆け回り苦労した様子がよく分かる。自治体がすぐできることとして、生活が急変した幼い子どものいる家庭のためのサービス提供を検討して欲しい。

　　「1歳の息子と4歳の息子がいたんで、まずそれをどうすればいいかっていうところで駆け回りましたね。長男が行ってた幼稚園の隣にその併設の保育園があったんで、何とかそこに入れられればと思って市役所と理事長とかに交渉して、何とかねじ込んだ感じですかね。市役所のほうはそういうのできないって言われてたんですけど、その法人のほうに話を付けて何とかこう編入、待機とかそれもなしで次男も編入させてもらって。ただその送り迎えもできないので、幼稚園の園バスに無理やり乗せてもらったんですね、チャイルドシート付けさせてもらって。だから幼稚園バスに一人だけ、何だろう、1歳の子が……いうような幼稚園法人側に協力してもらいました。ただそれ、市役所のほうでそれがなかなか許可出なくて、もう何でもいいからって一筆書いて、何だ、事故、アクシデントが起きても責任は問いませんって市役所に出しましたね。」（T4・夫）

5　学校での不十分な対応
　遺族の中には亡くなった子どもが通っていた学校の対応について、次のような発言があった。

【二次被害になり得る教師の不可解な行動】
　T9さんは、事故のあった翌年に、被害者の姉が新任の先生から突然白い菊の花束を「弟さんにあげてね」と渡され、周りの児童の注目をあびてしまいショックを受けたことについて、「それが二次被害と呼ぶか分からないですけど」と語っている。

　　「……例えば、（その先生に）気持ちがあるんだったら、自宅を訪ねて、お線香上げてくださるとか、『お母さん、ちょっとお話聞きたいんですけど』っていうのが筋であって、私にはそれはパフォーマンスにしか見えなかった。自分のやってあげた感しか受け取れなかったので、それに関しては娘に与えられた思いやりではないなというふうに、実際問題思ってますね。」（T9・母親）

【学校での同級生へのフォローやケアが必要。同級生も傷ついている】

　上記のT9さんは、小学1年生の息子が亡くなって同級生が6年生となった卒業時に、いのちの授業[*16]で事故のことについて話をした。そして、同級生の一人から手紙をもらった。その手紙には息子とけんかばかりしていたが、謝る機会を逸してしまったことが書かれていて、同じように傷ついていたことを知る。生徒が突然の事故等で命を落とした場合、学校側は同級生に対してフォローするなどの対応が必要である。

　　「その子（同級生）はいつか謝ればいいや、毎日毎日謝って許してもらったら、またけんかしてって、そんな感じを彼なりに楽しんでいたのに、謝ることもさせてもらえなかった。突然次の日には息子がいなくなっていて、謝れなかったって。それをずっとだれにも言えなかった。そうですよね、小学校1年生ですものね、お互いにね、言えなかったって。（中略）○○（被害者の名前）を嫌いでけんかしてたんじゃないんだって。大好きだからけんかしてたんだよっていうようなお手紙を実際いただいた。その手紙を見たときに、ああ、この子も被害者の一人なんじゃないかな。私たちが傷ついたのと同じように、息子の同級生もまた同じように傷ついていてくれたんだなって。それも小さな気持ちの中で、親にも打ち明けられなかった。そういうフォローを学校に求めてるんだけど、やっぱり人数も人数なので、学校のほうも手が回らなかったのかなというふうなことを思ったときに、これもまた二次（的な）被害ではないのかなっていうふうに感じました。」（T9・母親）

6 周囲から二次被害を受けた

　周囲から受けた二次被害について、次のような具体的な発言があった。

【近隣の人々の視線から疎外感を感じた】

　　「（二次被害を感じたのは）近所の人から。近所が一番嫌だったかもしれない。誰にも会いたくないけれど、仕方なくこそこそと買物に行くと、スーパーで向こうから、ああ、顔を知ってる人が来たと思ったら、私が逃げるんじゃないの、向こうがみんな逃げていきましたから。」「そ

---

*16　いのちの大切さや人への思いやりを育むことなどを目的とした教育活動。

うですね、とにかくおかわいそう可哀想にという哀れみの目で見られることと、こそこそと私のことを噂し言ってるんだなということが分かるのは一番疎外感を感じますね。」（T3・母親）

【二次被害につながるような声かけがあった】

　「二次被害は周囲の環境ですかね。やっぱりそのね、みんなその分からない、経験したことがない中で、自分なりの心配するなりの声かけなんですがね。たいがいそこってみんな知らないところなんでね、『早く元気出してね』とか、『元気か』とか、『くよくよしてたら駄目だぞ』とかね、下手なやつ、『四十九日泣いてたらおまえ浮かばれねえんだからな』みたいなやつもいましたね、励ましてるんでしょうけど。」（T4・夫）

⑦　当事者団体の広報周知の難しさ

　T8さんは、深い悲しみの最中にグリーフケアの情報を求めたことについて、次のように語っている。適切な情報が必要とする遺族のもとに届く体制を整備する必要がある。

　「○○の会（グリーフケアの会）は２カ月に１回やったかな、あるんですけれども、ほかのところはいつやってるのか、どこでやってるのかいうふうなんがよく分からなくて、インターネットで調べても、特になかったような気がしたんで、○○の会を選んだというよりも、○○の会しか分からへんというところがあったんです。……だから、やっぱり広報をやっていただいたらええなと思って。支援センターの方にも言うたんですけれども。ラジオで、……一遍ACジャパンが、『犯罪被害者の方、困ってませんか。ここに電話してください』みたいな感じのコマーシャルをしばらく流してはったんやけれども、今また全然しなくなっているんで、ああいうふうなのをコンスタントにできたらいいかなと思ったりしたんですけれども。」（T8・父親）

（4）被害者支援に関する要望・社会への発信

　最後に、協力者に被害者のための支援について日頃感じていること、こうなって欲しいという要望等について尋ねた。以下のように、交通被害ならではの多くの要望が寄せられた。交通被害者遺族としてすでに社会的活動を続

けている方もおられ、被害者支援についての思いには強いものがあった。

１ 刑事司法手続において改善して欲しい点がある

【警察への要望】

T5さんは事故後の警察の捜査や裁判までの経緯について問題を痛感し、現在警察や大学での講演の機会を得て、「裁判そのものを真っ向から信じてはいけない」と訴えている。若い人に対して警察を変えて欲しいという願いがあるからである。丁寧な捜査、遺族に対する誠意あるコミュニケーションが不可欠である。

　　「僕の場合は、……もともとが技術者なもんですから、特に裁判に関して問題点というものをすごくもっています。それと、警察の捜査に対しての質問したいところ、間違ってるんじゃないかというようなところ、そういったものをすごくたくさん経験してきたものですから……警察官に対してだとか、大学生に対して、今の裁判だとか、警察の捜査だとか、『こういったミスがあるよ』『こんなことを言われるよ』というようなことを話してきてます。」「……やっぱり話を聞いてもらえるということがすごく、僕としては気が楽になるところですね。『裁判そのものを真っ向から信じてはいけないよ』と言いたいのが一つなんですよ、僕としては。」（T5・父親）

【警察は捜査だけをちゃんとして欲しい】

　　「『警察は余計なことしなくていい』って言ったんです。『警察はもう真実を突き詰める捜査、もうこれ以外にやることないよ』って。それでもう支援というのは、『真実をちゃんと追求して一生懸命やったことを伝えることが、あなたたちは一番の支援になるよ』と。これは長い目で見たら、何か取りつくろうんじゃなくて、一生懸命やってるっていうことがこっちに分かることが、非常にこう後々あったかい気持ちになると。だからもうその、要するに間接的な支援なんて変な中途半端な支援をやるんだったら、そういう窓口、（支援）センターみたいなところにつなぐだけのほうがいいというふうに、自分は今でも思ってます。」（T2・父親）

【被害者等通知制度の改善点：加害者の状況が分かる、具体的なことを通知して欲しい】

　T1さんは、被害者等通知制度を利用したが、通知内容が不十分だったと感じている。加害者の処遇に関する情報は被害者側にとって大きな意味がある。保護観察中の面接回数だけでなく、具体的な処遇や指導が分かる通知内容を検討して欲しい。

　　「（被害者等）通知制度は、加害者が保護観察官や保護司と面会した回数しか書いてなかった。結局聞いても教えてもらえないし、（中略）……『何回しか書いてないんじゃ、相手が反省してるのかとか、そういうのは分からない』って言ったら、『そういうことは書くと、その人の主観が入っちゃうから書けないんです』って言われて、回数しか教えてもらえないっていうのは、すごく不満がありました。」「（保護観察中の遵守事項について）何を決められて、どういうふうに指導を受けているのかとか、こういう指導をして、こういう変化がありましたよとか、こういうことを普段言ってますよとか、反省をしてるのか、してないのか、私の思いがどこまで伝わってるのかとか、そういうことが知りたかったです。」（T1・母親）

　②　短期・中期・長期の被害者支援への提案

　T8さんは、被害者支援について短期・中期・長期を見通した支援という観点から分かりやすく提案している。実際に遺族がどのようなことに困り、何を必要としているか、以下にまとめる。

【短期・中期に必要なこと】

①短期的には被害者側に届く形での適切な情報提供が必要

　　「本当に事故があってショックで、精神的なダメージがあって、どないしたらええんか、ぽーっとしてしまうようなときに、僕が困ったのは、だれに、どこに聞いたらええとか、助けを求めたらええのかいうのが全く分からなくて、……警察の方が教えてくださったんやろうけど、それも聞いてないような状況なんで……」（T8・父親）

②中期的には司法手続の情報と支援、精神的ケア、遺族会とのつながりと、

そういう団体を支える多機関連携（司法、医療、支援者）の必要性
　「裁判が始まってくるんで、実際裁判いうてもどうなっていくのか、……一体自分にはどんな権利があって、どんな補償があるのんかとか、もう1つは警察で取調べというのがあって、向こう側の加害者とのそういうふうな取調べとか、あと裁判の流れも……（教えていただきたい）。」
「（遺族会のように）同じ思いの人とか、遠慮なく話ができる、そういう人が集まる会みたいなものがあればいいし、その会に対する支援なんかもしていただいて、そんな会がもっとしっかりとやっていけるような感じになったらええと思います。だから、支援者とか弁護士とか、医療的なものも含めて精神的なケアが中期的にはできたらうれしいなというようなことを思いました。」（T8・父親）

【長期的に求めたいこと】
①経済的支援
　「長期的には、精神的なケアは継続していただきたいなと思うんですけれども、（家族の稼ぎ手が）亡くなった場合、非常に困るんちゃうかなと思うんで、経済的な支援が何かあったらと思います。（犯罪被害にあった人を長期に支える経済的支援が）もう一つできへんかなというのがあります。」（T8・父親）

②自動運転車の開発、運転免許更新の見直し（より安全な運転ができるように）
　「自動運転の時代というんですか、交通事故が起こらんように、人間がやったらどうしてもそういうふうな事故が起こってしまいがちなんで、そういう車の開発をしていただいたり、一番身近なところでいうたら、よくいわれている免許の更新制度をもうちょっと見直していただいて、行動に対する反応とか、年齢とか、そういうふうな能力的なものを……見直していただかないとあかんかなということを思いました。」（T8・父親）

③交通事件にかかわる法律の適正化
　「（交通被害について）法律を適正化していただきたい。（中略）何も厳罰じゃなしに、適正化というところで、なんぼ何でも人の命を奪っておいて、（判決に）執行猶予が付いて、そんなんではどうかなというと

ころもあると思うんです。やっぱりある程度厳しくすることによって、というようなところもあると思うんで、そういう法の適正化というところをしていただけたらなと。とにかく僕が感じた、勝手なことを言うたら、加害者に甘くて、被害者に冷たい日本の法律やなというふうなことは感じました。」（T8・父親）

④被害者支援にかかわる広報啓発について危機感をもって取り組んで欲しい
　　「最後4つ目は、一番難しいんですけれども、自分自身もそうやったんですけど、みんながいつ自分に降りかかることになるか分からへんということを自覚するというようなところで、国とか自治体がそういう広報、……みんなにこんな危機感をもってやらなあかん。逆に自分が加害者にならないようにしていかな、いかんということ、これをもっと呼びかけていけるような体制ができたらいいなと。」（T8・父親）

【被害直後から法的支援と精神的ケアに結びつくことの重要性】
上記の提案とも重なるが、次のような発言もあった。

　　「私が混乱しないできたのも、やっぱり最初からその弁護士さんがいろんな情報を教えてくださったのもありますよね。それと精神科医ですよね。（数十年たった）今も精神科には時々行ってるんですけど、（中略）……そういうドクターが本当に身近なところでいてくださって、何かすごくありがたいですね。」（T3・母親）

【何年たっても寄り添ってくれたり、カウンセリングしてくれたりする機関があって欲しい】
　　「やっぱりどんなに何十年たっても、心の傷って誰にも見えないじゃないですか。だから、そういうのに今後、年月をたった人に寄り添ってくれる機関だったり、そういうカウンセリングができる行政だったり、して欲しいなと思います。」（T9・母親）

③　情報提供についての支援ガイドラインがあるとよい
T9さんは交通被害にあってどのような支援があるのか、分からなくて

困ったと語り、次のような提案をしている。ガイドラインの作成と多層的な情報提供が必要である。

　　「被害者に対する支援というか、もうちょっと分かりやすいガイドラインが（あるといい）。性犯罪のときもそうだし、みんなが一緒の（同じ）被害ではないわけだから、交通事故に対する被害のときはこうだよとか、性犯罪のこきはこっちだよというガイドラインを、被害者向けにきっちりと整備して欲しいですね。」「（そのガイドラインについて）例えば、警察でもいいし、精神科でもいいし、いろんな人が知っていて、……いろんな選べるものが欲しいと思います。」（T9・母親）

④　支援センターの支援をもっと充実させて欲しい
【支援センターは身近なところにあって、24時間体制で応じてくれるとよい】
　　「一番感じているのは、（各府県に１カ所しかない）支援センター。やっぱり遠いと大変だなというのと、24時間体制じゃないので、最初のころ『つらかったらメールでも何でも、夜中に入れてくれれば』って言われたんですけど、入れておいてもなかなか読んでもらえなかったりして、（中略）……夜中でもポンと（メール）すると、返事がポンと返ってきてくれると、すごく助かるなというのは感じました。」（T1・母親）

【支援センターは専門職集団であるべき／次世代の養成等運営の仕方をもっと改善すべき】
　被害者遺族であり、支援センターに深く関わった経験をもつT3さんは、支援センターは専門職集団であって欲しい、次世代の養成にも目配りをと提案している。

　　「やっぱり支援センターはボランティアではなくて、専門職集団であってほ欲しいということです。専門職の方たち、その中でも社会福祉士さんは絶対にこの被害者支援では欠かせない職種だと思います。単に心理的なものだけではなくて、社会生活そのものを復帰していかなければいけないものなのだということを、強く思っています。」「ボランティアさんではやはり基本的な教育が足りないと思いますので、支援の在り

方そのものをきちっと進めていったうえで後輩を育てるっていうところにまで思いが及ばないと思うんですね。そういう意味でもやはり支援そのものの充実と専門職も動員して多機関とも連携したさらなる支援の充実、そして、次世代を育てる、支援者を育てる、そういう目をもって支援センターを運営していって欲しいと思います。それから、被害者自身の意見を支援センターの中でしっかりと受け止めて、それを反映する支援センターであって欲しいということをすごく思っていますけど、まだ全然そこが充実をしていっていないのではないかと思います。」(T3・母親)

⑤　身近な自治体窓口をもっと被害者のためのものにして欲しい

　地方公共団体における被害者対応の充実については、2016（平成28）年に第3次犯罪被害者等基本計画が施行されてから一層推進されるようになった。交通被害を経験した当事者が、自治体の対応についてどのような要望をもっているか、以下にまとめる。

【自治体でもしっかり情報提供や付添支援をして欲しい】

　「市役所には間違いなく死亡届なり何かしらの届け出が出るので、そのときに情報が欲しいですよね。これからどうすればいいのかとか、例えば支援センターについてもう少し細かく説明してくれたりとか、裁判の流れも簡単でもいいし、それくらいは必要かなとか。それこそ市役所のほうで付添支援とかできると、して欲しいですね。（地元は）広いんで支援センターまで行くのも大変でね。」(T4・夫)

【生活支援のためのサービスを利用できるようにして欲しい】

　T7さんは、次のように生活支援の必要性を述べている。被害にあった家族が高次脳機能障害を負ったため、病院の送迎や付添サービスがあったらよかったと振り返り、既存の福祉サービスを犯罪被害者に対するサービスとして有効活用することを提案している。

　「実を言うと、よく交通事故や犯罪被害が起きると、心の支援という言葉が最初に出ます。でも、心の支援というのは、生活があっての、その後の心の支援ですから、そう考えると、やはり生活の基盤をしっかり

するということこそが、心の支援につながっていくのではないかと思っ
てます。」「病院の付添い、特に高次脳機能障害とか、記憶に障害をもつ
当事者や、体に見えない損傷がある、家族にとっては、見えない障害と
いうものを社会に提示するということが非常に難しいのです……（中略）
なので病院の付添いというようなシステムというのは、非常に大切かな
と思いました。」「今ある既存のシステムを犯罪被害者に割り当てること
ができないのかと。今ある資源を有効活用して、犯罪被害という難局を
一時的にでも乗り切れるということが、かつ全都道府県で施行できたら
いいなと私は思います。」（T7・義理の娘等）

　T4さんも被害後の急激な変化に対応した、家族が使える家事、育児、介
護のサービスが利用できたら助かると述べている。市役所での手続の一本化
についても提案しており、遺族の立場に立ったスムーズな手続を実施するこ
とが望まれる。

　　　「家事、育児、介護の支援が使えるといいですね。今ある原資を使う
　　　としたら、福祉のサポートとかね、こういう急激な変化が、アクシデン
　　　トがあったご家庭に使えるようにしてくれると助かるかな。」「（被害者
　　　の死亡手続をした後）やっぱり手続がそこで他にもいろいろあって、手
　　　伝ってくれたりとか一本化だといいなというのはね、後々思うことです
　　　けど。」（T4・夫）

【自治体に被害者のためのワンストップをつくり、支援センターと連携し
て欲しい】
　自治体の窓口の対応について、T3さんはさらに進んだ、次のような提案
をしている。ワンストップ機能の実現のためには自治体における研修も不可
欠である。

　　　「（被害者に対して）自治体でそれなりの対応ができるといい。ただ
　　　小さな自治体ですと、一人で幾つもの係を兼ねているところが多いと思
　　　うんですが、結構公務員はそれなりに勉強もすると思いますので、自治
　　　体で被害者支援があったらいい。というか、被害にあったらここの窓口
　　　を訪ねるという、そういうものがあるのは実は一番早いんじゃないで

しょうか。教育も研修も実施しやすいかと思います。」「被害者支援ワンストップ課みたいなものが自治体にできると、そこは割とそれなりの力のある方たちが職員だと思いますので、自治体ワンストップ、被害者ワンストップでしょう……」（T3・母親）

また、自治体と支援センターの連携についても次のように述べている。

　「実際のサービスは自治体にあるというものも多いです。ただそこに行き着くまでに被害者自身が自分での生活とか精神面とかを整理をして、自分に何が必要なのかっていうことを理解するときには、やっぱり支援専門の支援センターでそういう情報をきちっと与えてもらって、自治体と連携を取ってもらって、（被害者を）そこに乗せてもらうということがいいんでしょうかね。」（T3・母親）

6　交通事故を減らすための社会への働きかけ
交通事故を減らすための教育について、次のような具体的な提案があった。

【交通被害やいのちの大切さについて学ぶ（教育の）機会を増やして欲しい】
　「私を含めて下から上までどの年代層でも、そんな（交通被害についての）教育を受けてないのでそれが普通だし、そこまで考えることをしてないというのが、今思ってることなんで。ちゃんとみんなが、交通については教育を受けて、交通だけに関わらないけど、例えばそのいのちについてとかね、グリーフとかメンタルについてという学びがあれば、もう少し減るんじゃないかなっていうのは思いますね。」「被害者支援について知っている人っていうのもほとんど多分いないし、犯罪被害者等基本法なんていうのも、私も当事者になるまでは聞いたこともなくてね。各都道府県の条例も知らなければ、何だろうな、……（中略）世の中、社会として全く考えてないっていうのを、何とか変えていきたいなっていうのを思ってます。……みんなが知らないと支援も何もできないじゃないですか。そのためにはやっぱりいろいろ学びの場があるといいんだろうなって。」（T4・夫）

【一人ひとりが「優しい心」をもって安全運転をする社会になって欲しい】

　T2さんは、運転するときに「優しい心」があれば事故はなくせると表現し、それぞれが自分に引き寄せ、安全運転をする社会になって欲しいと語っている。

　　「本当にその事故はね、なくなると思います、それは人間性の問題で。……やっぱり教育の問題ももちろんあるし、いろんな問題が（社会が解決できることが）あればなくせると思う。一番はやっぱり優しさ、優しい心。運転をするときに優しい心があれば、うちの子の事故は絶対ない。スピードを落としたか、離れれば済んだわけだから。それが絶対ないというか、こんなやつ嫌だとか生意気だとか、そういうことで起きてしまう事故がいっぱいあると思う。だから、そういうのはなくすような社会にして欲しいなと思いますね。」

　　「本当にお願いしたいんだけど、この例えば（交通事故の）報道ですとか、つまり報道の仕方とかね、SNSで発信の仕方とかね、そういう問題なんだけど。（中略）……（悲惨な）事件を見たときに、じゃあみんながみんな自分に振り返ってみて、ああ、自分も安全運転しようとかいう、社会とかそういう風潮にして欲しい。何というかな、被害者を出さないために……社会のほうにもっていって欲しいなと思いますね。本質を見てもらうとか。本質は、（亡くなった被害者は）もう帰ってこないんだから。じゃあみんな何ができるのかということ。（誰かを、社会を）非難することじゃなくて、（中略）……自分が安全運転をしようということだと思いますね。」（T2・父親）

3．身体的な被害にあった人々の語り

　最後に、殺人（傷害致死）、強盗致死、強盗致傷の被害にあった家族、遺族の声を取り上げる。協力者の一人は「自分が被害者になるまでは殺人事件のニュースを見聞きしても、これはよその出来事だ、自分の家には起こりっこないと、何の疑いもなく思っていた」と語っている。

　身体的な被害のインタビュー協力者は計5名で、概要は次のとおりである。5名のうち、4名が遺族（夫1名、妻3名）、1名が被害者の長男で、イン

タビュー時の年齢別は20代１名、40代・50代・60代・70代が各１名であった。被害にあった時期は2000（平成12）年から2012（平成24）年で、加害者との関係は無関係・知らない人４名、元同級生１名であった。

（1）殺人（傷害致死）・強盗致傷被害の実態とその影響

　一方的な暴力行為によって家族を喪った方は非常に大きな混乱と深い悲しみに一挙に陥る。また、母親が強盗致傷の被害にあい重体となった経験をした方は、犯罪被害者となったことについてその思いを語っている。

① 事件直後の衝撃と混乱

　V2さんは、夫をトラックで故意に轢かれるという傷害致死事件で亡くした。警察からの連絡で病院に駆けつけ、「世界が一変した」と、次のように語っている。警察官からしっかりするように言われ、とにかく自分がしっかりしなければと言い聞かせている。被害直後の強い衝撃を受けているときに、どのような言葉かけや対応が適切か、警察や医療機関は日頃から検討しておく必要がある。

　　「あの当時のことって、記憶がすごく曖昧なところもあるんですけれども、その場面、場面だけはすごく鮮明に、写真のように憶えています。病院に着いたら、救急外来に待っている人がいっぱいいて、警察の方が『ああ、お見えになったんですね』と言ったら、外来に待っているみんなに振り向かれたと記憶しています。（中略）部屋に入る前に警察官の方が『奥さん、しっかりして。とにかくしっかりしてください』って、何度も言われたので、何か私『とにかくしっかりしなきゃいけないんだ。たった一人だし』と思って、夫と対面しました。私は全くそのとき泣きませんでした。何か、『え、え、何、何が起こった……、え？』みたいな感じでした。」「（被害当初の心理的苦痛について）どのぐらいだったんでしょう、世界が一変した感じです。昨日まで暮らしていた生活からは、全く違うところに自分が来てしまった。でも、やるべきことがとにかくたくさんあるので、私はとにかくそれをやらなきゃいけない、やらなきゃいけない、夜も眠れないし、ご飯も食べられないけれども、もう、やらなきゃいけないって……」（V2・妻）

次のV4さんは、次男を出産後間もなく、夫を突然の傷害致死事件で亡くした。幼い二人の子どもを抱え、夫の会社の引継ぎの問題も降りかかってきた。被害当初のことはあまり憶えていないと次のように語っている。警察の事情聴取では、遺族のこうした心理状況や家庭状況に配慮することの必要性が示されている。

　　「もう私が病院に行ったときには、ちょっと死因が分からないっていうような状況で、もうすでに亡くなっていたので。司法解剖に回すということになって、翌日主人と対面することができたんですけども。もうちょっと当時のことが、何ていうか、そのあったことがあまりよく憶えてなくて……２年ぐらい記憶がないですね。ただ、主人のやっていた会社を私が継がなければいけないというか、継いでもらいたいという社員からの要望が四十九日明けぐらいにあって。事件直後は自分のことと、もうこれから子どもたちをどうやって育てたらいいんだろうみたいな、そういう混乱している中で、急に四十九日明けに会社の人が来られてそういう話になったときにすごく悩んだというか……（中略）犯人が、最初分からなくて、逮捕まで２カ月半ぐらいかかったので。その間はちょっと警察の対応とかがあったり、もう何をやってたかよく分かんないんですけど。警察の方とはしょっちゅう会ってたような記憶がありますね。」（V4・妻）

　②　事件当日の状況がきっかけともなり、不安定な精神状態が続く
　V1さんは、20代の長女が出勤途中に殺害されるという被害にあった。事件当日、長女の帰宅が遅く心配していたところ深夜に警察から連絡があり、迎えの車で警察署に向かった。しかし、署に着いても詳細は何も聞かされず待たされた。そのときの様子を次のように語っている。不安な状態で放置されていると感じた点は大きな問題であり、警察は遺族の大きな不安に配慮し、時間を置かず適切に情報を伝えるべきであろう。また、御遺体の処置の点についても課題が読み取れる。

　　「（警察署に行って）……その間も『何かあったんですか。うちの子どうかしたんですか』って聞いても、何も教えてくれない。警察では取調室に入れられて、入り口のほうには刑事が座って。そのときも『何が

あったんですか。どうしたんですか』っていくら聞いても何にも、『いや、まだ教えられません』っていうことで教えてもらえない。(中略)……(時間の無駄だと詰め寄ったところ)捜査の責任者を連れてきて、『今日、○○区で殺人事件がありました。着衣と写真で確認しましたけど、被害者はお宅のお嬢さんです』と言われて、涙がぽろぽろと出た記憶はあるんですけども、妻も下の子も泣き叫ぶってことは全くなかったんですよね。(中略)……で、明け方になってやっと、『じゃあ、お嬢さんに会ってください』と。警察署の建物を出て、隣の死体安置所に連れていかれて、妻が一番最初に入っていって、次が僕で、(下の)娘が次と。横たわっているのを見ても、ああ、○○(長女の名前)だ。でも、苦しそうな顔してないなって、何かぼんやりそんな感じをもってたということで。そうしているうちに突然、妻がしゃがみ込んだんですよね。貧血でも起こしたのかなと思って助け起こそうとしたら、大丈夫っていうことで。後で聞いたら、首の傷がちらっと見えたんで確認しようと思ってしゃがみ込んだら、ざっくり切られたのがそのままだったと。後で言ってましたけども、警察は、あそこは包帯を巻くなり何なりして隠しといて欲しかった。それが後のトラウマになって、夜中の夢で、ナイフが飛んできて自分のお腹を切るっていうのにつながったのかなっていうふうに思ってるんですけどね。」(V1・父親)

　V1さんの事件は1年経っても犯人は捕まらず、妻の精神状態が非常に不安定になった。警察から紹介された病院にかかり、睡眠薬に頼るようになった状況が語られている。被害者遺族の精神状態に詳しい精神科医が治療にあたることができていたら違っていたであろう。

　　「(被害後1年くらいから刑事が全く来なくなり)妻も、うちはもう警察から見放されたね。犯人もきっと捕まらないよなんていうことで、すごく落ち込んでいたんですよね。事件から2〜3週間たってから、妻が『夜寝るときに電気つけたままにしといていい?』って聞いてきたんですよね。『何で?』って聞いたら、さっきの、暗闇からナイフが飛んできて自分のお腹を切るっていう夢と、あともう一つ見る夢は、すごい怖い顔をした中年の男性、その後ろに中年の女性が2〜3人。その女性たちは何か訳の分からないことを、聞き取れないようなことだけど、何

かべちゃべちゃとしゃべってると。その男が自分のほうを指さして『死ね。死ね』って言うと。そういう夢がすごく怖いからって言うんで、電気をつけたままにするんですけども、でも、つけたまま寝てても、やっぱりその夢は見てたみたいなんですよね。僕自身も、すごく明るいから寝るのが浅くなって、ちょっと妻が見動きしたりすると、ぱっと目が覚めるんですよね。そんな感じで、しばらく過ごして……」「(妻は病院の)院長先生に診てもらったんですけど、後で院長先生にいろいろ聞いたら、『僕は心療内科の専門じゃないんです』と。外科の専門で、たまたまこの病院に院長として呼ばれたので、院長として来て、そういう心の問題についても一応診察してますということで、じゃあということで……。妻はそれから薬欲しさにずっと、亡くなるまで通ってまして。事件後の妻は、睡眠薬もらってからは、夜10時、11時ぐらい、お風呂に入って薬を飲んで、それからダイニングの自分の椅子に座ってじっと待ってるんですよね。眠気が来て、『ああ、もうどうしようもない』って言ったときにさっと2階へ行って寝ると。朝なんかも僕が出勤する時間に起きられないってこともしょっちゅうありましたけども、そんな状況で薬に頼って寝てたという状況です。」(V1・父親)

③ 遺族の深い喪失感と自責感

上記のV1さんの妻は深い悲しみと喪失感から自死された。妻への思いを自責感とともに次のように語っている。こうした喪失感を独りで抱え込むことがないようにするためには何ができるか、多面的なサポート体制を整えることが肝要である。

「(妻は、小学生の女児がプール事故で亡くなったニュースを聞いたことが引き金となり)……翌日おそらくリストカットをして、訳が分からなくなって、ふらふらっと歩いて行って、踏切に。だから、心神喪失か心神耗弱状態。でも、心の奥底には、娘のところに行きたいっていう気持ちはあったみたいなんですけど、それがそういうふうにさせたのかなって思うんですけどね。ですから、ほんと、今でも、いわゆる被害者ってみんなそう思ってるみたいなんだけど。何で、僕が(事件当日)娘を迎えに行かなかったんだろうとか、妻のことを何でもっと支えきれなかったんだろうとか、そういう思いっていうのはずっと今でもあるんで

すよね。そういう思いが出てくる回数っていうのは、年とともにだんだん少なくはなってきてますけど、それが消えたわけじゃないんですよね。」（V1・父親）

④ 長期にわたる精神的ダメージ：精神的な波があって長期間苦しむ

V4さんは、夫を暴行事件で亡くした被害後1年ほどからひどく体調を崩し、周囲の助言で被害者支援に詳しい精神科医に通い、月1回のカウンセリングを受けるようになった。10年間ほど通院し服薬も続けるが、思うように改善しなかった。自分の判断で薬をやめたことで、気持ちのアップダウンの波が落ち着いてきた経過が詳しく語られている。服薬と日常生活の支障について、医師とオープンに話せることが必要といえる。

「ただ1年ぐらいたった、まだ裁判進行中なんですけども……体調が悪くなってしまって。たぶん眠れてないし、食べてなかったと思うんですよ、あまり。2カ月で7キロ体重がガタンと落ちたりとか。何とか仕事も行って、夜は（子どもに）乳飲ませたりしなきゃいけないから、ほとんど眠れない状況があって。（会社の役員から病院に行った方がいいと言われて）……で、何ていうのかな、幻聴とか幻覚とか、そういうものと現実がごちゃ混ぜな状況の精神状態になっちゃって。時々、何かつじつまが合わないことを会社でも言ってるらしくて。全然、私はそんな気が付かなくて……」「それから月に1回カウンセリングに通うようになって。（中略）……女性の先生だったんですけども、女医さんで。その先生に子育てのこととかいろいろ、会社のこととか、眠れてるのかどうかとか、ちゃんと食べてるの？　とか。そういう感じでお薬を飲むようになっていったんですけども。（薬は）やっぱりどんどん強くなっていくので。大変だったんですけど、10年ぐらい通ってたかな。結構強い薬になっていって、でも体調もすぐれないし。薬飲んでも効いてる感じがしないとか、眠れないしっていうのは変わらないしとかっていう状況が……（続いた）。」

「体調は薬をやめてからは本当に徐々に良くなっていったんですけども。何だろう、『精神的な面でどうなの？』って言われると、やっぱりずっしり重たいものがこうある、日常生活を送るぐらいのテンションは保ててるかなぐらいですかね。あの時は、朝と昼と夜とでももう感情

の起伏が激しくて。会社の部屋で一人で仕事してても涙が止まらないとかっていうような、アップダウンがすごくひどくて。落ち込むともう落ち込むし。頑張って今日仕事行かなきゃっていうときは、多少テンション上げていかなきゃいけないから行くんですけど、また会社に着いたら何かずっと、まったりとか。そういうのが徐々にこう、1日の振れ幅が、今日は大丈夫、でも次の日駄目とかっていうのがだんだんこう期間が延びるようになって。今はこう、波が緩やかになったかなっていう感じですよね。」（V4・妻）

5 マスコミによる過熱報道
　V3さんは、夫を通りがかりの複数の若者から一方的に暴行されて亡くした。夫が外国籍で残忍な暴行殺害事件だったこともあり、マスコミに大きく取り上げられ大変苦労した。周囲からの二次被害やマスコミ不信に陥ったことについても、次のように語っている。マスコミ報道が被害者の心理面や生活全般に与える悪影響についてはもっと周知され、改善する必要がある。

　　「一番大変だったのは、マスコミに報道されたので。プラス、防犯カメラの映像があったので、割と大きくなって、マスコミの方もすごかったですし。主人が外国人だったので、（母国で葬儀をする必要があり）遺体の搬送とかもすごい大変やって、その辺が一番大変だったかな。」「基本的にはヒャクゼロ（被害者側に落ち度がなく加害者に100％の責任がある）の内容ですし、一方的に（暴行）している映像が出てるので、同情的というか、ではあったんですけど。逆にそのことで、いろんな人からも何だかんだ、（店を経営していたので）言われたりとか。同情的ではあるんですけど、それを受け止めるっていうか、対応するのがすごい大変でした。」「一番大きいのは、やっぱりマスコミに報道される側になる（こと）。何ていうんだろう、報道されることと実際の事実っていうのが違うというか、物の捉え方の違いだと思うんですが、何か違う世界があるというか……。だから、報道されることが全てじゃない……。何か物の見方っていうか、裏を見るようになってしまった。」（V3・妻）

6 被害者遺族になった者の気持ち
　上記のV3さんは、被害者遺族になって安心感や安定感を失った気持ちを

次のように語っている。

　「何か築いたものが一度に消えてしまうっていうのは……（いまだに
変わらない）。今から何をしたところで、崩れてしまう可能性っていうか、
そういうことがあるんだなっていうのは……（いつも思っている）」
　「……具体的なとこっていうのも、何か諦めてしまっているので、何か
もうしょうがないっていうか、もう変わりようがないのかなっていうこ
とはあります。」（V3・妻）

７　親の死についての幼い子どもの反応とその受け止め
　夫を喪ったとき子どもがまだ幼かったV4さんは、父親の死に対する子ど
もの問いとその受け止め方について次のように語っている。子どもも被害の
衝撃を感じ取っているが、どのように不慮の死を伝えるかは難しい。次のエ
ピソードはその伝え方、子どもの反応について示唆を与えてくれる。

　「長男が（事件）当時３歳だったから一番悩んだのは、たぶんいつか
お父さんは死んじゃったっていうのが分かる時期が来る、それがいつな
のか分かんないけどいつかは来るだろう……（精神科の先生に相談した
ところ、直接自分の口から言った方がいいと言われ）……ちょうどもう
すぐ５歳の誕生日を迎えようかなっていう時期に、初めて長男が『お父
さん、死んじゃったの？』って突然聞いてきたんですよ。４歳何カ月か
のときに。『ああ、もうその瞬間が来たんだ』と思って、ちゃんと向か
い合って座って『今からちゃんと説明するから、よく聞いてね』って言っ
て、『お父さんはちょっとそういう事件に巻き込まれて亡くなったんだ
よ』って。『どこにいるの？』とか。『いや、亡くなったの』『死んじゃっ
たの？　死んだらどこに行くの？』『うーん、どこだろうね。天国かな』
とか。『天国ってどこにあるの？』『お空の上かな』とか。『僕も行きたい』
とか、いやいや。『お父さんに会いに行きたい』とか、いやいや、『ちょっ
とそれはできないんだけどね』って。何か『どんなとこ？』って聞くか
ら、『どんなとこだと思う？』みたいに。『分かんない』『たぶんお花がいっ
ぱい咲いてて、何か気持ちいい風が吹いてて、おいしいものがいっぱい
あって、そういうとこだよ』とかやったんですね。それで、その日の夜
は『分かった』みたいな感じになったんですけど。ところがそれが２週

間も続いたんですよ、毎晩、毎晩。毎晩、寝る前に『お父さん、死んじゃったの？』ってまた聞いてくるんですね。また前の日と同じ話を二人でして、それが２週間続いて、やっと言わなくなったんですよね。『死んじゃったの』って聞かなくなった。(中略)……２週間ぐらい話してやっと落ち着いたというか、『お父さん、死んじゃったんだよね』みたいに、本人なりに納得してくれたのかなって思ったんですけど。」(V4・妻)

⑧　事件前の家族関係が及ぼす影響

　V5さんは、高校生のときに親の仕事の関係で外国に住んでいて、母親が強盗致傷の被害にあい脳挫傷の重体に陥った。家庭生活が一変し、長男として家事を引き継ぐことになった負担や、事件前の家族関係が被害に及ぼす影響についても語っている。独自の被害体験として多角的な視点を提供している。

　　「母親が結構主婦的なことをやっていたので。その負担というか、もろもろの家事をする人がいなくなってしまったので、それを僕もやっていたことが負担でした。」「(お手伝いさんもいたが)……ちょっと感覚とかが違ったりして、結局、僕がやることが多かった。父親は仕事で、弟は当時小学生だったので。そういう感じです。」「何ていうか、多分、結構家庭の特殊性があると思うんですけれども。その事件が起きる前、両親の仲が悪く(中略)……家にいるのが結構しんどかったので、その仲が悪かった時期に。……だから、事件自体に関しては心理的抵抗、苦痛はなかった。もろもろの何かですでに結構苦痛を負っていたので、みたいな感じですか……」(V5・息子)

⑨　当事者になって分かる「被害者」観の不適切さ

　上記のV5さんは、家族が被害にあったことが１つの「起点」となって、大学院で犯罪心理学、法学を学ぶようになった。ロースクールでの勉学について尋ねたところ、次のように語っている。被害者としてステレオタイプの被害者像を押し付けられることに不快感をもつ様子がうかがえる。

　　「(被害体験を客観的に見ることについて)どうなんでしょうね。そう努力してきたっていうだけですね。多分、今も被害者学の授業あった

としても、受けなかったと思いますしね。何ていうか、被害者学って『被害者はこうだ』みたいな、被害者は苦しんでいてみたいな、やっぱそういうとこを出してくる人が多い印象があって。それって感覚としてちょっとステレオタイプな感じがするというか、率直に言ってしまうと、うざいなと思うので。多分、受けなかっただろうなと思いますね。そういう仕事が大事だっていうのはもちろん理解してるんですけど。」

「さっき、うざいって言葉、さすがに強過ぎたかなって反省してるんですけども……。支援する場では、やっぱりそう（被害者は大変だ、苦しんでいると）いうふうに提示するのが分かりやすいっていうのは分かるんですけれども、それによって、そう思ってない人が『俺ってかわいそうなのって思わなくちゃいけないの？』みたいな気持ちに僕はなるので。そういう意味では、かなり好ましくないと思っているということです。」（V5・息子）

（2）どのような対応・支援を適切だと感じたか
　被害当事者にとって、被害後にどんな支援を受け、役立ったと感じたのはどのようなことだったのか。刑事手続における対応、民間支援団体による支援、また当事者団体とのつながり等について肯定的に語られたものを、以下にまとめる。

　① 刑事手続における適切な支援
　V3さんは、警察、検察の対応について自分のペースに合わせて話を聞いてくれたと感じ、公判の被害者参加制度も利用した。裁判員が代弁して自分の聞きたい内容を質問してくれたと語っている。

「参加して、いろんな証拠とかが見れるんで、その部分は良かったのかなって。」「（検察官よりも）……結果的には、その裁判では、裁判員の人が、どちらかというと私の聞きたい内容を代弁してくれて、その裁判長も止めなかったので、すごい心情的な部分っていうのは聞いてもらえた。自分、私からじゃないですけど、聞いてもらえたかな。」（V3・妻）

　② 民間支援団体（支援センター）からの適切な支援
　上記のV3さんは、マスコミの過熱報道に苦労したが、支援センターにつ

ながることができ、刑事手続の情報を得て弁護士の仲介をしてもらうことができ、苦境を乗り切れたと語っている。遺族が何を必要としているかが読み取れる。

> 「……でも、いろんなことが、だれかに何かを話したら、マスコミが嗅ぎつけてっていうような状況が何となくあったんで、やっぱりその支援団体の人だったら、別に何話してもいいっていうのがあったんで、今考えると、そこがなかったら乗り切れてなかったのかなっていうのはあります。」「弁護士っていうか、その制度自体の中身を、いまいち説明が、ちゃんとしたものとか、経験談とか、全くなかったので、多少はそこで、（支援センターと）つながったところで情報を取れたのは大きかったなと。あと、そうですね。裁判も、そこに傍聴っていうか、一緒に付添いをお願いしたりとかして……」「弁護士とかは全く、やっぱりその時点で被害者側の経験とかがなくて、そんなに何か気持ち、心の部分、精神的な部分とかで全く分かってくれない人だったんで、そういうのも支援団体の人に言って、そこで間に入って、何か言ってもらったりっていうこともあったかなと……」（V3・妻）

③ 当事者団体や自助グループとのつながりに助けられた
インタビュー協力者５名のうち３名の方は、当事者団体や自助グループとつながりをもつようになった。その活動から何を得たか、活動の意義が語られている。

【全国的な犯罪被害当事者団体とつながり、新たな気づきや学びがあった】
「○○の会（犯罪被害者の会）、事件から２年くらい過ぎたころに、やっぱり、同じ被害者と話したいし、こんな経験して、これだけで終わっちゃうのは何だか、やり切れないなっていう思いもあって、○○の会を見つけて、参加しました。そこでほんとに何だ、この、裁判の制度が悪いから、あんな嫌な思いをしたんだっていうふうに、思い至って、なるほどって納得したのを憶えています。その当時の会はいろんな弁護士さんを招いて、ただの自助グループじゃなくて、勉強会みたいなのをいっぱいやっていたんです。そこで、本当にいろんなことを、全く自分が何も知らなかったんだということがよく分かるぐらい勉強させていた

だきました。」「みんな殺人事件の人ばっかりが集まっているので、同じ被害にあった人とお話ができるというのは、それはやっぱり一つ大きかったです。」（V2・妻）

【自ら自助グループをつくり、臨床心理の専門家のサポートも得た】
　自分で地元に被害者支援のグループをつくり、臨床心理の先生からバックアップを得て活動の幅を広げていった方もいる。V4さんは地元の被害者の方とつながれたことが一番の支えだったと、次のように語っている。

　　「翌年に裁判が終わった後に、……同じような被害にあった方たち、皆さんどうしてるんだろうと思って、どうにかそういう人とつながれないかなと思って、県外の犯罪被害者の自助グループに入ったんです。そのつながりでいろいろあった中で、事件の翌年の９月に『県内には何でこんな自助グループがないんだろう』っていうことがあったので。じゃあ、ないんだったら自分でやろうと思って。地元に□□の会っていう被害者支援のグループつくったんです。そのときに、○○大学の臨床心理の先生と出会う機会があって。で、その先生が支援員としてバックアップしてくださったんですけども。（中略）……そのときに認知行動療法とかマインドフルネスとか、いろいろな呼吸法とか、自分が楽になれるようなサポートできるようないろいろな方法とか、そういうのをいろいろ教えていただいて。」「県内の被害者の方とつながれたっていうのが、やっぱり一番……私の、何ていうのかな、回復の助けになったっていうのはやっぱり。同じような……メンバーのおかげかなとは思ってます。どこかの専門的な機関と、何か支援していただいたとかそういうのは全くないので。自助グループ同士の横のつながりとかそんな感じで、活動していく中で少しずつ……お互いに自分たちのこう事件のこととかを話したり、聞いてもらったりとか。悔しかったりとか……そういう気持ちとかを共有できたのが一番の支えだったかなと思ってます。」（V4・妻）

　④　周囲から心配してもらっていると感じた
　母親が強盗致傷の被害で重体に陥ったV5さんは、当時異国の地で周囲に気にかけてくれる人がいたことが良かったと語っている。周囲のかかわりは仕方によっては二次被害となる場合もあるが、V5さんが純粋に周りから心

配してもらったと感じた様子がうかがえる。

　「やっぱり……気をかけてくれている人がいるっていう感覚なんでしょうね。それは、僕は良かったと思います。」「家に帰ると一人だったので、病院、病室とかで、そういうふうに気にかけてもらえてるっていうのは。だから、プラマイゼロみたいな。プラマイゼロっていうか、家にいるとき、すっごい寂しかったので。そういう意味で、そういう感じのやつが合わさって、きっと良かったんでしょうね。」（V5・息子）

（3）どのような対応・支援を不十分／不適切だと感じたか
　身体的な被害にあった協力者の語りから、不十分あるいは不適切だったと感じた対応や支援について、以下にまとめる。

①　警察における不十分な対応
【当時警察の遺体安置所はお粗末で、対応も不適切だった】
　夫を傷害致死で亡くしたV2さんは、警察署で御遺体に対面したときのこと、その際の警察の対応、自責感をもつことになった経緯について、次のように語っている。被害直後にかかわるのは警察であり、その配慮は非常に重要で適切な対応が求められる。

　「○○警察に遺体が運び込まれたときに、私が最初面会したんですけれども、ほんとに今はどうなってるか分かりませんが、コンクリートの上にブルーシート１枚敷いて、そこにただ、12月なんで、寒い中に寝かされて、上に何か白い布だけがかぶされていて、場違いに線香立てと、ちん（おりん）だけ置いてあったんですけども。娘たちが着いたら刑事さんに呼ばれて『奥さん、こんな場所で思春期のお嬢さんたち会わせたら、心の傷にならないですかね』って刑事さんから私に相談されたんです。『えー、今、私に決めさせる？』って思ったんですけど、しょうがないので刑事さんに『そうですよね。この場所、あまりにひどいですよね。分かりました。じゃ、娘たちには検死があるから、警察の都合で会わせられないって私が言います』って言って、娘たちに会わせませんでした。」「遺体は葬儀の会社が警察まで運んで、警察署に安置してありました。その後司法解剖にも回すことになるので、会えるのは何日か後で

すと言われて。とにかく帰れというか、『いたければ待合室にずっとい
ればいいけど、ただ、そこに座ってるだけですよ』って言われ、娘たち
と深夜タクシーで家に戻りました。でも、実は後になって私ってほんと
に冷たいよな、あれで、夫を置いて帰って来ちゃったんだからと思って、
すごく自分を責めることになったんです。でも、何かそのときはもう帰
るしかないかなと思って帰ってきました。警察は、同情はしてくれてる
んですけど、『ちゃんと調べますよ』とかは言ってくれてるんですけど。
おおよそ被害者の家族を支援しようみたいなのは、今、考えると全くな
かったですね。」(V2・妻)

【警察の説明不足】
　娘を殺害されたV1さんは、警察の捜査や犯人逮捕についての説明が不十
分だったことについて、次のように語っている。今から20年ほど前の事件で、
現在警察の対応は改善していると思われるが、遺族の心理的負担に配慮すれ
ば、質問の意図を明確に伝えることや適切な情報提供は必須である。

　　「事件から翌日まではそんな感じで、それから毎日のように、家に
　送ってくれた刑事が二人、所轄の警察官と県警の捜査本部の刑事、毎日
　うちに来て、いろんなことを聞かれる。例えば、『おととい夕飯に食べ
　たおかずは何ですか』とか聞かれるんだけど、全然そんなの憶えてない
　んですよね。人間の記憶ってこんなにあやふやかなって思うぐらいに。
　もしかしたら(記憶が)飛んじゃってたんだと思うんですけども、それ
　を一生懸命思い出して答えると、『捜査の状況どうですか』と言うと、『い
　や、なかなかね』っていう感じで、捜査の状況はまったく教えてくれな
　い。当時は警察にも被害者支援なんていう認識はほとんどなかったんで
　しょうけどね。ですから、私たちはほんとに何も教えてもらえず、こっ
　ちのことは全てもう、できるだけ捜査のためにという思いで伝えるとい
　う形で、それがずっと続いて……」
　　「加害者は(事件から)３年後に逮捕されたんですよね。それが、僕、
　仕事してて、妻から電話が。ちょうどお昼食べようかって言ってるとき
　に電話があって。(中略)……家に帰ったら警察官が５～６人、妻を中
　心にして座ってて。僕が行ったら、『御主人、犯人は逮捕しました』っ
　て偉そうに言ってるんですけど、それは決して警察の手柄じゃなくて。

第一報も警察は、『犯人逮捕したら、いの一番に○○さん（V1さんの名前）に連絡しますから』って言ってたのが、その連絡は新聞記者からだったということで、そういう情報の管理ってどうなってるのかなって、ほんと思いましたけどね。」（V1・父親）

② 刑事手続における不十分な対応

被害者遺族は、事件直後から裁判までの刑事司法手続のさまざまな場面で負担感や失望感を抱いてしまうことが多い。そうした遺族の声を以下にまとめる。改善するにはどのようなことが必要か示されている。

【警察の事情聴取は長時間で苦痛も大きかった】

「（被害直後の警察の事情聴取について）……犯人が現行犯逮捕なので、取調べといってもきっと少なかったほうだと思うんです。ただ『奥さんもお忙しいでしょうから、何回も来るのは大変でしょうから、１回で済ませます』って言って、午前10時に行って、お昼食べずに午後４時までかかりました。」（V2・妻）

【担当検事の異動が知らされなかった】

「最初の検事さん、とっても信頼できるなと思ったら『３月になったら異動で代わりますから』『は？』みたいな。（中略）……弁護士さんからそういう話をお聞きできる人もいるのでしょうが、私は全く寝耳に水だったのでびっくりしました。」（V2・妻）

【公判でトラウマ体験が再現されるようだった】

加害者が複数いたので裁判も複数あり、事件内容を何度も聞かされるのがつらかったと語る遺族の方もいる。遺族の立場に寄り添った、公判における配慮が欲しいところである。

「とってもしんどかったです。何かさっき言った、この防犯カメラの映像とかが何回も何回も流れてくるので。それにプラス、目撃者の方とかも。で、その裁判が２つ、公判に分かれたんで、２回、同じような話を全部聞くわけです。なので、もう頭の中で再現ドラマができるような感じです。」（V3・妻）

【公判での意見陳述について、説明不足で一人でやるしかなかった】

　「（意見陳述は）負担でした。1年に及んだ裁判の意見陳述は最後の
ほうなので、私は仕事しながらうちに帰って、これ、ちょっとやり切れ
ないかもしれないなと思いながら準備しました。」「意見陳述はとにかく
遺族の気持ちを述べるところだなということは分かりましたけれども、
これがどういう意味があって、だから、『こういう気持ちがあるなら、
そこで言っておいたほうがいいですよ』とかのアドバイスがあったほう
が良かったなと思います。」（V2・妻）

【公判での被害者参加制度を利用したが、心情部分は聞けなかった】

　「質問に関しては、どう……。心情部分とかっていうのは、全部遮ら
れるというか、事実関係にしか質問させてもらえなかったので。事実関
係って、ほとんどその目撃者とか防犯カメラで明らかになってるんで、
『じゃあ何を聞けんの？』っていうところで、ほとんど何も聞けなかっ
た感じですかね。」（V3・妻）

【傷害致死事件になったことについて検察の説明不足と判決に対する不満】

　「罪名が判決に影響することを全く知りませんでした。本当に知識が
ないので、検事さんにしてみれば『遺族には傷害致死事件ですよと説明
したよ』と思ってらっしゃるかもしれないんですけれども。全く分から
なかったです。」

　「（判決について）何年だったら満足できるのかは難しいですが、故
意に人を殺して10年にも満たないのかって思いました。」（V2・妻）

【弁護士は遺族の気持ちや体調に配慮が足りなかった】

　「（弁護士について）被害者の人の気持ち、遺族の気持ちとかってい
うのは、全く分かってない感じでした。」「やっぱり精神的にいろいろ、
PTSDとか抱えて、その大変さっていうのが全く分かってなかったん
で。」「打ち合わせに行くのも結構大変な状況なんですけど、そういうの
も分かってくれない。行って、『今日は何しに来たんやろ』っていうよ
うな……結構あったかな。」（V3・妻）

【被害者等通知制度の利用は満足しなかった】

　「（被害者等通知制度は）ないよりは、全然あったほうがいいんです
けど、実際に気持ちの部分とかで、どうなんやろっていうか、（加害者が）
どう変わっていってるのかっていうのも分かんないですし。」（V3・妻）

③　支援センターにおける不十分な支援

　支援センターの支援について、不十分さや不適切さを感じた遺族の声を以
下にまとめる。生活支援については、近年その必要性が着目されるように
なったが、自治体と連携してどのようなサービスを被害者に対して提供でき
るか情報共有しておく必要がある。

【支援センターのメニューに生活支援はなかった】

　「私が分かんないじゃないですか、こんなことに巻き込まれるなんて
初めての経験だし。で、（支援センターに）行った時に、最初の面接の
時に、『支援していただけるっていうんだけども、どういう支援があるん
ですか』って聞いたら、『いや、あなたがこういう支援をして欲しいっ
て言ってもらわないと、こちらは支援できません』っていう感じだった
んですよ。だからそもそも、自分は何に困ってるのかとか、何をしても
らいたいのかとか、それがあって初めて支援しますよみたいな感じだっ
たから。いや、困ってるって言っても、もう裁判も忙しいし育児も忙し
いし。で、困ってるって言って、夜泣きする赤ちゃんをあやしに来てく
れるんですかみたいな。だから仕事に行ってる間、子どもの面倒見ても
らえますかとか。」「あとはやっぱり困ったのは、例えば仕事が休みの日
は、母は来なかったので私が子どもの面倒見てたんですけども。何か病
院行きたいとか、美容院にも行きたいな、髪切りたいなとか。仕事が休
みの日しかできないことってあるんですけど、そういうとき母は母で実
家のことが１週間分たまっちゃってるので、また母に迷惑かけるわけに
もいかないしっていうのがあって。それで、保育園の一時保育を２時間
だけとか、そういうのは利用してましたね。病院行くときとかも、そう
いうところが、ちゃんと充実、支援があればいいなと思うんですけど。
ただ、支援センターも土日休みで９時５時の仕事なので（難しい）。」
（V4・妻）

【支援センターに電話して自助グループのことを尋ねたが、素っ気ない対応だった】
　「(事件後2年たったときに支援センターに)……電話したんです。『こういう被害にあった者なんですけど、自助グループに参加したいなと思って。やっているんでしょうか』って言ったら『自助グループは毎週〇曜日の午後だけです、月に1回。それに、今いっぱいです』って言われて。」(V2・妻)

【支援センターからのカウンセラーへの情報不足】
　「そのカウンセリングを〇〇支援センターで受けた時に、私は子どもの相談をしたいっていうことでこの先生に来ていただいて、1時間っていう時間の面接をセッティングしていただいたんですけども。その来られた先生が、私がどういう事件の遺族なのかというのを知らずに来てたんです。『どういう事件だったんですか』から始まって。(事件について)説明している間にもう1時間終わったんです。で、先生が『もう1時間経ったので、きょうはこれで』って言うから、え?と思って。『私、子どもの相談で来たんですけど、子どもの話、してませんよね』って言ったら、『じゃあ次回、一回カウンセリングの予定組みますか』って言われたんです。ああ、もういいや、この先生と思って、『もういいです』って断ったんです。」(V4・妻)

4　医療費についての情報不足
　V3さんは、事件後PTSD症状が出るようになり、親の助言で病院に行くようになるが、医療費のことで不安を抱える。精神科にかかった場合、自立支援医療 (精神通院医療) についての情報を早めに提供する必要がある。

　「親に、医者に行ったほうがいいっていうのも、それ、事件直後ぐらいから、やっぱり全然眠れてなかったので、それは言われて。行って、会ってると、どんどんと……。でも、その自分でおかしいっていうのは、あんまり分からないですね。で、いろんなところでフラッシュバックとか、やっぱり起こすことがちょいちょいあったので、人混みとかが、すごい怖かったですし……」「(店を始めたばかりで)貯金がむちゃくちゃあったわけではないので、自転車操業というか、そんな感じで、一番す

ごい困ったというか、大変というか、医療費ですね。やっぱりPTSDに
なって、医者に行くんですけど、どんどん薬が増えていくんですけど、
こうね。お医者さんは何も考えずにというか、ぽんぽん出してくれるん
ですけど、それが幾らになるのかっていうのが分からないというか、払
う段階まで。やっぱり、それは結構きつかったです。」「（心配だったこ
との）一番は医療費になります。自立支援制度とかっていうのがあるの
を知ったのも、やっぱりそのPTSDの治療をやる段になって、ようやく
お医者さんから教えてもらったっていう感じだったんで。それをもっと
早く知ってれば、こんなに薬のことで、お金で頭悩まさなくて済んだ
なっていうのはあります。」（V3・妻）

5　マスコミによる報道被害
　次の方々は、マスコミの取材による二次被害の体験を具体的に語っている。
マスコミには、事件直後から長期にわたる被害者遺族の苦境についての理解
と配慮が求められる。

【遺族の状況を無視したマスコミの取材】
　「（事件後）ほんとに何が起きたか分からないてんやわんやの状態っ
ていうことですね。マスコミは非常に失礼なやつもいて、『お宅、娘さ
ん二人いますよね。どちらが殺害されたんですか』って電話で聞いてき
たり、玄関ドア開けたら目の前に……。（中略）大体は門扉の外のイン
ターホンを鳴らすんですけども、中にはもうドア開けたら（記者が）目
の前に立ってたとか。冗談じゃない。とにかく出てってくれっていうこ
とで、もうそんな取材なんか受けてる状態じゃないからっていうことで
ずっとお断りしてたという形で……」（V1・父親）

　「マスコミの方に尾行されたりとかっていうこともあったので。……
その意図がよく分からないっていうので、逆に気持ち悪い。（事件後マ
スコミの追跡は）その起訴されるまでとか、あと、その事件のあった年
末とかですよね。……あと、そうですね。ちょっと時間が経ってから、
『ちょっと取材させてください』っていうのが、結構ありましたし。」
（V3・妻）

【過剰なマスコミ報道による弊害】

　「(マスコミの人が押し掛けてきたことが) ありました。1週間か2週間ぐらいしてから、ちょっと申入れをして『控えてください』っていうのがあるまで、割と夜遅くまで、インターホン鳴らされたりとかっていうのがありました。そうですね。一番しんどかったのが、結局マスコミに (事件を) 報道されてしまったので、夫の国の人たちが、『保険金が多額に出るんじゃないか』とかっていうことを個人的に問い合わしてきたりもあったし、(中略) ……結構そこは、精神的にはきつかったです。」(V3・妻)

⑥　周囲からの二次被害

　被害者遺族にとってどのようなことが二次被害となったか、V1さんは次のように詳しく語っている。

【遺族に対する近隣からの二次被害】

　「よく僕も人の前で話しさせてもらうときは、(話の) 最後は、『昨日まで一般市民で普通に生活してた人が犯罪被害者になったっていうだけなんだから、偏見もたないで、以前と同じように接してください。ただ、変に慰めるのは駄目ですよ』っていう、そういうことは言ってるんですけどね。だから、何ていったらいいのかな。例えば、……妻が犬の散歩に行ったときに、それまで犬の散歩で会ってた奥さんと会ったら、その人が犬を連れてなかったと。(妻が)『あれ？　ワンちゃんどうしたの？』って聞いたら、『うん、うちの子、亡くなっちゃったの。でも、安らかな死に顔で私は安心してるんだけど、あんたのお嬢さんどうだったの？』って聞かれて、一瞬、え？　何のこと？って思ってどきっとしたらしいんだけど、『いや、うん、まあ』って言って言葉を濁して別れて帰ってきたとか。それとか、たまたま知り合いに道で会って、あいさつするときに、少しほほ笑みながら『こんにちは』とかってあいさつしたら、『あ、もう笑えるようになったのね。大丈夫ね』って肩をトントンとたたいて、すっと行っちゃったとか、そういう何気ない一言、一つの動作。すごくショックだったみたいですね。」(V1・父親)

【ある人の「おせっかい」によって、親戚や友人から妻への電話が途絶えた】

　「僕自身というよりも、これは妻が感じたっていうことが大きいんですけども、一つは、結構、うちの妻が電話でもって親戚のおばさんだとか友達だとかと話すことが好きで、しょっちゅう電話をしてたんですよね。それが事件後、周りからの電話がぴたっとなくなるんですよね。後で聞いたんですけども、ある一人のおせっかいのおばさんが、親戚じゅうに、○○（遺族）のところに電話しないで。今大変なんだから。何か聞きたいことがあったらみんな自分のところに連絡してくれれば、私が代表して聞くから、直接電話しちゃ駄目だっていうかん口令を敷いたらしいんですよね。だから、余計妻としては、私はもう親戚じゅうから無視されてるじゃないけども、そんな感じで、何とも思ってもらえてないんだっていう、孤立感っていうか、寂しさっていうか、それはあったみたいです。自分の友達付き合いしてた人なんかも全く連絡が来ない。後でちらっと聞いたところによると、今は大変だからそっとしておこう、落ち着いたら連絡しよう（ということだった）。落ち着いたらって、落ち着くことなんかないんですよね。」（V1・父親）

（4）被害者支援に関する要望・社会への発信

① 自治体の被害者支援の充実を目指したい

　V1さんは、全国的な当事者団体で被害者の権利獲得に向けて活動してきたが、現在は自治体の支援を充実させるための活動に幅を広げている。その思いと社会の理解について、次のように語っている。

　「○○の会（犯罪被害者の会）の活動って、国に対していろいろ制度設計を要求するとか、そういうことで、自分自身としては、国にこれだけ働きかけて、……いろんな成果をあげてきたっていうので、すごく満足してたんですよね。そのうちに他の団体の人だとかいろんな人と会うようになって、○○（犯罪被害者団体ネットワーク）の大会にも誘われて行ってみて。そこで、地方自治体による被害者支援っていう言葉を初めて知ったんです。そう考えれば、うちなんか、（地元の）○○市から何の支援も受けてないし、受けられるものだとも全く思ってなかったということで。……（現在ある）○○市の犯罪被害者相談室の人とも会っていろいろ話しして、そうなんだ、じゃあ、うちなんかでもそういうの

があれば、もしかしたら妻（被害者の母親）も死ななくても済んだのか
なとかっていう思いで、……じゃあ、『○○条例研究会』を立ち上げて、
条例制定に向けていろいろ訴えていこうということで、……その活動も
始まったと。」「被害者に対する理解っていうのはやっぱりまだまだ進ん
でないなっていうのはありますね。それはしょうがないですよ。自分自
身も、自分が被害者になるまでは殺人事件のニュースなんかをテレビだ
とか新聞で見聞きしても、あ、これはよその出来事だと。うちみたいな
平凡な家には起こりっこないんだっていうふうに、何の疑いもなく、た
だ思ってましたから。それは、一般の人は、そう思うのは仕方がないの
かなと思うんですけど。自分がこういう立場になってみると、勝手な言
い方ですけど、『もっと分かってよ』って言いたくなるんですよね。」
（V1・父親）

[2]　具体的な提案：生活支援、役所等の手続支援、必要な情報提供
【生活支援や故人の死後手続を手伝って欲しい】
　「本当に（事件）翌日から子どもたちのご飯を作らなきゃいけない。
……家の中のことをしなきゃいけない、あと、一番分からなかったのは、
手続です。夫が亡くなったから年金の手続だ、それから預金口座の手続
だ、相続の手続だ、もう、一家の大黒柱が亡くなるとやるべきことが山
ほどです。何をしなきゃいけなくて、それにはどこから、どうやって手
を付けていったらいいかっていうのを、一緒にやってくれる人がいたら
どんなにありがたかっただろうと思って。」（V2・妻）

　「いろいろあったんですけども。やっぱりこう役所の手続に行かな
きゃいけないとか、それに付添うとか。例えば銀行の解約とかそういう
のが発生したときに、そんな元気もないしとか、っていうときに一緒に
行ってあげたりとか、そういうもう本当に生活の細かいところが本当に
大変。私（の事件の被害者）は主人だったので、なおさらもう何だろう、
いろんな手続上やらなきゃいけないことがたくさんあって。もうそんな
の全部一人でやったので、そういうのが大変だったなとか。そういっ
たところを一緒に伴走してくれるような何か、ないのかなみたいな。何
か窓口とかもあっち行ったりこっち行ったりとかしなきゃいけないし。」
（V4・妻）

【子どもを預かってくれるところの情報や、被害者支援に詳しい精神科医の情報が欲しい】

　　「今思えば、……そういうときにこそ何かちょっと支援の手が届いてくれれば。子どもを預かってくれるところをまず探すのが大変だったので。あとはやっぱり、12月ぐらいに初めて精神科の先生に巡り会ったんだけど、そもそもどういう先生がどこにいるのかとかも分かんないし、どんな先生がいいのかも分かんないし。たまたま『この先生、被害者支援やっている先生、いいから行ってみな』って紹介されたから、やっとその先生につながったんですけど。だから、それまで怖くてどこにも行けなかったですよね。眠れないとか、心療内科とか行って何かお薬もらってくればいいのかなって思っても、何か気軽に行けなかった。事件のこと話さなきゃいけないのかなとか、そういうのもあって。そういう心理的なサポートしてくれるって、どういうところがいいんだろうっていうことすらも分からないので。そういうのが何か、この先生がいいから行ってみたらどうですかとかっていう(情報)があればよかったかな。」(V4・妻)

③　支援機関の連携がもっとスムーズに取れるとよい
【困ったときの対応窓口があり、関係機関が連携して支援がつながるとよい】

　　「こんな被害者支援があったらいいな。今、(地元)でも(被害者支援)条例を制定しようという動きがあって。自助グループからも知事に制定してくださいって嘆願書とか送ったりしたんですけども。すごく感じるのは、支援センターとか例えば福祉とか、お役所とか自治体とかですね。そういうところの横のつながり、連携がもっとスムーズに取れないのかなっていうのをすごく感じてて。何ていうんですかね、途切れない支援って一体どういう支援ってなると、やっぱり困ったときにここに行けばちゃんと窓口があるんですよ。で、そこからいろんなところにつながっていきますよっていうような、横の連携につながって……いければ助かるのになって本当に思います。」(V4・妻)

【自治体窓口、支援センター、自助グループの連携が必要】

　　「……刑事裁判が終わったらもう(支援センターは)支援継続するのは難しいとか。でも、遺族にとっては気持ちが回復するのはそんな簡単

なことじゃない、何年もかかるので。何年も付き合っていられないわけですよ、支援センターは。だからそういうところを自助グループでフォローしていくとか、何かそういうふうにいろいろと横の連携が取れたら一番いいなというのがあって。あとはやっぱりこう、今後県で条例できた後に市町村の窓口の、どうするんですかっていう話とか。やっぱりお役所は（職員の）異動があるので、そういうときに本当にこう被害者支援対策窓口をつくったとして、その人材どうするんですかとか。窓口（担当）が異動になって代わったときに、また一から育てるんですかとか。いろんなことが起こると思うんですよ。そういうときに自治体窓口の人たちとの連携とか、(中略)……そういうのは何か横の連携がつくれる体制をちょっと（地元）でも構築していきたい……」（V4・妻）

④　支援センターと自助グループが協力し合っていくことが必要

　「……あとはやっぱり（地元の）支援センターを見てて思うのは、せっかく志して研修まで受けてボランティアになったのに、『思うのと違った』って言って長続きしないボランティアがたくさんいるんですよ。それを見ていると、もうちょっと支援の在り方っていうのも考えていかないと。せっかくボランティアさんが来てくれているのに、育つ前にやめちゃってもどうなんだろうとか。なので、今年に入ってちょっとコロナ（感染状況）の合間を見て、落ち着いた時期があったときに支援センターのほうに連絡をして、今までそれぞればらばらに活動してきたけど、□□の会（自助グループ）と（地元の）支援センターで協力してやっていきませんかっていう話をしたんですよ、支援センターの方に。その場をつくってもらったんですね、一緒に取り組みませんかっていう、もう『ぜひ、ぜひ』っていうことだったんですけど。で、コロナがまた（状況が悪くなってきたので）……支援センターももう活動できなくなっちゃったので……（コロナの状況を見ながら続けたい）」（V4・妻）

⑤　支援の基本：気にかけてくれる人がいる、受止めや回復のペースはみな違う

被害者支援の基本として、次のような声があった。被害者としての実感がうかがえる。

「（被害者支援全般について）サポート、カウンセリングとかはいいだろうなと思います。やっぱり話を聞ける。でも、カウンセリングほど構造化されていなくても、何か話を聞いてくれる人がいるっていうことが一番なのではっていうふうに思います。病院とかで待ってるときとかも、看護師さんが『心配しないでいいよ』って何回も言いに来てくれたりとか、そういう何でもないことが記憶にすごく残ってるので。そういうのは制度化するのって難しいと思うんですけれども、気にかけてくれてる人がいるよっていうのはやっぱり必要だろうなって思います。多分、いろんな人が言ってると思いますけれども。」（V5・息子）

　「……あとは、被害にあった家族の中ではこう、一応、皆さん受け止め方が違うので。親の立場、母親なのか父親なのか、子どもなのか、お兄さんだったのかお姉さんだったのかとか。それによっても受け止め方も違うし、この回復の速度も違うし。だからそれぞれでいいんだよっていう、いいんだよ、自分のペースでって。だれも責めない。だから、『必ず前を向いて生きるようになるから』ってずっと言い続けることが大切かな。（自分が）支援していく中で思いますね。（中略）……その人のペースで回復していくのを待ってあげる。で、応援してあげるっていうのも必要かなと。長い意味で、ですね。」（V4・妻）

[6]　被害者側の弁護士の意識を高めたい

　V3さんは、裁判で苦労した経験から年に1回司法修習生相手に講演しており、被害者側の弁護士としての認識や知識が広まることを要望している。

　「今、司法修習生相手に話をするっていうのが、経験を話すっていうのが、依頼が年1回来るんで、そこでちょっと話をします。……基本的には、そうですね。裁判員裁判になって『こんなことがあった』っていうところと、あと弁護士に対して『こんな不満があった』っていうのが中心です。何だろう。いや、何かそこまで、まだ被害者側の弁護士っていうのは浸透（していない）……仕事として認識、ちょっとずつ広まっただけやと思うので、そもそもどういうことをもともとするのかとか、そんなレベルから、ちょっと知識を持ってもらえたらなっていう気持ちです。」（V3・妻）

　最近の問題として、被害者に対するSNSによる誹謗中傷がある。V4さんは自分で自助グループをつくり運営している経験から、誹謗中傷で悩む被害者が増えていることを実感しており、その問題点を次のように語っている。SNSを通じた誹謗中傷は容易にでき、被害者をさらに苦しめ二次被害につながる問題であり、早急の対策が求められる。

　　「これは、ここ十数年の（傾向で）……遺族の方に会ったときに毎回思うことなんですけども、もうSNSとかネット上の被害っていうのがすごくて。いわれのないことを書かれたりとか、そういうのがもうどうにかできないのかなっていう……。被害者は名前が出ちゃうので。何で被害者だけ名前出るのとか、……みんな思っていることなんですけども。インターネット、SNS対策ってどうにかならないものなのかなっていうのは、すごく思います。より遺族の方を傷つけるので。国全体として何か対策してもらえたら（いい）。お会いすると、もう必ずみんなそう言うので。『ツイッターにこんなこと書かれた』とか。『うーん、そっか』みたいな。だから気になって、自分で探したりとかする人もいるんですよね。だからそういうのも『見ないほうがいいよ』って言っても、『気になるから』とか。（遺族が）何年かぶりに服を買いに行ったのを、『何かちょろちょろ買物してんじゃん』と書かれたりとか。何かそういう追っ掛けみたいなこと、……やる人はやるんで、しようがないですよね。」（V4・妻）

【引用・参考文献】
・飛鳥井望編（2021）『複雑性PTSDの臨床実践ガイド』日本評論社
・フラワーデモ編（2020）『フラワーデモを記録する』（株）エトセトラブックス
・子安増生・丹野義彦・箱田裕司監修（2021）『有斐閣現代心理学辞典』有斐閣
・読売新聞取材班（2022）『わいせつ教員の闇―教育現場で何が起きているのか』中公新書ラクレ

第4章

被害者の語りから被害からの「回復」を探る

伊藤冨士江

1.「心的外傷後成長（PTG）」という考え方

　第3章で見てきたように、犯罪被害が本人、家族や遺族の心身に与える影響は甚大で長期に及ぶ。被害によって心身の急激な不調が続き、危機的な状況に陥ることも少なくない。しかし一方で、被害者は苦悩や悲嘆に暮れるだけではなく、被害後に何らかの心理的変化を経験し「回復」へと向かうこともある。その変化や「回復」はどのように捉えることができるだろうか。また、そのような「回復」を促す要因にはどのようなものがあるだろうか。

　なお、被害からの回復は、主観的なもので一様に定義できないと考えられるため、拙稿（書名も含む）では「回復」と「　」付で表す。

　「回復」を探る1つの指標として、「心的外傷後成長（Posttraumatic Growth）（以下、「PTG」）」という考え方に着目した。PTGは「危機的な出来事や困難な経験との精神的なもがきや奮闘の結果生じるポジティブな心理的変容」と定義される（Tedeschi & Calhoun 1996; 宅 2010）。1990年代後半に二人の臨床心理学者テデスキとカルフーンによって提唱され、それまで主流だったトラウマに関する言説を「ストレス障害」（Post Traumatic Stress Disorder, PTSD）から「成長」（PTG）へと変化させたといわれる（リーブリッヒ 2015）。

　PTGに関連する概念としては、「レジリエンス（resilience）」、「意味づけ（making meaning）」、「ストレス関連成長（stress-related growth）」、「利益の発見（benefit finding）」、「逆境後の成長（adversarial growth）」等がある。例えば、我が国でもよく使われるようになったレジリエンスは精神的な回復力を表わすが、PTGは、強いストレスを伴う出来事のあとの、もがきから生じる主

表1　PTGの5つの領域

5つの領域	内容　例えば：
①他者との関係	他者とのつながりの中で経験される成長、人間関係の在り方や付き合い方が変わるような体験など
②新たな可能性	その出来事をきっかけに「新たな可能性」が生まれてくるような変化、社会活動に参与する、自分の体験を発信するなど
③人間としての強さ	自己認知のポジティブな変容、どん底を経験した自分に自信、自分自身の現実を受け入れる強さがついてきたなど
④精神性的（スピリチュアルな）変容	生き方、魂、死ぬことなどについて思いを巡らす、もともと信仰があればその出来事がきっかけで信仰心が強まるなど
⑤人生への価値観の変容	出来事前の自分と異なり、当たり前の日々に感謝の気持ちが強く感じられるなど

観的、認知的、感情的な変化という点で異なる。非常に困難な経験と、もがき（苦闘）がポイントである。また、結果のみならずプロセス全体を指す（Tedeschi & Calhoun 2004）。

　きっかけとなり得る出来事や体験について最も理論化・実証化が進んでいるのがPTGであり、PTGを測定する試みとしては自己記述式質問紙の「外傷後成長尺度（Posttraumatic Growth Inventory）（以下、「PTG尺度」）[*17]」が開発されている。PTG尺度によって、PTGには5つの領域①他者との関係（Relating to Others）、②新たな可能性（New Possibilities）、③人間としての強さ（Personal Strength）、④精神性的（スピリチュアルな）変容（Spiritual Change）、⑤人生への価値観の変容（Appreciation of Life）があることが明らかにされている（Tedeschi & Calhoun 1996）。各領域の内容を例示したのが**表1**である。

＊17　日本語版「PTGI-X-J:日本語版—外傷後成長尺度拡張版」「PTGI-J:日本語版–外傷後成長尺度」、短縮版「PTGI-SF-J:日本語版—外傷後成長尺度短縮版」、子ども版「PTGI-C-R-J:日本語版—外傷後成長尺度子ども版（改訂版）」等も開発されている（宅 2010）。

こうしたPTGがどのようにして生じるかについては、PTG理論モデルが報告されている（Calhoun, et al. 2010）。その認知的な要素として「侵入的熟考（反芻）」と「意図的熟考」がある。侵入的熟考は起きた出来事やそれにまつわる思いが「侵入的に」頭の中に浮かび考え続けてしまうことで、一方、意図的熟考は前向きで建設的な考え方に向かう認知プロセスを指す。出来事の直後に優位だった侵入的熟考が、徐々に意図的熟考に変化、ないし比重を移していくことがPTGをもたらすきっかけになるとされている（宅 2016）。

2．PTGと「回復」に関わる語り

　被害からの「回復」について、上述のPTGを手掛かりに検討した。PTGとして捉えられる肯定的な変化が「回復」とつながりをもつのではないか、「回復」の諸相の１つではないかと考えたからである。
　インタビューでは、「この体験によって起きた御自身の変化には、どのようなことがありますか」「この体験から何か得たものはあったでしょうか」「被害からの回復ときいて、どういうことをイメージされますか」といった質問を用意し、インタビューの流れの中でいずれかの形で問いかけた。
　また、事件前の状態を100として現在は何点くらいか、その理由についても尋ねた。回復度（数値）の高低が問題ではなく、本人が感じている回復具合の１つの目安として見ることができる。
　以下、得られた語りを、被害種別でなく全被害を通して、PTGの５つの領域にそってまとめる。この領域に入らなかった語りについては、次節で犯罪被害と「回復」の観点からまとめ、考察を加える。
　なお、第３章と同様に、インタビュー協力者の語りの「　」内の（　）は、編者による補足部分である。語り末尾の（　）内は、S＝性被害、T＝交通被害、V＝身体的な被害を表し、同一人の発言を示す便宜上の番号及び被害者との関係を記している。

（1）他者との関係（Relating to Others）
　この領域については、被害後に他者と新たなつながりを得たことや、自分の気持ちを吐き出す相手がいたこと、周囲の思いやりに気づいたことなどが語られている。

1 ボランティア活動を通して仲間との出会いがあった

　子どものころに性被害にあったS7さんは、長らく自傷行為が続いていたが、ターニングポイントとして大学生のときに参加したボランティア活動とそこでの仲間とのつながりを挙げている。

　　　「何か、私にとって、すごくよかったなって思うのは、大学生の時に
　　自然を守るボランティア活動に参加したんですけど。何かそれがすごく
　　自分に合っていて、(中略) みんな受け入れてくれて、社会人の人もい
　　たり、自分と同じくらいの年の人もいたり、そういう中で、(中略)
　　……その (自然豊かな) 活動場所に結構、仲間と通うようになって。やっ
　　ぱりその活動を通して、自分の居場所というか、何か自分も人の役に
　　立ってるっていうのがあって、それでだんだん、そういう頭そったりと
　　かすることが減って、それからすごく今の自分の回復っていうんですか。
　　つながってると思います。」(S7・本人)

2 被害にあって苦しんでいるのは自分一人ではないことに気づいた

　S6さんは性被害にあった人とのつながりを得て、安心できたことを次のように語っている。

　　　「(性被害は) 話しちゃいけないことだと思っていたから、同じように、
　　同じようにと言うとあれだけど、同じように被害にあって苦しんでいる
　　人とかがいて、一人じゃないんだなって思いました。」「フラワーデモ
　　に参加する前に、『#性被害者のその後』っていうハッシュタグがたま
　　たまTwitterに流れてきて、結構いろんな人から投稿されてて、そこを
　　見て、こんなに自分と同じかどうかは知らないけど、同じような被害に
　　あって抱えている人がいるんだなって思って、そこに気付けた……。」
　　(S6・本人)

3 自分の気持ちを吐き出せる相手がいた

　次の二人は、「回復」の助けになったことについて、気持ちの吐き出しと話を聞いてくれる人の存在を挙げている。

　　　「(少なくとも日常生活を取り戻すように) ……なれたっていうか、

やっぱりこう……当時はだれに見せるわけでもないんですけども、ブログを書いていて。で、もうとにかくもう自分の毒をそこに吐き出してたんですね。あとはやっぱりこう、もう今みたいにLINEとかない時代なので、もうこの支援してくださる方とか遺族の方とのメールのやりとり。もう夜中の３時に『全然眠れない、もう涙が止まらない、だれか助けて』みたいなことを、そういう遺族同士でメールの送り合いしたりとか、電話したりとか、電話で話したりとか。やっぱりそういう、聞いてもらえたっていうこと。自分の話を聞いてくれる人がいたっていうことが一番かな。ブログは結構長く続けてましたけど、やっぱりこう自分の気持ちをアウトプットしていくっていうか、そういうところがないともうどんどん自分を責めてってしまうので。」（V4・妻）

「どうしてもこういうことって一人で抱え込んで、ため込んでしまうことが多いと思うんですね。当然忘れたい……、人によって違うと思うんですけど、私は何事も、嫌なことがあったり、いいこともそうなんですけど、特に嫌なことは絶対出すべきだと。体から出して、人に聞いてもらうことによって中和していく部分が大きいと思っているので、この１～２年たっても、やっぱりしゃべることによって思い出して、すごくつらいところはあるんですが、それで薄れる、きっとこれでも薄れる一環の部分には入っているんだろうなと考えるんですね。」（S2・母親）

4　周囲の思いやりや配慮を感じ取ることができた
　次は「被害経験を通して、もし得たものがあったかと聞かれたとしたら、何か思いつくことはあるでしょうか」と問いかけて得られた語りである。苦境にあって初めて感じたこととして、T8さんは周囲の人々の温かな思いやりを挙げている。

「今回のことで得たものですか。それはこんなことないほうがええんですけど、こうなって初めて感じたのは、周りの人の思いというのが、いい意味での温かさというのか、そういうふうなのは得たというか、感じたなと思います。逆に自分が反対の立場やったら、当然なことと言うてしまったらそれまでかもしれないんですけれども、あのとき（被害時）は校長というような立場やったんで、いろんな重責とか仕事があったん

ですけれども、周りの、そこの学校の職員とか、同期の校長連中とかが、
『そんなもんせんで、俺が代わりにしといたるから』とか『今度のやつ
もやったからな』とかいうふうな感じでいろいろ助けてくれたり、電話
をかけてくれて、また、ある世話係的な校長さんが、『どっちがええ？』っ
て、『何も考える暇がないほど仕事をめちゃ回したるか、それとも何も
せんとじっとしとるか、どっちがええんや？』くらい気遣うてくれ
たりする。」(T8・父親)

⑤ ママ友の支えがあった

T1さんはわき見運転による事故で小学生の息子を亡くしたが、ママ友が
息子に落ち度がなかったことを言ってくれたと語り、支えを感じている。

　　「私の知らないところでですけど、うちの子が飛び出したっていうう
わさが流れてたみたいで、だけど、そのうわさをしているのをその場で
聞いていたママ友が、『違うって言っといたからね』って。誤解されて
るのが悔しいって、ママ友たちも本当に自分のことのように感じてくれ
てたので。そういうのを聞くと、ママ友たちが行って、『そうじゃない
んだよ』というのは言ってくれたみたいなので、それほど誤解も広がら
ずにいたんじゃないかと思います。」(T1・母親 再掲)

⑥ 自分を大事にしてくれる他者との出会い

S8さんは肯定的変化のきっかけとして、自分を大事にしてくれる夫との
出会いを挙げている。

　　「自分では、自分自身では変えられなかったと思うんですけど、23
歳のときに出会った今の主人が私を大事にしてくれました。心も体も含
めて。……（中略）そう思ってもらえる人に出会えたっていうのはある
かなと。自分自身で何か変えられたかどうかは、分からないです。」
(S8・本人)

（2）新たな可能性（New Possibilities）

　5つの領域の中で最も多くの語りが見出されたのはこの領域である。被害
後に自らの経験を社会に発信する機会を得たり、被害当事者の会の活動に参

加したりするなどを通して生じた、新たな変化や可能性が語られている。

① ボランティア活動に参加したことでチャレンジ精神が生まれる

前述のS7さんはボランティア活動によって、「他者との関係」のみならず新たなことをしようという気持ちも生まれてきたことを語っている。

> 「回復、やっぱり思い浮かぶのは、何かほんとにさっき言ったボランティアの活動に参加するまで、やっぱり景色に色がなかったっていうか。そういう印象があって、そういうものに参加するようになってから、すごく世の中が生き生きして見えたというか、いきなり白黒テレビからカラーテレビに替わるみたいな、だんだん色が増えてくみたいなことを感じたのは憶えています。それが回復っていうのかは分かんないんですけれども、何かこう、自分でいろんなことにチャレンジしてみようっていう気持ちが自分の中でわいてくるというか……」（S7・本人）

② フラワーデモに参加し、社会への発信ができるようになった

性被害後の変化として、フラワーデモ[18]への参加を挙げた方が２名いた。自らの被害経験を人前で話すことを通して新たな気づきを得ている。

> 「でも、（フラワーデモを見て）やっぱり何か、話して、いろんな方がそういう発言をされてる。これだけ世の中にそういう思いをしている方がこれだけいるんだっていうことと、人前で話したときにそれに対して、みんな、それだけ受け止めてくれる人がたくさんいるっていうことが目に見えて分かったっていうことはすごい、大きな変化だなとは思ってます。」「こういうこと（性被害）を話すことが難しい方とか、やっぱり今もすごく苦しんでらっしゃる方とかもたくさんいらっしゃると思うので。（中略）……こういうことを経験して、でも今、ほんとに去年くらいからなんですけど、○○に（住んで）いるんですけど、（地元）でやってるフラワーデモとか、そういう集まりとかにも参加して、自分のことを喋ったりするようになって。何かそういうことも経験したから

---

*18　フラワーデモ：2019年4月から始まった性暴力に抗議する社会運動。当事者を中心に発言の場が毎月11日に設けられ、全国に広まった。

こそ、で、今そういうことが話せる心の状態にあるから……」「その性被害っていうことに対しては、それまで話したりとか、何か行動したりとかっていうことはできてなかったので、やっぱり、それに対して、何かそういう性被害をなくすためとかに自分がやっぱり行動できるっていうことが、その分野に対して、何か外に発信できるということがこれまでとは変わってきてるかなって思います。」(S7・本人)

「フラワーデモがちょうど近くの駅でやってて、見てるだけだったんですけど、本当は。何か話してみてもいいんじゃないかなっていう気持ちになって、ぎりぎり、終わる時間ぎりぎりに話そうと思って立ってみて、いざ話そうとすると結構涙が出てきちゃったりとかして、たどたどしくなりました。自分の中でも、何かまだ、わだかまりじゃないけど、残ってる部分があるんだなって思いました。」(S6・本人)

3 交通被害者遺族として「いのちの授業」、「生命（いのち）のメッセージ展」に参加した

交通被害後に遺族として「いのちの授業[19]」で話す、「生命（いのち）のメッセージ展[20]」に参加するなど行動を起こし、自分の中に生じた新たな変化が語られている。

「（警察からの誘いで始めるようになったいのちの授業について）1回やったら、すごくストレスがはけたといっていいのかな、手応えというのかな、（授業を受けた）子どもたちからアンケート採ってるんですけど、（中略）それを読むことによって『自分がやってることって間違ってないんだな』とか、『やることって人の役に立ってるんだな』って思えることが、自分が生きるためのリハビリに感じることが多かったので、それが『自分にできること、伝えることもあるんだな』っていうふうに

---

*19 いのちの授業：警察が中心となって実施している、いのちをテーマとした授業。事件や事故の被害にあった当事者の方が中学・高校等で講演する。「いのちの大切さを学ぶ授業」ともいう。

*20 生命（いのち）のメッセージ展：事件や事故で命を奪われた犠牲者のことを想い、生命の大切さを伝えるため犠牲者の等身大オブジェ、写真、遺品等を展示する。日本全国で巡回展を行っている。特定非営利活動法人いのちのミュージアムが主催。

思ってます。」「こうやってしゃべれるようになったというのも、一つの経験があったからこそ言えることだと思うし……。」（T9・母親）

　「（生命のメッセージ展の責任者に自分から連絡を取り）それで出展させてもらって。ちょうど○○（地元）で開催されるときがうちの甥（被害者）の誕生日だったので、それでちょうど事故のときに居合わせてくださった記者さんが、そのメッセージ展のあれも、じゃあ、取材しますということで……（中略）ちょっと急ぎで記者の方が動いてくださったんです。」「今も、だから、どこかで、今はちょっとコロナ禍なのであれですけど、（生命のメッセージ展が）全国を回ってるというのは、やっぱりちょっと支えにはなってますね。」（T6・叔母）

④　当事者の会の活動が「回復」の一助となっている
　次の方々は、交通事件の被害当事者の会を立ち上げ、交通被害を減らし被害者支援を充実させるという新たな可能性（課題）を見出している。それが「回復」につながっていることもうかがえる。

　「やっぱり寒い時期になると（事故）当時を思い出すので、少し落ちるなというときもありますけど、回復するということを自分で知っているということを知れるようになったということが、何よりの回復だと思っているので、そう考えると、（回復度は）90ぐらいはあるのかな、どうなのかなと。10％は、眠れない日はやっぱりつらいなと思ったりとか、苦しいなとか。ただ、私の回復の割合の多さは、多くの方に自分の経験を通して（社会に）伝えられていることが私自身の回復を手助けしてくれているんだと思います。」「（飲酒運転を）止めさせるには、社会がこれを当然だと、要は止めるのが当然な社会につなげていくためには、私たちが、悲しいけれど、声を発するということ自体が犯罪被害者をなくすことにもつながるし、その中で自助活動につながって、自助活動の中で自分たちが、今日は話せてよかったね、聞けてよかったね、やっぱりそういうふうに思うんだね、笑っていいんだねと思えたことが、今現在につながっています。」（T7・義理の娘等）

　「……死ぬまでの課題はその活動ですかね。うん、少しでも（交通事

故を）減らせればいいな。何ができるんだろうとか、どういう働きかけができるんだろうというのが、もう生きがいですかね。そこが生きる意味になっちゃうのか。そうですね、交通被害であったり被害者支援であったり、そういうところを良くしていきたいですね。」（T4・夫）

⑤　当事者の会の活動に参加し、社会への発信が「回復」の手助けになった

　回復度について「60から、70までいかない」と述べたV1さんは、被害当事者の会に入り社会への発信を続けていることが「回復」の手助けになったと語っている。

　　「……僕の回復のすごい手助けをしてくれたのが○○の会（犯罪被害者の会）だと思うんですよ。やっぱり人の前で事件の経過だとか、自分の思いなんかを話すなんていうことは夢にも思ってなかったんですよね。ところが○○の会の、それこそ先輩の被害者たちがいろんなところへ行って、自分の体験や何かを話す。○○先生（会の代表幹事）からも、発信しなきゃ分かってもらえないんだからっていう話も何度もされたし、やっぱり言わなきゃ伝わらない。だから、言葉にして相手に伝えないと伝わらないからっていうのはあって、そういう機会があればなるべく受けてやろうっていうふうに思って、それがずいぶん自分の回復につながってきたと思うんですよね。」「人の前で話すとなると、やっぱり事件に思いをはせなきゃ、その内容ができないわけですよね。だから事件当時のことをほんとに思い出したり何かして話すと、原稿を作るだけですごく疲れることは疲れるんですけども、話し終えた後、思いが伝わったかなって、そういう疑心暗鬼がありながらも、自分なりにできたかなっていう、そういう達成感まではいかないけども、それに近いようなものがあるんじゃないかなっていう気はするんですけどね。」（V1・父親）

⑥　同じように苦しんでいる人のために自分のできることをしたい

　次の方々は揺れる気持ちを抱えながらも、同じように苦しんでいる他者のためにできることをしたいという気持ちを語っている。

　　「そういうふうなところでは、得たん違うかな、（亡くなった）娘が

教えてくれたんちゃうかなと思うと同時に、（このインタビュー）もそうやけれども、逆に今度は自分ができることはないんかなということで、同じような苦しんでおられる方とか、悲しんでおられる方があるのやったら、僕らができることはほとんどないんですけれども、それでも自分の力でできること、その方のためになれるようなことがあるのやったら、何でもさせてもらおうかなというふうなことがあったんで、今回も（インタビュー）にぜひ参加させてくださいって、……（中略）　その辺は得たところというんか、良かったなというふうな思いはあります。」
（T8・父親）

「……今も自助会のほうに２カ月に１回出て、新しく入られた方とか、『どうすればいいの？』というようなことを、自分が今度アドバイスできるようになったというのは、自分が学んだこと。こんなことで学びたくは何もないけど、学んだことが無駄になっていないような気持ちにはなりますね。」（T9・母親）

「（今は）すごく元気は元気というか、毎日楽しく生活してるので。（回復度は）100って言ってもいいかもしれないですし。でもやっぱりニュースとか、テレビ番組だったりとかで、そういう性犯罪のこととか、性被害のこととかやっていると、やっぱり気になってしまって。そういうところに触れて、ちょっと何か自分もしなきゃとか、どうしたらそういうことがもっと減らせるんだろうとか。そういうことを考えてしまうっていうところはやっぱり影響としてはまだあるというか……」
（S7・本人）

[7]　新たな役割、仕事を担うようになった
　次のように「回復」に向かう変化として新たな役割や仕事を挙げた方もいる。

「今でも被害の話を、もちろん数少ないですけど、聞いてもらえるような友人がいたりだとか、娘たちが成人してそれぞれ家庭を持ったことも大きかったと思います。あとはやっぱり逆に支援する側にならせていただいて、いろんな被害者の方の話を聞くことが、もしかしたらある意

味での回復っていうか、私にとってはありがたいことだなと。」（V2・妻）

　「いろいろ考えていたころ、一人でアロマテラピーのサロンを始め20年たちました。お客さんの話や悩みなど聞くことに対して何の苦痛もないです。人を癒すことで自分も癒されているのかなと。私にとって、いい仕事に出会えたと思います。それが変化にもなりますか……」（S8・本人）

　「支援センターにお世話になったんで、私みたいな（性被害にあった）子たちが行きやすいようにと思って、話して、私が受けた支援を（支援センターの）パンフレットの、こういう人たちがいますよという、私もここで救われましたみたいなやつに載せてもらって……、最後に協力してそういうのに書いた感じなので。」（S1・本人）

⑧　将来につながる希望をもった
　自宅に一人でいた娘が性被害にあったが、警察等から丁寧な対応を受けることができたS2さん（母親）は、現在の回復度について、娘は警戒心が強くなった点は気がかりだが8割くらい、自分は100に近いとして次のように語っている。肯定的変化を生む要因として将来への希望を挙げることができる。

　「（娘は）正義感がもともと強いほうだと思うんですね。曲がったことが嫌いで、公務員気質に近いレベルで、本当にやっちゃいけないっていうことは絶対やらない子だったので、昔から。それがまた強固なものになってきているなというのはあります。」「今回被害を受けた娘自身が、警察の方々、あとは裁判所の方々の凛とした、素晴らしい活動を目の当たりにして、『警察官になってもいいかな』というような発言があったんですね。『かっこいいな』って。」（S2・母親）

⑨　被害にあった経験が自分の進路に結びついた面もある
　高校生のときに母親が強盗致傷の被害にあったV5さんは、自分の将来に及ぼした影響について次のように語っている。

「そもそも大学院で犯罪心理学をもともとやっていて、それから法学に移って、今、ロースクールにいるんですけれども。そういう感じで、将来の方向性は、その起点は17歳の犯罪（被害）にあるだろうなと思います。その間は、……感覚として当時一番記憶に残ってるのは、僕らの家族よりも周りの人のほうが結構ヒートアップしてるところがあって。つまり、それこそ父親の会社の人であったりとか、あるいは１親等以上の例えばおじさんとか、おばさんとか、おじいちゃんとか、そういう人のほうがヒートアップしていて、『犯人、憎いだろう』とか何か言ってくるわけなんですよね。僕は別にそこまで思ってなかったので、何でこういう差って生じるのかなと思ったのが結構、心理に興味を持った起点になっていて。そこから専攻というか研究の方向も決まっていったので、そういう意味ではかなり影響は大きかったかもしれないですね。」
（V5・息子）

（3）人間としての強さ（Personal Strength）

この領域は自己認知のポジティブな変容を指すが、インタビューの中では現実を受け入れられるようになったことや、被害体験を通して培われた自身の強さ等について語られている。

① 経験があったからこその今の自分があると思えるようになった

S3さんは被害後によい支援を受けることができたと実感し、経験をプラスに受け止められるようになったことを語っている。

「私の一般的なイメージ、私が思う回復。ちょっとうまく答えられるか分からないんですけど、私は、自分が本当にこの７年間の中で、回復のプロセスというか歩みをさせてもらって適切な配慮や支援を受けられて、しかも多分それはすごくいい支援を受けたと思うんです。（中略）……とにかくよい支援を受けることができて回復の歩みをさせてもらって、確かに回復できているんだなって。だから、その経験が嫌なことだったし、起こらなければ起こらないほうがいいし、同じ経験を人にして欲しいって思わないんですけど。でも、私はその経験があったからこそ、いろんなことを考える今の自分があるし、その経験も、よかったじゃないけど、何というか、プラスに受け止められるなっていうふうに

思っていて、そう思えるようになったのは回復だなって思うんです。」
（S3・本人）

S7さんも立ち直れる出会いに恵まれたと感じ、その部分については肯定的変化として受け止めている。

> 「……それでも何かそれが自分の人生なんだっていう……何かすごいそれを前向きに良かったって思えるわけではないんですけど。でも、そこから立ち直れる出会いに恵まれたっていうことはすごく。そこの部分については運が良かったというか、良かったなという（思いです）。」
> （S7・本人）

2　自分を客観的に見れるようになった
　子どものころ性被害にあい、そのことを大人になるまでだれにも言わなかったS8さんは、自責感をもっていたが、本調査を通して自分は被害者だったと思えた、客観的に見れるようになった、堂々としていいんだと自己認知の変化を語っている。

> 「（オンライン調査を回答して）私、被害者なんだと。自分が逃げなかった、自分が悪いと思っていたんですけど。どんどん、じわじわと回復があると思うので、７割くらいですかね。」「ただ、今このように（インタビューの）機会をいただいて、ある程度客観的に自分のことを話できるというか、客観的に見れるようになったことが私にとっての回復だと思うんです。（中略）……アンケート（オンライン調査）に答えていて、私、被害者だったって思ったんです。被害者意識がまずよく分からなくなってたんです。でも私は被害者なら堂々としていいんだっていうことも今回分かりました。」（S8・本人）

3　過去に縛られないようになった
　S7さんのように過去のことに縛られず、今を生きることに傾注している

---

*21　第２章で説明しているように、本調査は①オンラインによる質問紙調査と②インタビュー調査から成り、まずオンライン調査を実施した。

という語りもあった。

　　「（こんなことがなかったらという思いについて）……そこまで今は
　そういう気持ちはないんですけど。それがやっぱり回復っていうことな
　のかもしれないんですけど。あんまり、（被害経験が）なかったら、あ
　れもできてたんじゃないかとか、そういうことはあまり、今はそういう
　ことは思わないです。そういうこともあったけど、今はこうやって、生
　きてるっていうことのほうが、感じが強く感じることなのかな。」「そ
　れほどはやっぱり、毎日子どもも小さいので、自分一人で落ち込んで
　るっていうのも、否応なく、いろいろ目の前にやることがあるので、そ
　れでやっぱり気持ちの切り替えというか。あまり、ずっとそのことばっ
　かりを考え続けるっていうことでもなく、切り替えながらやっていけて
　るのかなと思います。」（S7・本人）

　4　物事の本質が見えてくるようになった、人生で何が大切か選別できる
　　ようになった
　　T3さんは被害体験後に得たものとして、人生で大切なものを選別できる
　ようになった自分の強さを挙げている。

　　「得たものですか。得たもの、物事の本質とか、何かすごく透けて見
　えるようになりました、世の中が。価値観とかが違ってしまったと言え
　ばそうなんでしょうけれども、人間、幸せというかきちっと生きていく
　ときには、何が大切なのか、くだらないことはくだらないと思えるとい
　うか、自分の中で結構選別できるというか。だから人からは何を言われ
　ても、私はこういう考えでこうやっていくんだから気にしないとか、そ
　ういう強さ。同調圧力とかそういうの関係ないんです。」（T3・母親）

　5　残された子どもたちのために頑張ってきた自分を認めたい
　　次の二人は、苦境のなか母親として残された子どもたちのために頑張っ
　てきた自分について肯定的に語っている。

　　「ここまで20年を経過して、子どもたちも育ち上がって、自分も仕
　事をずっと続けてこれて、そういう意味ではよくやってきたと自分をほ

めてあげたいと思ってますね。」（V2・妻）

「（略）あとはやっぱり……子どもが二人いたので。この子たちのために頑張らなきゃっていうところもやっぱり大きいですよね。何だかんだいっても。」（V4・妻）

⑥ 被害にあった子どもの死を受け入れられるようになった面はある

T8さんは回復度というより、被害直後に亡くなった娘と対面したときの苦しさを100としたら、今は80くらいになっていると表現し、現在までの心境の変化を次のように語っている。

「いまだに娘の写真とかビデオとか、そんなものなかなか見れないし、非常に苦しいところでもあるし、クリスマスやらお正月やら、楽しいことがあると、あのころやったら娘がおって、こんなんで、バレンタインやったらプレゼントくれたりとか、しょうもないことを、いろいろあれやこれやと思い出したりとか。今まで、だから楽しいこととか楽しい行事が、全て180度反対になってしまうというふうなのがずっと続いてしまってるというのがあって……（中略）自分で、よう分からんですけど、あのときはまだ（娘）がいなくなったというのが、なかなか受け入れへんかった自分があったんですけれども。今はもしかしたら、そんな言葉じゃないかもしれへんけど、『もう（娘）は帰ってこうへんのかな』というふうな感じで、だんだん自分でも納めてきようところもあるんかな。……自分の思いとか言葉も変わってきよるのと違うかなということは思うんですけれども。」（T8・父親）

（4）精神性的（スピリチュアルな）変容（Spiritual Change）

この領域は、他の領域と比べると文化的背景の直接的影響が最も大きいといわれている（宅 2010）。インタビューの語りの中で明確に「スピリチュアルな変容」と捉えられたのは、次の語りのみであった。

① 「生かされた」ことを強く感じた

S3さんは牧師の仕事を選んだあとで性被害（未遂）にあったが、被害後の経験として「生かされた」ことを強く感じ取っている。

「（私は）牧師になって２年目にすぐにそういう事件にあったんです
けど、（中略）……あっ、神様が守ってくださったんだなっていうこと
をすごく感じて、本当は今、死ぬかも、殺されるかもしれなかったのに、
生かされたっていうか、死ななかった、生かされたっていうことを思っ
たときに、あっ、これは何か、今までももちろんそう思って牧師になっ
たけど、でも、ますます自分の人生、生涯を神様のために、また人のた
めに生きたいなっていうことを、生かされたときに強く思わされたとい
うか、死ぬはずだったのに生かされたなっていうのをすごく感じまし
た。」（S3・本人）

（5）　人生への価値観の変容（Appreciation of Life）

　この領域は、文化的背景にかかわらず広く報告されているが（宅 2014）、
インタビューでは、いずれも娘や息子を亡くした遺族の語りの中で把握でき
た。被害体験によって生きることの意味を問い、人生の優先順位に変化が生
じたりしたことが語られている。「成長（PTG）」と呼ぶには難しい内容も含
まれるが、過去の被害体験にとらわれなくなった変化が読み取れる。

①　死生観の変化
　次の二人は交通被害で成人の子どもを亡くし、死生観や人生観に生じた変
化を率直に語っている。

　「基本的には、これもずっと嫁さんには言うたんやけど、『早よう死
にたい』というようなところで、『生きとってもしゃあないし』みたい
な感じのところは、下に弟がおって、あの子には申し訳ないんやけれど
も、私はそないに長いこと生きとっても時間の無駄やなというふうな感
じでは、自分では今思うとるようなところはあります。」（T8・父親）

　「まあ当事者になるまで考えてもなくてね、年取って死ぬんだろう
なって思ってたのが、要は生きる意味とか生きるって何だろうなって考
え始めちゃうね。そもそもそこに意味なんかねえんだろうなってところ
が、俺のたどり着いたとこなんですけど。そこでまあまあ、日々、日々
過ごせたっていうぐらいですかね。何か、うん、本当その日々に感謝し

て過ごせばいいのかなぐらいな感じになって、欲がなくなっちゃいました。物欲とかもないしね、おいしいもの食べればおいしいとは思うけど、別段食べられれば死なないしとかね。」(T4・夫)

　T2さんも交通被害で成人の息子を喪い、「人生の優先順位を変えざるを得なかった」という表現で次のように語っている。

　　「人生の優先順位が変わりましたね。変わったっていうか、変えざるを得ないとかね。息子の成長が結構楽しくて楽しくてしょうがなくて、子どものときの成長と違った、特に男の子だからあるんですよね。一緒に酒を飲み行ったり、こう、一緒にこう何か男同士っていうか何か、大人同士としての付き合いみたいなことが非常に心地良くて、心地良くて。普段話せないようなことも何か話せたりすると、何か将来こう何かこう、夢が広がって。ちょうどその事故の1カ月前、うちの社員の女の子が結婚したんですね。結婚式に行って、それで花婿のお父さんが最後あいさつするじゃないですか。そのときに、ああ、俺これやるんだなと思って、こう何かすごいうれしく思ったり。勝手に何かもうそんなとき自分の、どういうこと言おうかなってこう考えたりね、こうその楽しみがなくなっちゃったから、優先順位がガラガラって変わった感じですね。」(T2・父親)

　上記のT2さんは、最近の変化として亡くなった息子のことは口外しないようにしていると語っている。達観といえるような姿勢がうかがえる。

　　「もう最近は(仕事先などで)分かってもらうことをやめたというか、何かいつまでたっても分からないから、無理に分かってもらおうと思わないというか。新しい世界で生きていきたいというかな。取引先なんかもう全く知らない人といるほうが楽になってきましたね。」「『息子さんは?』とか聞かれると、もにょもにょって濁したり。『いや、いないんですよ』って言ったこともあるし、そのうちだれに何言ったか分かんなくなっちゃって、こう何か自分で何やってんのかなって思うことがある

んですけど。まあ知らないほうが傷つかないっていうのかな、お互いに、というそういう状態が今かな。」（T2・父親）

④　今この瞬間しか保障されていないことに気づいた

V4さんは被害にあって気づいたこととして、「今ここ」しか保障されていない、生きている一瞬一瞬を大事にしたいという気持ちが語られた。

　「結局、年を取って、年取ればいつの日かは別れの時が来るっていう、それは当たり前に分かっているんですけど。突然いなくなる、人って突然いなくなることがあるんだと思って。何の理由もなく突然目の前からいなくなるっていうことがもう、何ていうのかな、もう考えもしなかったようなことだし。『あ、こんな死がやってくるっていうこともあるんだな』と思って。で、それからはだから、何ていうんだろう、息子たちも私より先に死んじゃうんじゃないかとか、そういうこともあるんだよねとか。……私もだって、明日の朝ちゃんと起きてる、生きてるなんていう保障はどこにもないわけで。やっぱりこの今、その当時、臨床心理の先生が『今ここ』っていうことをすごくおっしゃったんですけど、……今ここがようやく分かるようになったっていうか。今この瞬間しか保障されてない、自分が生きてるっていうことは。もう1秒先も保障されてないんですよ、今ここしか保障されてないっていうような……（中略）、何ていうんだろう。まああまり期待しなくなったとか、物事に対して。ただやっぱり、何だろう、花を育てたいと思うようになったり、何かこう、動物と暮らしてて、ネコ飼ってるんですけど、こう楽しいと思えたりとか。その一瞬一瞬ですよね、やっぱり……」（V4・妻）

⑤　存在を肯定する言葉の重み

T9さんは幼い息子を交通被害で亡くし、その姉との会話から気づかされたことを語っている。「回復」につながる存在を肯定する言葉の重要性がうかがわれる。

　「娘（被害者の姉）自体も精神科に通っているときに、ある日突然、『お母さん、私、生きてて良かったの？』って聞かれた日があって、一瞬何言ってるんだろうって思ったときに、『私も死ねば良かったね』って言

われたんですよ、子どもに。事故のときに、事故当時まで弟の手を握ってたのに、誰かお友だちが呼んだからって手を離してしまった。だから、離したことによって、弟が死んだのは自分のせいじゃないのかってずっと娘は思っていた。本当であれば、（事故当日）玄関に入って、娘抱きしめたときに、『あんただけでも生きててくれてありがとう』って言えば良かったはずなのに、全然自分の気持ちだけで追いつかなくて。だから、娘が変わった瞬間もそこからだったので。抱きしめて『もちろん生きていてもらって良かったよ。死なないでありがとう』って。それを言ってからの娘の回復はものすごく早かったので、私が娘に言ってあげたのと同じように、実際私にも誰かそんなふうに言ってくれたら、もっと自分は変われたのかなって今でも思うけれども、言ってくれる人はいないですよね。今となれば、事故のことに対しても、私の周りはそうなんですけども、それこそ腫れ物に触るような状態で、だれもそんな話を最近はしてくれないので、私の中のその瞬間というのは、多分ないんじゃないでしょうか。」（T9・母親）

3．PTGとして捉えられなかった「回復」に関わる語り

　前節で整理してきたように「回復」につながるPTG領域の語りが多く見出された一方で、PTGとしては捉えきれないものもあった。そのような「回復」に関わる語りについて、以下にまとめ、犯罪被害からの「回復」の難しさ、複雑さを考えたい。

① 性被害後の「回復」はあるのか？
　性被害後の「回復」はあり得るかについて、次のような語りがあった。

　　「やっぱり時間が忘れさせてくれるっていうあれじゃないですけど、時間が経過するとともに自分に戻っていけるのかなっていうか、完璧に回復というと、病気になって薬飲んだり手術して治るとか。（性被害は）そういうものじゃないんで、何をしたら回復、できたら回復なんだろうっていう難しいところはあると思うんですけど。」（S4・本人）

「……回復って何だろう、正直に。回復ってあり得る？　あり得な
いって自分で思ってて。段階を経ての回復はありますけど、完全な回復
はないと思ってるんで。戻ることはできないじゃないですか、当然。」
　「今現在？　難しいですよね。私もその文章（インタビューの事前説
明の文書）を、読ませていただいたときに回復っていうのが分からな
くって、当時の私の心っていうのは多分、一生回復しないと思ってま
す。」（S8・本人）

　現在の回復度を60としたS6さんは、自分の中に区切りをつけられたと感
じているものの、自分の体を大事にできないところがあるとアンビバレント
な気持ちを表出している。

　「性被害だったということに気づけたのと、治療も受けれて、乗り越
えたまではいかないけど、一応区切りを、自分の中に区切りがついた感
じはしているんだけど、何かやっぱりまだ時々思い出すこともあるし、
結構自分の体が大事にできないって思うことがいまだにあって。その辺
は完全に回復したとは言えないんじゃないかなって思うので60ぐらい
にしました。」（S6・本人）

　回復度が30と言うS5さんは、長期間にわたって性被害の影響に苦しみ、現
在は二児の母親として日々の暮らしを精一杯過ごしている。前向きな気持ち
とネガティブな気持ち、安全感の崩壊等、率直な思いを語っている。

　「（いいことを思い出すことも）あったりはするけど、かき消される
というか、そっち（性被害）のほうが大き過ぎて、何か楽しいこととか
幸せだなって思うこともありますけど。何か1回、1日楽しかったなっ
て終わっても、その夜ってそれを思い出して最悪な気分になったら、そ
れ全部薄れちゃう、幸せとかが……」
　「何か、死がすごい、いつか衝動的に死んじゃうんじゃないかなって
思うぐらい身近なんですよね。だから、残りの、いつ死ぬか分かんない

＊22　インタビューを実施する前に、協力者にはインタビューの目的、方法、質問内容等に関
　　　する文書をメールで送った。

し、残りの人生は、やれることをやって過ごそうとか、やれることを
やってみようっていう気持ちはあったりはしますけど。そういういい気
持ちと、あとは、変わったことはいっぱいあります、考え方は。何が安
全かはもう全然分かんないです。今まで安全だと思ってたことが安全で
はないし。いつ危険になるかなんて全然分かんないし。」（S5・本人）

② 「回復」という言葉は使えない
　被害者遺族にとっては、とくに事件直後はどん底にいるので「回復」とい
う言葉は使えないという指摘もあった。

　　　「たぶん、もういろいろ（当事者団体）のメンバーとか……、事件か
　　らもう10年以上とか20年とかたってる方たちからしてみたら、回復な
　　んて言葉だけだよね、わっはっはみたいに笑い飛ばせるんですけど。で
　　も、事件にあったばかりの人からしてみると、まだ直後の人とかからす
　　るとどん底なので。こう、どん底にいる人に対して回復という言葉を使
　　うっていうのは、いかがかなと……。」（V4・妻）

　S3さんは自身が被害者支援に関して学ぶなかで、被害者遺族の「回復」
について気づいたことを次のように語っている。

　　　「特に、家族を殺されてしまった、または交通事故とかで亡くされた
　　とか、そういう遺族の方とか、同じ被害者といっても全く違うし、希望
　　を見出すのがどんなに大変かなって。私みたいな（性被害未遂の）場合、
　　自分が回復して、だれかのためにとか、このことが役に立つって思える
　　けれども、そうじゃない。同じ被害者という名前でも全く違うんだなっ
　　ていうことを実感したというか、感じます。」（S3・本人）

③ 「回復」とは被害にとらわれず社会生活が送れるようになること
　被害からの「回復」について、さまざまな思いを抱えながらも日常生活を
送れるようになることといった語りが複数あり、社会的回復の側面が示唆さ
れた。

　　　「私は回復ということそのものは、その被害のことばかりにとらわれ

ていないで、日常生活とか社会生活、そういうことが送れることだと思うんですよ。ただそこに感情面が入ってくると、それって死ぬまである部分、変わらない部分もあるのではないかなとも思うんですよね。（中略）……ただ１つだけ、多分死ぬまでどっかにもっているのかなと思うのは、その事件にあったっていうのも突然、ある日突然にそういう目にあうわけですよね。どれだけ順調にいっている、何も困ってもいない、でも人間、人生いつ何があるか分からないというその恐怖感、恐怖感というか、そういうような気持ちは多分死ぬまでどっかにあるからあんまり喜んじゃいけないとか、そういうふうにこう自分で自分を抑える気持ちもなきにしもあらず、です。……自分でうまく説明できないですけど。」（T3・母親）

「まだ（加害者も自分のことも）許せないじゃないけど、ネガティブな方向に働く感情があって。たまにまだ思い出すこともあるし、今まであったこと、気にかけることなく生活できるようになったらいいかなって思います。」（S6・本人）

「きっと、全部記憶が消えてっていうのは、もともと被害にあわなかっただろう自分はそうだと思うんですけど、回復って１回被害にあって回復するってことですよね。としたら、思い出してもそういうふうにならないでいられる生活が送れたり、思い出すことが少なくなったり。で、普通の生活が普通に送れるように。何かちょっとした家事とかも、被害が起きてからのほうが、ものすごいエネルギーが要るし、負担度がすごい大きいですけど、そういうのも普通にさっと、普通の人みたいにこなせたりとか。そういう解離しちゃうとか、そういうこともなくなったりとか、普通にそういうのが少なくなったり……」（S5・本人）

④ 「回復」とはちゃんと日常生活を送れる、前を向けるようになること
次の語りも、日常生活を送れるという社会的回復について言及している。

「（「回復」のイメージについて）そうですね。自分でちゃんと仕事して、生活をして、何だろう。物事を楽しめたりできるようになる状況かな。」（V3・妻）

「回復っていうと、事件によって打ちひしがれてる、そういう状態から、顔がどんどん上がってきて、上まで向かないまでもまっすぐ前を向けるようになると、そういう感じかなっていうのはイメージとしては感じました。」(V1・父親)

　「遺族同士で話していると、こうもう、何ていうのかな、回復っていうかやっぱり『それはないよね』っていう感じですよね。回復っていうことは一生ないと思うし、そういうのと自分のつらい部分と一生どう折り合いをつけていくかっていう。で、やっぱりこう、完全に回復するっていうことはないんだけど、やっぱりちょっとこの日常生活をちゃんと送れるようになるとか、新しいことに目を向けられるようになるとか、過去ばっかり目が行ったところを、視線が少し前を向き始めることができるようになるっていうことが回復なら、それが回復なのかなとは思います。」(V4・妻)

⑤　回復度は50くらい
　回復度は50くらいと答えた遺族の方々は、複雑な胸の内を次のように語っている。半分は戻っている、あるいは生き直すように感じるが、残りの半分として心の傷、悔しさ等と表現している。

　「難しいですね。表面上は（普通に）なってますけど、中身はやっぱり変わってない。回復という言葉自体に抵抗がある感じで、傷とか、失ったものというのは戻らないので、その傷はそのままなんですけど、それを抱えたまま何とか生活を取り戻せるようにはなっているから、50くらいですかね。」(T1・母親)

　「（回復度は）50かな。50、半分。……何かもう一回自分の中を生き直すという意味では50で、50はもう一生こう取っとくっていうのかな、こう、この思いは50、こん中に入れとくっていう感じかもしれないですね。」(T2・父親)

　「回復してる感じですか？　半分、50%ぐらいかな。フルタイムで

なくても働くようになったので、50%ぐらいですかね。ただ、いまだ薬がないと眠れないとか、いろいろあるので。でも、どうだろう、100%まで回復するような気は何となくしないんですけど。心のどこかにやっぱりあるような気がしますけどね。悔しいというか、何でしょうね。」（T6・叔母）

6 悲しみは常にある

　現在普通に日常生活を送ることはできているが、悲しみはいつも抱えているという思いについて、次のように語られている。

　「（回復度は）どのくらいかな、60とか70かな。やっぱり、戻ってこない（妻）のことはずっと思ってるしね、いなくて悲しい気持ちはなくなるもんでもないんで、うん、そこは埋まんないんだろうなと思いながらですかね。」（T4・夫）

　「今日の私の状況を見ていただければ、ある程度、そちらのほうで判断できるかなと思うんだけども。気持ち的なところではもう普通の状態になってるんだろうとは思うんだけれども、やっぱり（亡くなった）息子の話をするときはもう駄目ですね。もう完全に落ち込みます。」（T5・父親）

　T3さんは、現在の回復度を100としたあと、インタビューの終盤で80に訂正している。遺族にとっての「回復」をどう捉えるか、複雑な問題を提示している。

　「（回復度について）100、回復しているんだと思います。ただ、（中略）いつも思い出してはいるんですよ。でもそれをね、そう、回復をしていないからそうなんだというものともまた違うと思うんですよね。私は私で回復はしている、でも悲しいと思う気持ちはいつももっている。だけどそれによって自分自身の行動とかものの考え方とか、こういう日常生活、変わるというものでもまたないんですよ。何なんでしょうね、ちょっと私にもよく分からないですけど。」「（家庭内で）……それ（亡くなった息子のこと）について話をすると、私は絶対涙が止まらなくな

ると思うので、触れないで自分の心の中だけでいつも思っている……これは、じゃあやっぱりちょっと回復したとは言えないですね。100%は撤回です。今、じゃあ80かな。死ぬまで抱えていかざるを得ないんじゃないでしょうかね。でも普通に生活はできるので、それを回復と捉えるのか、でも心の深い部分だけ元通りではないというふうだったら、回復は死ぬまでできないというか……」（T3・母親）

⑦　回復度は60ぐらい、緊張感や悲しみとは一生付き合っていく

回復度について60ぐらいと答えた二人の遺族は、現在の状況を次のように語っている。身体に染みついた悲しみや緊張感という感覚がうかがわれる。

「60ぐらい。……まだマイナスっていうか、何か体がやっぱり元には戻ってないのが、そうですね。苦手な場所っていうのがいろいろできてきて、だいぶ慣れてきてはいるんですけど、なかなか緊張感であったりとかっていうのが、自分の中で長年、力入れたりとかっていう癖がついて、そういうのが取れないのが、まだ続いてる感じですかね。」（V3・妻）

「（ほぼ完全に回復したことを）100とすると、今は60ぐらいかな。やっぱり事件の前の自分と比べたらもうそこには戻れないので、どっちにしても。やっぱり悲しいことは悲しいっていう、それはもう、何ていうのかな、一生付き合っていかなきゃいけないことだから。まあ、60から上に上がることはもうないんじゃないかな、ぐらいです。」（V4・妻）

⑧　回復のプロセスとして、加害者に怒りをぶつけたい

小学高学年のとき担任教諭から継続的に性被害を受けていたS8さんは、「回復」と関連して、加害者に怒りをぶつけたいと語っている。どんなにつらい思いをしてきたかを直接相手に伝えることが、被害者の「回復」につながる可能性を示唆している。

「直接できないし、やりたくないんですけど、直接本人（加害者）に私はこれだけつらかったんだと伝えることも回復なのかなと思います。」
「（加害者に対して思いを伝えることについて）したいような、したくな

いような。本人（加害者）は自分のしたことは大したことはないと思っていると思うんです。それを（加害者）に分からせたい気持ちはあります。」（S8・本人）

⑨ 「回復」というより「変化」

T8さんは、インタビューの事前説明の文書を読んで、「回復」の意味を辞書で調べインタビューに臨まれた。被害後に自分の中に生じた思い、考えについて、「変化」というワードで説明している。

　「（回復について調べたら）、その辞書に『一度失ったものを取り戻すこと。元のとおりになること』と書いてあったんで、これは違う。僕じゃないなと。自分には回復という言葉はないなというようなことを思いました。（中略）……自分より先に娘が亡くなってしまうというふうなこと、これは絶対人生としてはあってはならんようなことをしとるんで、これをいつになったら回復というような言葉は、全く当てはまらへんのちゃうかな。回復というよりも、ちょっと変化はあるん違うかなというふうなところで、娘の死に対する思いとか、考え方とか、受け入れられるというふうなところが、変化してきてるというのは自分なりにはあるん違うかなとは思います。」（T8・父親）

4．被害からの「回復」を促すもの―支援者として求められること

　被害者を支援するにあたって、支援者側はともすると被害事実とその理不尽さに圧倒され、被害後のマイナス面にのみ目がいきがちである。しかし、被害者の多くはさまざまな思いや困難を抱えながらも「回復」への道のりを歩んでいる。本章で取り上げたPTGは、過酷なストレス体験を経た人全てが経験するものでも、強要されて生じるものでもない。そのことを前提として、支援者はPTGや「回復」につながる言動に敏感である必要がある。

　インタビュー全体を通して得られた協力者の語りをもとに、被害からの「回復」についてどのように捉えることができ、その「回復」を支えるには支援者側にはどのようなことが求められるかを以下にまとめる。

① 「回復」には社会的回復と心情的回復があることに留意する

　インタビューでは、現在「普通の状態」「表面上は普通になっている」といった遺族の語りが見られた一方で、「悲しい気持ちはなくならない」「いつも（被害者のことを）思い出している」という心情が語られた。「回復」には、徐々に日常生活を取り戻していくという社会的回復の過程と、心情的回復の面があることが見出せた。支援者としては、まず社会的回復を支えることを第一歩としたい。日常生活を取り戻すためには、例えば日々のルーティンである家事をこなすことが役立つ場合もある。インタビュー協力者の一人は、家事をやるのは負担ではあったが自己効力感がもてたという点で意味があったと語っている。些細なことでも、日常生活上のルーティンを取り戻し、何らかの自己効力感がもてるように促すことも必要であろう。

　心情的回復については、個々のペースに合わせ、「悲しみとともに」という心持に共感し続けることが大事である。

② よき聴き手であること

　「PTGには聴き手の存在が非常に重要」（宅 2014）と指摘されているが、支援者は被害者が安心して語れる場を提供し、語りにPTGにつながるテーマが現れてきたら敏感に応じ、それを増幅していくことが重要である。よき聴き手には、被害者のアンビバレントな感情の動きを受け入れること、被害者が主導権をもって語れるようにすることが含まれる（Roebuck 2022）。

③ 「侵入的熟考（反芻）」を「意図的熟考」に向かうように働きかける

　本章1.で触れたように、被害直後には侵入的熟考が頭の中を占めることが多いが、徐々に前向きな考え方、意図的熟考へと比重を移していくことがPTGのきっかけとなり得る。支援者は、よき聴き手であると同時に、被害者のものの捉え方が意図的で建設的なものになるよう働きかけていきたい。

④ 犯罪被害に特有の情緒的変化を受け止める

　インタビューでは、被害にあったことで安全感を揺るがされたり、「人生いつ何があるか分からない」といった恐怖感を抱くようになったりするなど、犯罪被害に特有の情緒的変化が見られた。支援者はそうした変化を

丁寧に受け止め、必要があれば適切な知識・情報を提供するなど心理教育を行うことが大事である。[*23]

　また、加害者に対する怒りを表出した場合も、それは当然の感情であり、健全な怒りとなるよう受け止める必要がある。怒りを抑えることはむしろ健康上の問題を抱えやすいことが明らかにされており、支援者はともに怒り、その思いを整理していく姿勢が求められる。

⑤　ポジティブなフィードバックを常に行う

　インタビュー協力者の語りに見られたように、「存在を肯定する言葉」は大きな意味をもち、「回復」につながる。支援者は、被害者の言動についてポジティブなフィードバックのできる機会を逃さないようにしたい。個人のみならず家族全体を視野に入れたポジティブな働きかけも大事である。

⑥　「正当に扱われた」という経験を保障する

　被害後に医療機関、警察や検察等の刑事司法手続で不適切な扱いを受けたと感じた経験は、のちの「回復」を妨げる。一方で「あなたは悪くない」というメッセージを始め、配慮ある対応や被害者の立場に立った説明は心に残り、失われた自尊心を取り戻すのに役立つ。さまざまな場面で支援者側は「尊厳をもって対応できているか」を自問しながら、被害者に対応すべきである。

⑦　社会的発言の場をもてるようにする

　中長期にわたる支援過程において、被害者が社会的発言の場をもつことは新たな経験を増やすことになり、支援ネットワークを築くことにつながる。自分が役立っているという感覚を取り戻す契機にもなり得る。ただ、発言すること自体が被害者にとって負担になる場合もあるので、支援者としては被害者が十分に準備できるようサポートし、発言後のフォローを忘れないようにしたい。

[*23]　心理教育とは「精神的な健康状態を脅かすような問題を抱えた本人やその家族に対して行われる、心理面への配慮を伴った知識・情報伝達を行う支援アプローチの総称」（『有斐閣現代心理学辞典』〔2021〕407頁）。

⑧　被害を社会的文脈から捉え「回復」を支える

　　性被害においてトラウマからの「回復」は容易でなく、長期にわたることが多い。インタビュー協力者の語りからPE療法等の専門的治療が効果的な場合も見られたが、個人的レベルのみならず、性被害を社会的文脈から捉えることが必要である。性被害の与える影響の大きさを社会で共有し、性暴力を許さない社会文化的な下地をつくっていきたい。そうした環境によって、被害者はより相談しやすくなり、地域の社会資源に早く結びつき孤立を防ぐことができる。

⑨　PTGや「回復」という直線的な見方ではなく「変化」という捉え方も必要

　　前節の最後で取り上げたT8さんの語りにあるように、被害後の経験について「心的外傷後変化（Posttraumatic Change）」を提唱するトラウマ研究者もいる（Roebuck 2022）。この「心的外傷後変化」という概念によって、外傷後の経験を「ストレス」もしくは「成長」といった2項対立ではなく、広範で流動的なものとして捉えることができるとしている。

　　当事者によって語られる被害後の重要な経験を、「変化」という観点から理解し受け止めることも必要であろう。

5．被害当事者の自助グループの重要性

　　インタビュー協力者には被害種別を問わず、自助グループ（セルフヘルプ・グループ）[*24] に参加したり、自ら設立し運営している方が目立った。その声からは被害者同士で語り合う場を得ることで、パワーをつけていく過程が読み取れた。被害当事者による自助グループの特徴、意義、また課題を整理しておきたい。

（1）自助グループとは

　　自助グループは「同じ問題やニーズをもつ人々が、相互援助を通じて各自

---

*24　セルフヘルプ・グループ（self-help group）、当事者組織等とも呼ばれるが、本書では被害者支援の現場において用いられていることの多い「自助グループ」を用いる。

の問題解決を図る集団」（『有斐閣現代心理学辞典』）と定義され、当事者性と自主性を特徴とする。我が国では1960年代後半から次々と組織されるようになり、疾病、障害、難病、嗜癖問題（アディクション）などの領域で家族を含む当事者の手によってグループが設立された。社会的背景として、家族・近隣等の従来のサポートシステムが機能しにくくなったこと、制度によるサービスでは不十分なものを満たそうとしたこと、当事者の主体性、権利意識が増大したことなどが挙げられている（久保 1998）。

　被害者による自助グループは2000年前後からつくられるようになり、交通被害者遺族が始めた団体が多かった。同じ体験をした者同士の支え合いから、権利意識の高まりを背景にソーシャルアクションを起こす団体へと広がってきている。

　民間支援団体（支援センター）においても、活動内容に自助グループ活動の支援を挙げているところが現在約7割を占める。「自助グループ」という呼称ではあるが、支援センターのスタッフが主に運営・管理を担っており、サポートグループとしての要素が強い。

　以前は当事者同士が手紙やFAXを通じて苦労しながら始まった自助グループも、今はネットで簡単につながることができる。性被害の当事者によるグループもでき、被害種別ごとにさまざまな団体が生まれており増加傾向にある。

（2）犯罪被害者の自助グループの特徴

　犯罪被害においては被害者側にも落ち度があったのではないかといった誤解を生みやすく、また被害者の話は「重たい」と世間から敬遠され孤立しやすいなど特有の状況があるため、同じ被害体験をした人とのつながりは重要な意味をもつ。被害者の自助グループの特徴としては次のような点が挙げられる（大久保 2000、新 2002）。

① 　ベースには「同じような体験をした人の話を聞きたい」という思いがある。
② 　グループ内ではどのような感情を口にしても非難されることが少ないので、心のうちを十分に吐露でき、グループ内でのみ得られる安心感がある。
③ 　被害者同士の話を聞くことで自分の気持ちを整理でき、問題を客観的に見ようとする余地が出てくる。
④ 　刑事司法手続に関することなど実際的な情報を得ることができる。

⑤　再び社会に出ていく力をつけ立ち直りのきっかけをつかむことができる。
⑥　被害者のための制度・施策の改善に向けて、ソーシャルアクションを起こすことを目的とするグループが多い。

　ここで3つの団体による自助グループを紹介する。交通被害の全国的自助グループ「一般社団法人関東交通犯罪遺族の会（あいの会）」、地方にある自助グループ「〜犯罪被害者支援〜ひだまりの会okinawa」、そして全国の自助グループ・当事者団体の連合体「ハートバンド」の3団体である（Column❹❺❻参照）。近年の自助グループ・当事者団体がどのような特徴をもち、何に力を入れて活動してきているかを把握できる。

C o l u m n ❹

だれも被害者にも加害者にもならない 社会実現のために
──あいの会の活動

小沢樹里
一般社団法人 関東交通犯罪遺族の会（あいの会）代表理事

　私たちは2012（平成24）年7月8日、交通犯罪によって家族を奪われた遺族が中心となり、「関東交通犯罪遺族の会」を設立した。遺族は感情を表すことすら躊躇してしまうことが多い。そこで仲間と食事を共にし、事件等の不安や情報を語らい、人間として当たり前の「喜怒哀楽」を共有できる居場所を作ることを目指して立ち上げた。当時、団体でなければ被害者の権利向上のための要望や上申書を提出することができない状況があり、団体の設立が急務であった。

　2022（令和4）年になり、設立から9年目で法人格を取得し、社会に訴える求心力を持つことを決意した。居場所作りの軸は変わらず行っているが、加えて経験を重ねて相談支援も続けている。必要な場合には日本各地の支援窓口や該当遺族につなげる橋渡しも行っている。

　民間支援団体の存在が知られず、遺族等が一人で問題を抱えることがないよう、安心して支援を受けられるという説明や裁判での経験を伝え、早期被害者支援により、自らの力で安心を積み上げられるよう補助をしている。

　コロナ禍の間は自助活動もオンライン開催を余儀なくされ、講演や学校での交通安全教育の減少も危惧し、それに対応するために無料オンライン講演を行うこととした。「命の里（全年齢対象の対談イベント）・天羽プロジェクト（学生向け対談イベント）」を開催した。さらに義務教育の対象者に向け学習支援や語り合う場として「ひなたグリーフケアプロジェクト」を立ち上げた。

　今後の被害者支援においては、全国の民間支援団体の夜間休日の窓口開設が急務である。また助成金だけでは到底足りない各当事者団体への活動費や人件費を行政に求めたい。関連して行政での被害者らによる講演料は異常に低い設定がされ、改善が急務である。心を削って誠心誠意講演を行っている当事者のことを知って欲しい。

　当会は犯罪被害者への理解や早期支援の必要性を伝え、だれも被害者にも加害者にもならない社会実現のために行政への提言や講演活動を行っていく所存である。

（おざわ・じゅり）

沖縄で被害者支援に取り組んで
──〜犯罪被害者支援〜ひだまりの会okinawaの活動

河井 (川満) **由美**
〜犯罪被害者支援〜ひだまりの会okinawa代表

　「〜犯罪被害者支援〜ひだまりの会okinawa」は2006 (平成18) 年9月に設立し、2024 (令和6) 年で19年目となる。きっかけは、2005 (平成17) 年に家族が犯罪に巻き込まれ、命を落とすという非情な現実に直面し、警察の捜査協力や検察庁とのやり取り、裁判等、全くの未知の世界に放り込まれたことだった。

　当時は私の住む沖縄県内に被害者支援を行っている機関がなく、インターネットを通じて県外の犯罪被害者支援の自助グループにつながることができた。そのグループには、同じような犯罪により遺族となった方々が参加しており、警察や検察の対応方法や、裁判の流れ等を教示いただくなど、いろいろな支援をしていただいた。その中で、一番感謝しているのは、同じような思いをした人に話を聞いてもらえたことであった。そこで、地元沖縄でも私たちのように犯罪被害で苦しんでいる人の力になりたいと、県内で初の自助グループを立ち上げることとした。

　どのような自助グループにしたいのかと考えていた時に、グリーフケアという活動を知り、その活動を中心とした犯罪被害者支援を行っていこうと決意した。グリーフとは「悲嘆」と訳される。大切な人を突然亡くしてしまった大きな心の傷は、裁判が終われば元の生活に戻れるというような生半可なものではなく、悲しみを抱えながら、何年もかけて少しずつ新しい生活になじんでいく作業である。失われたものは決して戻らないけれど、行きつ戻りつしながら、何年もかけてその環境を受け入れていく、そのようなお手伝いができればと思ったのだ。その後、家族支援カウンセラーやグリーフケアアドバイザー等の資格を取得し、目の前の一人ひとりのニーズをきちんと理解し、「誰一人取り残さない、途切れることのない支援」を目指し、取り組んでいる。

　2022 (令和4) 年には沖縄県犯罪被害者等支援審議会の委員にも就任させていただき、沖縄県における犯罪被害者条例の運用にも関わらせていただいている。また、東京都に本部のある「特定非営利活動法人いのちのミュージアム」の会員としても、沖縄県内で「生命のメッセージ展」を展開しながら、特に子どもたちを中心として「命の大切さ」を伝える活動も行っている。

　今後、県条例だけでなく各市町村条例の制定や生命のメッセージ展の地域・学校巡回展示会の開催等を行いながら、被害者にも加害者にもならない社会の実現に向けて、より一層精進してまいりたいと考えている。　　（かわい〔かわみつ〕ゆみ）

「ゆるやかな連携」を大切に
──犯罪被害者団体ネットワーク「ハートバンド」の活動

鴻巣たか子
ハートバンド運営委員

　ハートバンドは、全国の犯罪被害者団体が「ゆるやかな連携」を目指して、2005（平成17）年8月に設立、20団体が参加するネットワークで、毎年11月に『犯罪被害者週間全国大会』を開催している。

　2022（令和4）年の大会では、開催20回を記念して参加被害者の声を集めた『犯罪被害者 今の声』を発行した。手記を読むと、仲間たちがハートバンドを心のよりどころとしていることが分かる。これがこれまで活動を続けてきたことの究極の目的であり、公的な支援が整っていないなか、被害者たちによるピアサポートを行ってきたことの意義であると確信している。

　もちろん過去には、財政上の理由で継続が困難な時期もあったが、紆余曲折を経ても活動を継続できたのは、犯罪被害の種類も会の目的も異なる参加団体の仲間たちが、緩やかなつながりとハートバンドでの交流の大切さを実感してきたゆえである。

　ただ、多くの犯罪被害者団体と同様に、ハートバンドが抱える問題は多い。今まで助成金を受けて活動を進めてきたが、会の運営費や人件費には使えないため、被害者が負担しているのが実情である。メンバーの高齢化も顕在化している。クラウドファンディングなどで資金を調達し、実務を担ってもらえる人材を募ってはどうか、などの助言を受けるが、新しい方法を模索する力が伴わないのが現状である。次の10年に向けて新しい風を取り込んでいけるよう願っている。

（こうのす・たか子）

（3）「回復」に果たす役割と課題

　前述してきたように、被害当事者による自助グループは孤立無援感から脱して、気持ちが外に向かい、社会問題に気づき、さらに問題解決に向けて行動を起こすようになる点で、その参加プロセスが被害者自身の「回復」に果たす役割は大きい。課題としてはどのようなことがあるだろうか。

　まず、地域社会への安全・安心を脅かされた被害者にとって、信頼感を取り戻すためには地域社会からの支援は不可欠であり、自助グループを地域社会の中で育てていくといった視点が求められる（新 2002）。現在、全国の地方公共団体には被害者のための総合的対応窓口が開設されているが、自治体が地域にある自助グループの運営を支援したり、連携して活動を広げたりすることを検討してはどうだろうか。例えば、自殺対策基本法に基づくうつ病・自殺対策では、保健所で特定の遺族に限定しないグリーフケア事業を行っている自治体があり（坂口 2022）、参考になる。

　また、インタビュー協力者の声には「臨床心理の先生から自助グループのバックアップを得て活動の幅を広げられた」といったものがあった。自助グループが安定して活動を継続するために、専門職や支援者の関与が果たす役割は大きい。医療、保健福祉の領域において被害者の心身状況やグループダイナミックスに精通した専門職が育ち、側面的に援助できるようになることが望まれる。

　さらに、被害者支援においては被害者が利用できる身近なフォーマル、インフォーマルな社会資源はまだ限られている。障害者福祉や加害者の更生援助領域と比較しても、その社会資源の少なさは明らかである。自助グループが被害者にとって「回復」につながる重要な社会資源の１つであるという認識を広げていく必要があろう。

【引用・参考文献】
・新恵里（2002）「犯罪被害者・遺族のセルフヘルプ・グループの意義とその可能性
　―コミュニティでの支援ネットワークの構築に向けて」『生活教育』46(5)、35-40
・Calhoun, et al.,(2010)The Posttraumatic Growth Model: Sociocultural
　Considerations. In Weiss, T. & Berger, R. (eds.) *Posttraumatic growth and
　competent practice : lessons learned from around the globe.* N.J. :Hoboken, 1-14
・子安増生・丹野義彦・箱田裕司監修（2021）『有斐閣現代心理学辞典』有斐閣
・久保紘章・石川到覚（1998）『セルフヘルプ・グループの理論と展開―わが国の実
　践を踏まえて』中央法規出版

・メアリー・ハーベイ著、村本邦子訳(1999)「生態学的視点から見たトラウマと回復」『女性ライフサイクル研究』9、4-7
・大久保恵美子（2000）「第8章　セルフヘルプグループの意義と役割」宮澤浩一・國松孝次監修『講座被害者支援5巻　犯罪被害者に対する民間支援』東京法令出版、198-205
・大岡由佳（2018）「被害者支援と『自助グループ』～よりよいサポートを目指して～」『被害者支援ニュース』26、3-5
・ポーリン・ボス著、中島聡美・石井千賀子監訳（2015）『あいまいな喪失とトラウマから回復—家族とコミュニティのレジリエンス』誠信書房
・Roebuck, B. S., Sattler, P. L., & Clayton, A. K. (2022, January 27) Violence and Posttraumatic Change (PTC), Psychological Trauma: Theory, Research, Practice, and Policy. Advance online publication. http://dx.doi.org/10.1037/tra0001222
・坂口幸弘（2022）『増補版　悲嘆学入門』昭和堂
・宅香菜子編著（2016）『PTGの可能性と課題』金子書房
・宅香菜子（2014）『悲しみから人が成長するとき—PTG』風間書房
・宅香菜子（2010）『外傷後成長に関する研究—ストレス体験をきっかけとした青年の変容』風間書房
・Tedeschi, R. G., Calhoun, L. G. (1996) The Posttraumatic Growth Inventory: Measuring the positive legacy of trauma, *Journal of Traumatic Stress* 9 (3)

第5章

支援者側からの声を聞く
──被害者支援を改善するために

　本章では、第3章のインタビュー協力者の語りを踏まえ、支援する側の声を取り上げる。まず、被害者に事件後最初に接触する警察、その後の刑事司法手続において対応する検察、弁護士、更生保護の各立場からの声を載せる。次に、精神的治療に注力する精神科医、性犯罪・性暴力被害者ワンストップ支援センターのソーシャルワーカー、ソーシャルワークの視点から関わる病院のソーシャルワーカーの声を載せる。

　さらに、中長期にわたる支援を行う民間支援団体から相談員の声、また教育現場からスクールソーシャルワーカーの声を載せている。

　それぞれの現場で被害にあわれた方への対応をどう行い、どのような配慮や工夫がなされているか、被害者支援の現状とその重要性、また対応・支援を改善するためにはどのようなことが必要かなどを詳説している。犯罪被害に関わる多くの現場の実状が把握でき、今後の改善に向けての道筋が見えてくるものと思う。

1. 警察の立場から

今後の被害者支援活動の展望

奥田暁宏
警視庁渋谷警察署　警視

　警視庁では現在、事件や事故にあわれた方々やその御家族に対して、犯罪被害者等給付金の申請を受け付けるほか、医療費やカウンセリング費用の一定額の助成、性犯罪被害者への病院の紹介、カウンセリングを提供している。

また、自宅が被害場所になった場合など、自宅に戻れない方には一時的な宿泊先の手配、必要があればハウスクリーニング費用の助成等、被害直後の被害者の方の窮状に応じた支援を行っている。

私は2022（令和4）年2月から警視庁渋谷警察署に勤務しているが、それまでは警視庁犯罪被害者支援室において約11年間にわたって犯罪被害者支援活動に従事してきた。2015（平成27）年4月に警視庁技能指導官、2020（令和2）年4月に警察庁指定広域技能指導官[*25]の指定を受け、警視庁内の各警察署、各道府県警察の事件主管課や警察学校、警察大学校等において、これまでの経験から得た被害者支援の重要性を伝承し、後進育成のための講義等を行っている。

私事になるが、私の実家は代々京都二条城近くで質屋を営んでおり、私自身もそこで育った。青年期は、修学旅行等の訪問先として有名な太秦映画村近くで過ごしたが、当時商売の関係上実家には刑事がよく出入りして、いわゆる「盗品」等を調べており、物心ついた時から警察官という職業が身近な存在だった。成人して1992（平成4）年警視庁警察官を拝命し、警察学校での研修を経て、東京証券取引所や日本銀行等の金融機関が集積し日本を代表する金融街「日本橋兜町」を管轄する中央警察署に配属となった。

この中央署で刑事となり、その後主に詐欺、横領事件等の捜査を担当する刑事（知能犯）部門を担い、2008（平成20）年3月に初めて犯罪被害者支援室に勤務するようになり、その後、三鷹署刑事組織犯罪対策課長代理等を経て現職に至る。

これまでの刑事や被害者支援部門での勤務を通じて、数多くの通り魔事件やストーカー殺人等事件、交通死亡事故事件、また、東日本大震災を始めとする災害事案等の場面に遭遇し、その中で多くの被害者や御遺族に接し寄り添う機会があり、そうした経験を積むことにより、私自身も成長することができたと感じている。

この度インタビュー協力者の声を読ませていただき、これまでの警察業務の経験の中で、犯罪捜査と被害者支援の両面で得た経験を交え、現場の視点

---

*25　極めて卓越した専門的な技能又は知識を有する警察職員を広域技能指導官に指定し、都道府県警察の枠組みに捉われない広域活用を図ることを目的として、1994年1月から運用されている制度。犯罪被害者支援の分野では、2020年に初めて広域技能指導官が指定され、警察における研修会等の講師のほか、関係機関・団体からの要請を受けて被害者支援のイベント等にも関与している。

から今後の被害者支援活動についてまとめさせていただく。

（1）以前の被害者支援について

　私が中央警察署で刑事をしていた1994、5（平成6、7）年頃は、まだ警視庁には犯罪被害者支援室が設置されていなかった。当時殺人事件等が2件連続で発生したことがあった。

　1件目は、早朝雑居ビルの中で清掃作業員が何者かと鉢合わせとなり、鋭利な刃物で刺された強盗殺人事件であった。2件目は、トラブルに巻き込まれた男性が関東近郊において殺害された後、管内の首都高速ランプ出口で遺体を遺棄され、発覚した殺人・死体遺棄事件であった。この事件の捜査に従事したが、まだ警察官として2、3年目の駆け出しであり、御遺体の取扱いや御遺族への説明要領も全く分からない状況であった。

　御遺族を霊安室まで案内したところ、御遺族は御遺体と対面するなり「お父さん」と叫び、泣き崩れる姿を目の当たりにした。その光景は、当時の私にとって言葉に表せないほどショッキングな出来事で、警察署を出て行かれる御遺族を見送る際には、犯人検挙を誓う一方で、強い怒りや悲しみが溢れ出たことを憶えている。

　次に、警視庁の犯罪被害者等支援制度に大きな転換期を迎えることとなった事案について記す。2001（平成13）年9月1日未明新宿区歌舞伎町の雑居ビルで起きた火災で、44人が死亡し3人が負傷するという日本で発生した火災としては、戦後5番目の大きな被害となった事案である。当時、私は新宿警察署刑事課で勤務しており、宿直員から発生の一報を受け自宅から警察署に参集した。

　奇しくもその日は1923（大正12）年に関東大震災が発生した日で、「防災の日」として指定されており、都内各地で防災訓練等が行われる予定だった。一方、警視庁ではその数か月前に、全国警察で初めて犯罪被害者支援室長以下の職員が専従で被害者支援を行う「犯罪被害者支援室」が設置されたばかりであり、支援方策についても試行錯誤していたころと記憶している。

　当時はこのような大規模火災等による多数の死傷者が生じても、被害者支援に特化した「支援本部」を設置するといった規定はもとよりそのノウハウや体制自体がなく、担当した捜査員が捜査活動の傍らに被害者や御遺族と向き合い初期的支援を行っていた。

　私はこのビル火災での遺族対策班を任され司法解剖に立ち会ったほか、御

遺族に対して解剖結果や今後の刑事手続等の説明を行った。しかし、当時は犯罪被害者支援室の存在すら知らず、また教示できる支援制度もなく、非常に苦労した記憶が残っている。

その後このビル火災での教訓をもとに、警視庁では新たな通達「大規模被害者支援事案発生時における初期的支援実施体制について」を策定し、多数の死傷者が生じる殺人・事故・火災事案等が発生した場合には、総務部長を本部長とする「被害者支援本部」を設置して、警察署等から被害者特別支援員を招集し、組織的かつ総合的な被害者支援活動を実施している。

（2）大規模災害における支援

警視庁では、全国で地震、津波、洪水等の災害が発生した場合、警視庁広域緊急援助隊等が編成され、現地に赴き被災者の支援にも当たることになっている。

私が最初に災害派遣を経験したのは、1995（平成7）年1月の兵庫県南部地震により発生した阪神・淡路大震災であった。当時の任務は機動隊に編成され、防犯対策の一員として約1か月ほど兵庫県下に滞在し、避難先等を訪問して被災者からの要望等を聞く支援活動に従事した。初めての災害派遣であり不安な気持ちで東京を出発したが、友人が多く住んでいた兵庫県内での活動だったので、少しでも貢献したいという思いだった。被災された方々から「東京から来てるんやな、有り難う」と聞き慣れた関西弁で逆に励まされ、勇気をいただいたという記憶が残っている。

そして、2011（平成23）年3月、東北地方太平洋沖地震による東日本大震災が発生し、このときも警視庁広域緊急援助隊等が編成され、犯罪被害者支援室で勤務をしていた私は、刑事部隊の一員として招集され、翌日早朝には警視庁本部庁舎から輸送バスに乗り込み、宮城県警察本部に向かった。現地へ向かう途中の首都高速、東北自動車道はひび割れ、陥没していた箇所が多数あり通行止めの区間は迂回するなどして、丸1日かけての現地入りだった。

私の任務は、宮城県石巻市内の体育館に収容された御遺体の検視業務だったが、行方不明者の御家族や親戚の方々が安否確認のために多数訪れており、その間にも自衛隊員や消防職員が、御遺体を次々と搬送しており、現実とは思えない残酷な光景を目の当たりにして無力感と大きなショックを受けた。

体育館には幼い男の子が父親とともに訪れ、臨月を迎えながら津波に襲われた母親の御遺体を前に泣きながら「大きくなったら、警察官になってみん

なを助けるね」と誓い手を合わせていた姿があり、今でも鮮明に記憶に残っている。

　この災害派遣を通じて、自然の猛威を肌で感じ自らの無力さを感じる一方、それ以上に、災害での被災者や御遺族に対して寄り添う支援の重要性、社会全体で支え合う「途切れない支援」の必要性を痛感した。この経験を決して忘れることなく、事件・事故に巻き込まれた被害者やその御家族等の支援活動に活かしていきたいと考えている。

（3）秋葉原無差別殺傷事件での支援

　2008（平成20）年6月、秋葉原の歩行者天国が買い物客や観光客でごった返している中で事件は起きた。加害者の運転するトラックが赤信号を無視して突入、青信号を横断中の歩行者5人をはね飛ばし、その後、トラックを運転していた加害者は、車を降り、道路に倒れ込む被害者の救護に駆けつけた通行人や警察官の17人を所持していたダガーナイフで立て続けに殺傷し、死亡者7名、負傷者10名となる無差別殺傷事件だった。

　当時、私は犯罪被害者支援室に着任したばかりで、休日の昼頃けたたましく鳴る携帯電話で初めて事案の重大さを知り、そのまま本部庁舎へ出勤し、上司、同僚3名で万世橋警察署へ参集した。警察署に到着後、すぐさま捜査本部との情報共有を開始したが、事件発生後2、3時間しか経過していない状況では、個々の被害状況の把握まで手が回らなかった。

　その後、本件事案は同時に多数の死傷者が殺人・傷害等にあった事案であり、組織的かつ総合的な被害者支援を効果的に行う必要があったため、7年前の歌舞伎町ビル火災を契機に制定された「大規模被害者支援事案発生時における初期的支援実施体制について」を適用して、警視庁で初めて「被害者支援本部」を設置し、被害者特別支援員として隣接の6警察署から各2名を招集し、その後、被害者支援室及び万世橋署員を合わせて総勢44名体制で被害者支援を行うこととなった。

　支援活動では、被害者1名に警察官2名が対応して「病院等への付添支援」を行うとともに、御遺族には「待機場所の確保」、「遺体安置場所への送迎支援」、「自宅等への送迎支援」、「司法解剖時の病院から自宅等への送迎支援」、「通夜・告別式の会場対策や付添支援、報道対策」等を実施した。

　また、重傷の被害者には「入院・治療先の病院へ調査」、「被害者又は家族との面会調査」、「退院時の病院から自宅までの送迎支援」、「各種給付金の説

明と申請補助」、「職場や学校への被害連絡」のほか、精神的な不調を訴えられた方に対する心理カウンセラーの紹介に当たった。

この事件は、警視庁の被害者支援の在り方や具体的な支援方策が見直されるきっかけともなった。また、現場において被害者や御遺族に寄り添って行う支援を「直接支援」というが、このようなスタイルの支援を本格的に開始したのもこのころからである。

現在でも被害者支援室では、都内で発生する殺人事件や交通死亡事件等における初期的支援活動は、2名ないし3名で実施しているところ、秋葉原無差別殺傷事件での経験を踏まえて、発生直後から複数名体制での支援を推進することとしたものである。

（4）今後の犯罪被害者支援について

振り返ると警視庁における被害者支援は、新宿歌舞伎町ビル火災事件、秋葉原無差別殺傷事件、ストーカー殺人事件、座間男女9人殺害事件等、社会的反響の大きな事件等を受け、その都度試行錯誤を繰り返しながら各種支援制度の制定及び拡充を図ってきた。

私が本格的に被害者支援に携わった15年前は、被害者からの悩み相談窓口が十分に整備されておらず、また、心身の不調を訴える被害者やその御家族であってもカウンセリングを受ける方はわずかであった。しかし現在では、多くの被害者や御家族が、各都道府県警察や早期援助団体を始めとする民間支援団体等に電話相談をしたり、被害直後からカウンセリングを希望したりするなど被害者支援制度は確実に定着してきた。

これも、ひとえに事件や事故による被害者やその御家族の方々を支えるため、日々尽力されている関係機関・団体等の皆様の献身的で熱意あふれる相談対応やカウンセリング等の支援活動によるものである。

警察における被害者支援は、被害直後から被害者に接することが多いため、心情に十分配意する必要があり、多岐にわたる支援を実施するため早期段階から関係機関・団体等と緊密に連携し、被害者に必要とされる支援を迅速かつ効果的に展開することが必要不可欠である。

私は、警察庁指定広域技能指導官として全国の警察職員に対する研修では、被害者の方に対して「家族と同じ気持ちで接する」、支援活動では「警察の本来業務として、やれることは全てやる」ということを常に伝えている。今後とも、犯人検挙に向けた強い使命感と被害者の方の心に寄り添う気持ちを

兼ね備えた警察官の育成に役立つよう尽力したい。

　長い警察史の中で被害者支援部門の歴史は浅く、今後より質の高い支援活動が求められているところ、幅広い年代層を抱える警察組織内においてもこの数年でようやく「被害者支援の重要性」が浸透してきたと実感している。

　私たち被害者支援に携わる警察職員は、今後も被害者や御遺族に希望を与え、また未来への「道しるべ」を示すことができる存在となるよう、一丸となって積極的な支援活動に取り組んでまいる所存である。支援活動における私たちの一挙手一投足に注意を払うとともに、途切れない支援を行い、早期に平穏な生活を取り戻していただくためには、関係機関・団体等の皆様のお力添えと相互連携が不可欠である。

　関係機関・団体等の皆様には、これまで培ってこられた専門的な知識と経験をもとに、より一層の御支援と御協力をお願いしたい。

（おくだ・あきひろ）

2．検察の立場から

検察における被害者支援の取組み

梶　美紗
法務省刑事局付

　検察庁は、刑事事件を捜査して裁判所に起訴し、その犯人を処罰することを通じて、市民生活や社会経済の基礎である法秩序を守ることを役割としている。

　犯罪が発生すると、通常、警察が捜査を行い、被疑者を検挙して、事件を検察庁に送る（送致する）ことになる。そして、検察官は、被疑者や参考人の事情聴取等必要な捜査を行い、集めた証拠を検討した上で、起訴するか不起訴にするかを決定する。

　また、事件を裁判所に起訴したときは、裁判に立ち会って、証拠を提出し、証人尋問をしたり、論告・求刑を行ったりして、適正な刑罰が科されるように努めている。

　捜査や裁判を行うためには、被害者の方々に、事情聴取に応じていただくなどの協力をしていただくことが必要であり、その協力によって、事件の真

相が明らかになり、加害者に対して、犯した罪の重さに見合った刑罰を科すことが可能となる。

　一方、犯罪によってさまざまな困難に直面した被害者の方々に対しては、個々の実情に沿った適切なサポートが必要な場合も多い。

　そこで、検察庁では、被害者の方からの相談に応じたり、事件の処分結果をお知らせするなど、被害者の方々の支援に努めるとともに、関係機関等との連携によるサポートにも力を入れている。

　本稿では、そうした取組みの一部を紹介することとしたい。

　なお、本稿中、意見にわたる部分については、筆者の個人的見解であることを御承知おきいただきたい。

（1）被害者の方々からの相談に応じるための制度や取組み

　検察庁では、被害者の方々の負担や不安をできるだけ和らげるため、被害者の方々への支援に関する経験が豊富な職員を「被害者支援員」として全国の地方検察庁に配置し、被害者の方々からのさまざまな相談への対応や、法廷への案内・付添い、事件記録の閲覧や証拠品の返還等の各種手続の手助けをしているほか、被害者の方々のニーズに応じて、精神面、生活面、経済面等の支援を行っている関係機関等を紹介するなどの支援活動を行っている。

　また、被害者の方々が検察庁に気軽に被害相談や事件に関する問合せを行えるように、全国の地方検察庁に「被害者ホットライン」を設けている。[*26]

（2）被害者の方々が必要な情報を得るための制度や取組み

　被害者の方々が、捜査の結果、裁判の経過や結果、さらには、犯人の受刑状況等について知りたいと思うことは当然であり、検察庁では、被害者等通知制度を設け、できる限り、事件の処分結果、刑事裁判の結果、受刑中の刑務所における処遇状況や刑務所からの出所時期等に関する情報を提供することとしている。

　また、事件が公判前整理手続に付されるなどした場合には、公開の法廷[*27]

---

*26　被害者ホットラインは、夜間・休日でも、伝言やファックスでの利用が可能である。最新の連絡先については、法務省のホームページ（https://www.moj.go.jp/keiji1/keiji_keiji11-9.html）を参照いただきたい。

*27　公判前整理手続とは、充実した公判の審理を継続的、計画的かつ迅速に行うため、最初の公判期日の前に、裁判所、検察官、弁護人が、事件の争点を明確にした上、これを判断す

での刑事裁判手続が始まるまでに相当の期間を要することもあるので、被害者の方々としては、裁判が始まるまでに後どれくらいかかる見込みなのか、どのような内容の手続が行われているのかといったことが気になったり、不安になったりすることもあると思われる。

そこで、検察庁では、被害者の方々の希望に応じて、検察官が、適宜の時期に、公判前整理手続等の経過や結果について、必要な説明を行うなどしている。また、被害者の方々が刑事裁判の傍聴を希望する場合には、できる限りその機会が得られるように、裁判所が刑事裁判の期日を決める際に、裁判所にその希望を伝達するなどしている。さらに、被害者の方々の希望があれば、公訴事実の要旨や検察官の冒頭陳述の内容を説明するとともに、その内容を記載した書面を交付している。

（3）検察官による事情聴取に関する取組み

検察官は、警察から送致を受けた事件について、必要な捜査をさらに行い、起訴・不起訴を決定することになる。被害の状況については、被害者の方が一番よく知っていることが多く、警察で既に事情を聴かれている場合であっても、検察官が、起訴・不起訴を決める上で、直接確認する必要が生じる場合もある。いずれにしても、検察官が被害者の方々から事情を聴く際には、その立場や心情に十分配慮するように努めている。[28]

なお、検察庁では、2015（平成27）年10月から、児童を被害者等とする事案において、児童の負担軽減や供述の信用性確保の観点から、できる限り早期に、警察及び児童相談所の担当者と協議し、検察・警察・児童相談所の三機関のうち代表者が児童から聴取する取組み（いわゆる代表者聴取の取組み）を行ってきた。また、2021（令和3）年4月からは、知的障害、精神障害、発達障害等の精神に障害を有する方を被害者とする性犯罪の事案においても、同様の観点から、警察と連携して代表者聴取の取組みの試行を一部の地方検察庁で開始し、2022（令和4）年7月からは、全国の地方検察庁に拡大して

るための証拠を厳選し、審理計画を立てることを目的とする手続である。なお、裁判員裁判対象事件については、必ず公判前整理手続に付さなければならないこととされている（裁判員の参加する刑事裁判に関する法律第49条）。

[28] 被害者の方々の立場や心情に配慮した捜査・公判活動を行うためには、個々の検察官が、被害者の方々の心理等に関する知識を身に付けることも重要であると考えられることから、検察官の経験年数等に応じた各種研修において、大学教授、精神科医、臨床心理士等の専門家を講師として、被害者心理等についての講義が行われている。

試行を行っている。

　このように、検察庁においては、被害者の方々からの事情聴取の在り方等について、参考となる事例や専門的知識等を踏まえ、より一層適切なものとなるよう検討を行い、可能なものから順次実施している。

（4）被害者の方々が刑事裁判に関与するための制度や取組み

　検察官が事件を裁判所に起訴した後は、裁判所で公判が行われることとなる。検察官は、公判で犯罪を証明する証拠を提出し、証人尋問を行うなどして適正な刑罰の適用を求める。犯罪の証明のため、被害者の方には、被害にあった状況や被告人に対する心情等を証言していただくことがある。

　他方、被害者参加制度等、被害者の方々の希望に応じて刑事裁判に関与するための仕組みも用意されている。

　被害者参加制度とは、一定の事件の被害者や御遺族の方々が、刑事裁判[29]に参加して、公判期日に出席したり、被告人質問等を行ったりすることができる制度である。[30]

　参加が許可された場合、例えば、

○　公判期日に、法廷で、検察官の隣等に着席し、裁判に出席すること

○　証拠調べが終わった後、事実又は法律の適用について、法廷で意見を述べること

○　意見を述べるために必要と認められる場合に、被告人に質問することなどが認められる。[31]

　その他、被害者の方々の希望に応じて、傍聴[32]や心情等の意見陳述[33]をする

---

*29　殺人、傷害、危険運転致死傷等の故意の犯罪行為により人を死亡させたり傷つけた事件や、不同意性交等・不同意わいせつ、逮捕・監禁、過失運転致死傷等の事件の被害者の方、被害者が亡くなった場合やその心身に重大な故障がある場合におけるその配偶者、直系の親族、兄弟姉妹の方々等である。

*30　この制度を利用して刑事裁判に参加するためには、あらかじめ検察官に申し出た上で、検察官が意見を付して裁判所に通知し（刑事訴訟法第316条の33第2項）、裁判所が参加を許す決定をすること（同条第1項）が必要である。

*31　審理の状況や申し出をした被害者の数などによっては、希望する手続が許可されない場合もあり得る。

*32　社会の関心の高い事件では、傍聴希望者が多く、裁判所により抽選で傍聴券が発行される場合があるが、裁判所は、被害者の方々の立場に配慮し、傍聴席の確保について、可能な限り配慮することとされている。

*33　被害についての気持ちや事件についての意見を法廷で述べていただく制度である。

ことも可能である。

　検察官においては、法律上可能な限り、被害者の方々がこれらの制度を利用するかどうかを判断するための情報提供や、被害者の方々が自ら行う訴訟行為に関する相談等に応じられるよう努めている。

（5）被害者の方々の氏名等の情報を保護するための制度

　刑事手続では、被害者の方の氏名や住所といった個人が特定される情報が取り扱われることになるが、性犯罪等の一定の事件においては、捜査から判決後に至るまで、こうした情報を保護するための制度が定められている。

　被疑者を逮捕・勾留する場合には、被疑者に対し、逮捕状・勾留状を示す必要があり、これらには、事件の内容が記載されていることから、被害者の方の氏名等の情報が含まれる場合がある。もっとも、性犯罪等の一定の事件については、そうした情報を明らかにしない方法をとることができる。[34]

　また、刑事裁判においては、被告人や弁護人に対し、事件の内容が記載された起訴状の謄本が送られたり、証拠書類が開示されたり、証人の氏名や住居を知る機会が与えられるのが原則であるが、性犯罪等の一定の事件については、被告人の防御に実質的な不利益を生ずるおそれがある場合を除いて、[35]被告人に対して、被害者の方の氏名等を知らせず、弁護人に対して、被害者の方の氏名等を被告人に知らせてはならないといった条件を付けることなどができる。

　さらに、判決後についても、判決書の謄本の交付を通じて被害者の方の氏名等が被告人に知られないようにするための仕組みが設けられている。

　そのほか、刑事裁判は、原則として公開の法廷で行われるが、裁判所は、性犯罪等の一定の事件においては、被害者の方の氏名等を公開の法廷で明らかにしないという決定をすることもできる。その場合には、起訴状の朗読や証人尋問の手続は、被害者の方の氏名等を明らかにしない方法で行われることになる。

＊34　逮捕状や勾留状、起訴状、判決書等に関して、被害者の方の氏名等の情報を保護するための制度は、刑事訴訟法等の一部を改正する法律（令和5年法律第28号）によって新たに設けられ、2024年2月15日に施行された。

＊35　被疑者・被告人の防御に実質的な不利益を生じるおそれがある場合については、裁判所が被告人等の請求により、個人特定事項を通知する仕組み等が設けられている。

被害者の方々の保護・支援に当たっては、それぞれの方の置かれた状況や心情に配慮した対応が重要であると考えている。本書のインタビューに協力してくださった被害者の方々の声を踏まえ、本稿で紹介した制度や取組みを通じるなどして、より一層適切な対応ができるように努めていきたい。

（かじ・みさ）

3. 弁護士の立場から

弁護士と被害者支援

長谷川桂子
弁護士

刑事事件における弁護士といえば刑事弁護人のイメージが強かったと思われるが、弁護士は被害者やその家族（遺族を含む、以下、「被害者等」）の支援も行っている。

本稿では、被害者支援を行う弁護士の立場から、被害者支援の現状と課題について、被害者等の声も踏まえて考えたい。

（1）弁護士による犯罪被害者等の支援

被害者等は命を奪われる、体を傷つけられる、性的な暴力を受ける等の犯罪それ自体による直接の被害だけではなく、被害をきっかけとして様々な精神上、身体上、経済上、生活上の困難を抱えるため、求められる支援の内容は、事件の性質、時期、本人の希望によっても多岐にわたる。

弁護士に期待される被害者支援は、被害者等の心情や置かれた状況を理解したうえで、法律相談や受任を通して被害者等を支援することである。

この点に関して、今回実施されたインタビュー結果（以下、「インタビュー」）には、弁護士が心情を分かっていない、心情・体調への配慮がないなどの厳しい声があった。また、警察の対応ではあるが、交通被害について殺人罪にできないのかという問いに対して「これは普通の交通事故ですから」という、被害者等にとってはかけがえのない家族の命が奪われた唯一無二の事件であることに配慮のない説明がされた例も寄せられた。弁護士も仕事として事件を多く扱う中で無自覚に言ってしまうことがあり得る言動である。

弁護士は自身も二次被害を与える危険を内在する存在であることを常に留意して支援にあたらなければならないことに改めて気づかされる声である。

1）法律相談

　１　法律相談では、相談を通じて事実関係や相談者の意向を把握し、①制度・手続や被害者等の権利義務を説明して理解を助け、②相談者の取り得る選択肢は何か、③そのメリット・デメリットは何かを説明し、④相談者がどう対応すべきかを助言をする。

　２　早期の法律相談の意義

　被害にあうと日常生活では縁のない刑事手続に否応なしに巻き込まれるが、今後の見通し、説明される専門用語や一つひとつの手続の意味、自らの権利を予め知識として有している被害者等は稀である。

　しかし、①制度内容が分からないまま対応していると、不安なばかりでなく、自分の意見が言えなかったり、権利として行使可能であることを遠慮してしまったり、前提事実を理解しないまま本意でない判断をしてしまうおそれがある。また、②刑事手続の進捗状況や見通しについて事件に即した説明がない場合や被害者等の意向や意見が配慮されない場合には、事件の当事者でありながら疎外感を感じ、結果を受け止めることができない恐れがある。

　そもそも犯罪被害にあうということは、「意に反して」家族を奪われたり、身体を傷つけられたり、性暴力を受けたりする等の自己決定権が究極に奪われた経験である。

　そこで、被害者等自身が今後の見通し、取り得る選択肢を十分理解し、自己決定権を取り戻して犯罪被害後の困難な時期を歩むことができるように支援することは、その後の回復のためにも重要であると考える。

　インタビューでも、被害後の司法手続の経過等の総合的な情報が早い段階で欲しかったという声があった。

　その意味で、弁護士が被害後早期の段階で被害者等につながり、法律相談を行い、本人の事件に具体的に即して具体的に上記１①〜④などの説明、助言を行うことは弁護士による犯罪被害者等の支援の基本であり、出発点であると考える。

　なお、刑事手続は、手続の進展（警察の捜査、検察の捜査、起訴・不起訴、刑事裁判）や加害者の態度（自白か否認か、謝罪や被害弁償の意思があるか）によっても状況が変化するため、法律相談は１回行えば十分であるとは言い難い。被害者等が状況や見通しを理解して悔いのない選択を行うには、手続の段階

や状況の変化に応じて複数回の法律相談が必要である場合がほとんどであると思われる。

　インタビューでは、適切と感じた対応・支援として、警察官や検察官、弁護士から支援を受け、制度や裁判の進行についての説明を受けたり、意見を聞いてもらえたりしたという被害者等の声があった。このことも、継続的な支援の有用性を示していると考える。

　ここまで刑事手続を例に述べてきたが、犯罪の被害をきっかけに生ずる民事上、家事上、労務上その他の困難についても弁護士は支援を行っていることを付言しておく。

２）受任（代理）

　① 受任とは、弁護士が事件について依頼を受けて法律事務を行うことであり、一般的には本人の代理人となり本人に代わって交渉・裁判・手続等の事件解決に向けた対応を行う。

　刑事手続その他の法的手続は①被害者等が自ら行うには専門的・複雑であったり、手間・時間がかかったりすることが多く、また、②自ら行い得るものであっても、都度事件と直面することが精神的な負担を増やすことがあることから、弁護士が代理人として行うことで、本人の負担を軽減し、また、適切な結果を招来し得る。

　② 被害者等の支援における受任（継続的法律相談、同行支援など）

　前述のように刑事手続の段階や状況の変化に応じて複数回の法律相談が必要となるため、受任をして継続的な法律相談を行うことも弁護士による被害者支援として重要な柱である。

　また、事情聴取への対応のように本人が自ら行うことを、本人に同行し、必要に応じて代理人として本人に代わって諸機関へ説明、交渉する支援（同行支援等）や、心情意見陳述の作成の支援等もある。インタビューでも、適切な対応・支援として心情意見陳述書の作成についての支援をあげた被害者の声があった一方、説明なく一人で対応し、アドバイスがあると良かったとの声があり、本人で対応可能なものであっても指導、助言があると負担が軽減されることが浮き彫りとなっている。

　③ 支援のメニュー

　受任して行う支援のメニューとしては、継続的法律相談や同行支援などのほか、①告訴・告発・被害届提出支援、②警察・検察への対応（事情聴取同行、連絡、交渉、協議等）、③示談・謝罪の申し入れその他の加害者・刑事弁護人

への対応、④報道対応（メディアスクラム対策、窓口対応、訂正報道要求、コメント発表等）、⑤法廷傍聴付添・少年審判傍聴付添、⑥証人尋問・心情意見陳述の支援、⑦ストーカー事件における支援、⑧検察審査会関連の支援、⑨犯罪被害者等給付金申請手続の支援、⑩損害賠償請求の支援（損害賠償命令含む）、⑪被害者参加、⑫諸機関（福祉事務所、教育委員会、勤務先、通学先、加害者の職場等）への対応、⑬少年審判関係支援（家裁・調査官との連絡調整、状況説明聴取・意見陳述・結果報告の受領等）、⑭検察官の不起訴理由説明への同席、⑮医療観察法対象事案の対応、⑯刑の執行段階等における心情等の聴取・伝達制度及び更生保護における意見等聴取制度、心情等聴取・伝達制度の支援、⑰加害者の身柄釈放後の対応、⑱相続支援等がある。*36

　インタビューでは、事件直後から刑事手続の各場面で、不十分、不親切、不適切な対応を受け、負担感や失望感を抱いた方々の声が聞かれている。本来的には関係各機関が適切に対応をすべき場面ではあるが、弁護士が、被害者等に対し相手方機関の対応について説明（適切な面、不適切な面を客観的に説明、評価をするなど）したり、被害者等の考えをよく聞く等し、必要に応じて②の警察・検察の対応等で、弁護士が被害者等の立場から関係各機関に適時説明や是正の申し入れをすることで、後々の負担感、失望感の軽減につながることがある。また、インタビューでは、検察官が前提とする事実が被害者等の認識と異なる例が寄せられた。被害者等側の主張の根拠を示して意見書を提出し、検察官と協議する等の支援があり得る。

　③の示談対応では、金銭面に限らず、事案によって、被害回復のための交渉（盗撮被害や性的画像拡散の被害等における画像の消去、名誉棄損・侮辱被害における名誉回復等）、再被害防止の交渉等（ストーカー被害・性被害などにおける加害者の転居・接近禁止等）も含まれる。④については、インタビューでもマスコミの取材方法、過熱報道、誤報を含む報道内容による二次被害が寄せられており、弁護士が盾となり、また代弁者となって適時報道に対応する支援を行う場面である。

---

*36　具体的支援の内容に関する資料としては日本弁護士連合会「犯罪被害者法律援助事業の利用状況に関する照会回答集計結果報告」がある（https://www.moj.go.jp/content/001377590.pdf〔最終閲覧：2023年11月15日〕6頁以下）。

3）法律相談・受任の課題
① 弁護士へのアクセス

　被害者等の声からは、知り合いの弁護士につながりすぐ相談できたとの声がある一方、どこに何を聞けばよいか分からない、何が信頼できる情報か分からないという声もあり、依然として弁護士へのアクセスに課題があることが示されている。

　法律相談から事件の依頼へつながることも予定している公的な被害者等向けの弁護士への窓口としては、①各県の弁護士会の犯罪被害者法律相談窓口[*37]や②日本司法支援センター（以下、「法テラス」）の「犯罪被害者支援の経験や理解のある弁護士の紹介制度」[*38]（平成16年度紹介件数590件[*39]、令和4年度同件数1,529件と増加はしている）[*40]があるが、重大事件の発生事件数に比較すればまだまだ弁護士につながっていない被害者等が大半であると推察される。いずれの窓口も被害者等からの直接連絡を待つ受け身の窓口であることから、検察庁、警察と弁護士会が協定を締結し、法律相談を必要とする被害者等を法律相談につなぐなど、法律相談への入り口を増やす工夫が各地で行われている。また、被害者等と直接接する民間支援団体や性犯罪・性暴力被害者支援ワンストップセンターの実施する法律相談やこれら団体・センターからの紹介も、弁護士へのアクセスとして貴重である。[*41]

② 費用の負担

　弁護士へのアクセス経路が増えたとしても、実際に被害者等が弁護士につながるには、法律相談料や弁護士費用の負担も課題である。被害者支援を行う弁護士としては、刑事手続の制度・手続や自分の権利について十分説明を

＊37　日本弁護士連合会「各弁護士会の犯罪被害者法律相談窓口一覧」
　　　https://www.nichibenren.or.jp/activity/human/victim/whole_country.html（最終閲覧：2023年11月15日）。
＊38　日本司法支援センター「犯罪被害者支援の経験や理解のある弁護士を紹介してほしい」
　　　https://www.houterasu.or.jp/higaishashien/riyoumokuteki/bengoshi_shoukai.html
　　　（最終閲覧：2023年11月15日）。
＊39　日本司法支援センター『平成23年度版法テラス白書』107頁
　　　https://www.houterasu.or.jp/houterasu_gaiyou/kouhou/kankoubutsu/
　　　hakusyo/2011hakusho.files/100513530.pdf（最終閲覧：2023年11月15日）。
＊40　日本司法支援センター『令和4年度版法テラス白書』129頁
　　　https://www.houterasu.or.jp/houterasu_gaiyou/kouhou/kankoubutsu/hakusyo/
　　　r4hakusho.files/012_r4hanzaihigai.pdf（最終閲覧：2023年11月15日）。
＊41　前掲注36の資料4頁グラフ参照。

受け、理解して刑事手続等に臨むことが重要と考えるが、治療費を請求した
い、刑事弁護人から連絡が来たなどの現実的に対処が必要な事態が発生しな
い時点で刑事手続等への対応の助言を求めて、自ら法律相談料を負担して弁
護士に相談しようと考える被害者等は少ないからである。

　インタビューにも、国選被害者参加弁護士を利用した被害者から多額の費
用がかかるなら被害者参加をするかどうか悩んだかもしれないという声が
あった。

　刑事手続の支援にかかる弁護士費用の被害者等への公的な支援は、執筆日
現在（2003年11月5日）、国選被害者参加弁護士制度（国が被害者参加弁護士の
費用を支出）[*42]、犯罪被害者委託法律援助事業（日本弁護士連合会が費用を支出し
て法テラスに事業を委託）[*43]の他はごく少数の自治体によるものに留まっている。[*44]
国は「犯罪被害者等施策の一層の推進について」（2023〔令和5〕年6月6日犯
罪被害者等施策推進会議決定）[*45]において、犯罪被害者支援弁護士の創設を決定
し、2025年の制度開始に向け2024年中にも関連法改正案を提出する方針と報
道されている。[*46]利用要件等はまだ不明であるが、対象罪名、資力要件、償

＊42　犯罪被害者等の権利利益の保護を図るための刑事手続に付随する措置に関する法律第11
　　　条。
＊43　日本司法支援センター「犯罪被害者法律援助」https://www.houterasu.or.jp/
　　　higaishashien/seido/hanzaihigaienjo/index.html（最終閲覧日：2023年11月5日）。
＊44　被害者参加の弁護士費用として、東京都「東京都犯罪被害者等支援被害者参加制度にお
　　　ける弁護士費用の助成について」https://www.soumu.metro.tokyo.lg.jp/10jinken/base/
　　　upload/item/bengoshihiyou.pdf（最終閲覧：2023年11月15日）、中野区「中野区犯罪
　　　被害者支援条例」https://www. https://www.city.tokyo-nakano.lg.jp/kurashi/bohan/
　　　hanzaihigaisya/jyorei.html（最終閲覧：2023年11月15日）等。
＊45　警察庁「犯罪被害者等施策の一層の推進について」
　　　https://www.npa.go.jp/hanzaihigai/whitepaper/2023/zenbun/siryo/siryo-4.html#:~:
　　　text=%E7%8A%AF%E7%BD%AA%E8%A2%AB%E5%AE%B3%E8%80%85%E7%AD
　　　%89%E6%96%BD%E7%AD%96,%E5%B1%A4%E3%81%AE%E6%8E%A8%E9%80
　　　%B2%E3%82%92%E5%9B%B3%E3%82%8B%E3%80%82（最終閲覧：2023年11月
　　　15日）。
＊46　日本経済新聞2023年7月21日「弁護士費用、国が負担、法務省、25年にも新制度」
　　　第213回国会において、犯罪被害者やその御家族を早期の段階、裁判が始まる前の段階から
　　　包括的かつ継続的に寄り添い型でケアすることを目的として、法テラスの業務を拡充し、犯
　　　罪被害者等支援弁護士制度を創設することを内容とする「総合法律支援法の一部を改正する
　　　法律案」が提出された。以下を参照いただきたい。
　　　https://www.moj.go.jp/hisho/kouhou/hisho08_00492.html
　　　https://www.moj.go.jp/housei/sougouhouritsushien/housei04_00041.html
　　　（最終閲覧：2024年3月22日）。

還の有無等、被害者等が利用しやすい制度設計となることが望まれる。

（2）刑事裁判について
１）刑事裁判にどう関わるか
　被害者等の刑事裁判への関わり方は、①一切関わりたくないというものから②知りたい（結果は知りたい、内容は教えて欲しい、裁判を自分で見聞きしたい）、③積極的に関わりたい（意見陳述や被害者参加）、④被害者等としてできることは全部したいというものまで幅がある。意向に添った関わり方を検察官や弁護士の適切な支援により実現できることが望ましい。
　裁判を自分で見聞きしたい場合は、裁判を傍聴するか被害者参加することとなるが、法廷では被害状況が繰り返し語られることがある。今回のインタビューでも「これが辛かった」という声があった。被害者等は自分が辛くても裁判は見届けたいという気持ちでいることも多いが、重い精神的負担がかかることも現実である。検察官や支援弁護士は期日の流れや証拠の内容を把握しているので、被害者等が席を外す（法廷の外に出る）タイミングを打合せすることが可能である。また、体調が悪くなったときのため、裁判所に控え室を用意してもらう、民間支援団体の支援員に傍聴の付添いを依頼するなどの連携も支援の１つである。
２）被害者参加・意見陳述について
　被害者参加制度は、かつては刑事裁判において証拠や傍聴人の立場でしかなかった被害者等が、参加人として法廷内に席が用意され、被告人質問や情状証人の尋問を行ったり、法律や事実の適用について検察官や弁護人のように意見を述べるなど、刑事手続に関与することができる制度である（Column ❷❼参照）。また、被害者参加制度とは別に、被害者等が証人尋問に答える形ではなく、意見として心情を陳述できる制度（心情意見陳述）もある。
　制度利用について、インタビューでは、①自分の言葉で伝えることができた、②加害者本人の言葉を聞くことができた、③加害者側の言い分（被害者に非があり）に対して参加したことで言うべきことを言うことができた、④証拠を見ることができた、⑤裁判員が聞きたい内容を代弁してくれたなどの肯定的な被害者等の声があった。
　他方、①被告人質問で心情部分は制限されてほとんど何も聞けなかった、②加害者が高齢、病歴があり心情意見陳述が届いているか分からず、これでは終われないと思ったなどの、被害者等にとって、被害者参加した目的が果

たせなかったと思われる声もあった。

　被害者参加や心情意見陳述等の裁判で行う行為には、法律上のルールがある。①については、当該事件で制限された具体的事情が不明であるため、その制限が適切であったか否かの判断はできないが、検察官や支援を受けている弁護士と予め質問項目を調整、打ち合わせるなどにより質問を実現する可能性はあったかもしれない。検察官や弁護士から、被害者等の意向を汲み取り、意向を実現可能にするための方法、工夫をともに考えるなどの支援を受けることができたかどうかは、刑事裁判への満足度に影響するように思われる。

　②については、加害者の法廷での態度（被害者に責任をなすりつける、正当化する、反省しないなど）により、かえって虚しさが増す例もあるようである。期待感をもって参加した刑事裁判への失望が大きい場合、支援者としては、その失望感を受け止めながら、押しつけにならないよう、本人の心情に配慮しながら、裁判結果についての客観的な評価やその後の見通し、取り得る手段等を説明することになろうかと思う。

（3）性被害について
1）潜在化する被害

　性被害は暗数（警察に認知されない件数）が多い。このことは内閣府「男女間における暴力に関する調査報告書（令和3年3月）[*47]」からも見てとれる。性被害は事件現場に第三者がいないことが多いため、第三者からの通報が期待しにくいところ、被害者本人が相談、開示することも少ないため、被害が潜在化しやすい。

　潜在化の原因を内閣府の調査や筆者の経験を踏まえて考察すると、①「知られたくない」被害類型であり他者へ被害開示しづらい類型であること、②事件のことを想起するのが苦痛であること、③知人、顔見知りからの被害等の被害申告、権利主張がしにくい関係性を背景にするものが多いこと、④心身が相談できる状態ではないこと、⑤被害と認識するまでに時間がかかること、⑥報復を恐れること、⑦刑事手続にのせることへの不安があること（見

---

*47　この報告書によれば無理矢理に性交等された被害者のうち59.9％はどこにも相談しておらず、相談した被害者のうち、警察に連絡・相談した者は5.6％（全体の2.2％相当）である。https://www.gender.go.jp/policy/no_violence/e-vaw/chousa/pdf/r02danjokan-gaiyo.pdf（最終閲覧：2023年11月17日）。

通し、メリット・デメリット、リスクが分からない）、⑧自分の権利について知識がなく泣き寝入りしてしまうこと、⑨知人、顔見知りが加害者の場合、加害者、加害者関係者から本人へ刑事事件化を防ぐ目的で不当な働きかけがあり泣き寝入りする場合があること、⑩権利主張への逡巡等が挙げられる。

2）不起訴の壁

　警察へ被害申告した被害者は、これらの障害、不安、迷いを自ら又は支援者の支援を得て乗り越えているわけだが、被害申告後もこれらの不安等が払拭されるわけではない。不安や迷いを抱えながらも精神的身体的負担を押して捜査に協力し、裁判所での証言に協力するのは、加害者へ有罪という公的な判断が下されることを願うからである。

　しかしながら、性被害の事案では、不起訴で刑事手続を終える場合も少なくない。

　検察官の終局処分（起訴・不起訴）を決める直前の段階で、加害者との示談が持ち上がることがある。インタビューでは、不起訴と示談について納得していない声があった。

　この段階での示談は、検察官の処分にマイナス（不起訴）に影響する場合がある反面、示談の有無に関わらず不起訴になるような事件では、加害者から被害弁償を受けることのできる事実上最後の機会となる。支援弁護士としても判断に悩むことは多い。

　被害者自身が納得した判断をするには、十分な説明と助言が必要であるが、この段階に至って初めて弁護士に相談するケースがしばしば見られる。弁護士としては見通しを立てるには事案の把握も必要であるため、より早期の段階での弁護士へのアクセスの必要性を痛感する場面でもある。

3）証人尋問

　刑事裁判では、被害者自身が証人として尋問を受ける場合がある。被害者が加害者や傍聴人の面前で証言をするのは精神的な負担が大きいため、精神的負担を軽減する制度として付添人、遮蔽（加害者との間又は傍聴席との間）、ビデオリンク（法廷とは別室でビデオ回線を通じて尋問を受ける）等がある（以下、「ビデオリンク等」）。

　被害届を出すということは証人尋問に呼ばれる可能性を意味する。証人尋問を覚悟することは被害者にとって大きなハードルである。支援弁護士としてはビデオリンク等の制度を説明しつつ、性被害でこれが採用されることは多いという感覚があるものの、最終的には裁判官の判断となる旨の説明を加

えて被害者に被害届を出すかどうかを決めてもらう。

　被害届の段階で制度の採用が確定的でないことは、被害届の障壁の１つであると感じている。

4）子どもの被害

　性被害は、子どもの被害が多い。[*48] 子どもは性被害を被害と認識できなかったり、認識してもどう対処してよいかが分からなかったりする。インタビューの子どものころに性被害にあった方々の声からは、学校や親等子どもを取り巻く大人たちへの被害の実状や子どもと接する際の適切な対応方法、相談窓口、周知啓発等の必要性が再認識された。

　また、子ども時代の被害について、何年もたってから、被害認識し、被害申告をした被害者の声があった。2023（令和５）年の刑事訴訟法改正で性犯罪の時効期間が延長され、子ども時代の被害については、満18歳から所定の時効期間の経過で時効が完成することとなった。これまで時効で門前払いであった事例に、被害届、起訴の道が開かれた。証拠が残っているかなど有罪へのハードルは高いが、それでも勇気をもって子どものころの被害に処罰を求めた被害者が刑事手続を通じて傷つかないよう、被害回復への力を得られるよう、支援者は留意する必要があると考える。

（4）交通被害について

1）刑罰

　交通被害では被害者が亡くなったり負傷したりするが、加害者の法定刑は、殺人罪、傷害罪等の故意犯に比べて軽い。[*49] [*50] インタビューでは法定刑や判決が軽すぎるという理不尽な思いが聞かれた。交通犯罪については、2001年（平成13年）の危険運転致死傷罪の新設以来、法定刑の引き上げや「自動車の運転により人を死傷させる行為等の処罰に関する法律」の制定、改正がされて

＊48　前掲注47の報告書によれば、無理矢理に性交等されたことがあった人の被害にあった時期は、17歳までが34.6％、18・19歳が14.8％と、20歳未満で実に49.4％を占める。

＊49　殺人罪（死刑又は無期若しくは５年以上の懲役。刑法第199条）、傷害致死罪（３年以上の有期懲役。刑法第205条）、傷害罪（15年以下の懲役又は50万円以下の罰金。刑法第204条）、過失傷害罪（30万円以下の罰金又は科料。刑法第209条）、過失致死罪（50万円以下の罰金。刑法第210条）。

＊50　自動車の運転により人を死傷させる行為等の処罰に関する法律。危険運転致死罪（2条のもの。１年以上の有期懲役）、同罪（３条のもの。15年以下の懲役）、危険運転致傷罪（2条のもの。15年以下の懲役）、同罪（３条のもの。12年以下の懲役）、過失運転致死傷罪（7年以下の懲役若しくは禁固又は100万円以下の罰金）。

いる。インタビューに声を寄せた被害者等の事故の年代は分からないが、*51
改正が進んだ現在でも、まだまだ法定刑、判決が軽いとの受け止めは変わっ
ていないと感じる。*52

　刑罰法規や量刑相場がどうであれ、被害者等と信頼関係を築くうえでも、
被害者等のこの受け止めを理解して十分な説明をすることは交通被害の支援
の基本であると考える。

2）事実関係

　交通被害では刑事裁判でも民事裁判でも被害者側の過失（落ち度）が問題
とされる場面があり、被害者側と加害者側の言い分が鋭く対立する場合があ
る。被害者が亡くなっている事案では、加害者側の主張に依拠した事実が検
察官からも主張されたり、判決で認定がされる結果、被害者側が納得できな
い判断がされる場合もある。事実関係が危険運転致死傷罪の適否に影響する
こともある。

　そこで、検察官の終局処分前の段階で、被害者側が把握している事実関係、
証拠を提出する、意見書を提出するなどの弁護士の支援活動が必要となって
くる場合もある。検察官がどのような事実関係、罪名で起訴しようとしてい
るかを把握し、弁護士からも材料を提供して建設的な協議を行い、再捜査に
結びつけることが望ましいが、捜査権限のない弁護士にとってはなかなか難
易度の高い支援活動ということができる。

3）加害者の態度

　犯罪の被害者等の側から見れば加害者からの謝罪は当然あって然るべきで
ある。しかし、民事の損害賠償に影響するとの考えから被害者等に謝罪しな
い加害者や、謝罪や弔問をするもその際の態度が不誠実であったり、言い訳
や被害者の落ち度の主張に終始したりする加害者がいる。また、自賠責保険
や任意保険で損害賠償義務が賄えるため、保険会社任せで被害者等に対応し
ない加害者もある。インタビューでも、謝罪その他の加害者の態度に傷つけ
られたり、怒りや不快感を感じたりした声が寄せられた。

＊51　参議院常任委員会調査室・特別調査室「自動車運転処罰法の改正—あおり運転に対する
　　処罰規定の整備—」（立法と調査2020.7 No.426）https://www.sangiin.go.jp/japanese/
　　annai/chousa/rippou_chousa/backnumber/2020pdf/20200731018.pdf（最終閲
　　覧：2023年11月17日）。
＊52　本稿執筆後、法務省において新たに「自動車運転による死傷事犯に係る罰則に関する検
　　討会」が立ち上がり、第１回会議が2024年2月21日に開催された。https://www.moj.
　　go.jp/keiji1/keiji07_00028.html（最終閲覧：2024年2月26日）。

家族を亡くし又は自身が負傷しただけでなく、加害者から尊厳を損ねる対応をされた苦痛は計り知れない。処罰が適切と受け止められる場合であっても、補えるものではないと推察できる。

　支援弁護士としては心情を理解して法律事務を尽くすが、精神的支援の面では力足らずの局面でもあることから、民間支援団体、自助グループや、必要に応じては医療、カウンセリングとも連携して刑事裁判中から裁判後へ支援をつなぐという工夫も必要となると考える。

　本稿執筆にあたり、被害者等の方々からの声をまとめた分厚いインタビュー結果の資料をいただいた。本稿では刑事司法に関する声について引用してきたが、言及できなかったものにも、弁護士による被害者支援を考えるにあたり、気づかされたり、忘れてはならない思いや指摘が多くあった。改めて支援の課題を考える機会をいただいたことに感謝したい。

（はせがわ・けいこ）

Column ❼

被害者参加制度について多角的に考える

平山真理
白鷗大学法学部教授

　犯罪被害者のニーズにはさまざまなものがあるが、被害者が刑事手続に関与する機会が保障されることも重要である。

　被害者の刑事手続参加には、2007（平成19）年の刑事訴訟法改正により導入され、2008（平成20）年12月１日より施行されている「被害者参加制度」（刑事訴訟法316条の33以下）がある。被害者は事件の当事者ではあるが、刑事訴訟における「当事者」ではないことから、証拠の一つとしてしか扱われていないと感じる被害者も少なくなかった。このことに対する被害者の不満は大きく、より「直接的に」刑事裁判に関与することを求める被害者の声が大きくなったことが被害者参加制度施行の背景にあった。

　被害者参加制度のもとでは、一定の重大事件において、その被害者等（被害者本人又は被害者が亡くなった場合や心身に重大な故障がある場合の被害者の配偶者、直系親族、兄弟姉妹）もしくは当該被害者の法定代理人又はこれらの者から委託を受けた弁護士が手続への参加を申し出た場合、裁判所は相当と認めるときはその参加を許すことになる。手続に参加する被害者等は被害者参加人と呼ばれる。

　この被害者参加人ができることは、①公判期日への出席（法316条の34）、②情状に関する事項に限られるが証人尋問（刑訴法316条の36）、③被告人に対する直接質問（刑訴法316条の37）、④弁論としての意見陳述（316条の39）の４つである。

　被害者参加人も弁護士（被害者参加弁護士と呼ばれる）を付けることができ、被害者が経済的に余裕のない場合は（資力要件は200万円未満）、国がその費用を負担し、国選被害者参加弁護士を付けることもできる。被害者参加制度の施行により、被害者が刑事手続に関与できる機会は大幅に増えたが、課題も多く残っている。

　まず、被害者参加制度ではどのようなことができるか（あるいはできないか）、また裁判が必ずしも被害者の望む結果にならない場合もあることなどについて、丁寧な説明が検察官から行われる必要がある。プロの法律家であり、被害者参加人と密接な連絡を取る立場にある検察官が丁寧な説明を心がけることは、この制度の円滑な運用のためにも何よりも重要であるといえよう。

　また、被害者はこの制度を利用することでさらに傷つくこともあり得るだろう。そのような場合の被害者へのサポートにはどのようなものがあるのか。被害者自

身が参加を希望したのだから自己責任だと片づけるのであれば、被害者にとって
あまりに冷たい制度となってしまう。制度を利用した被害者へのアフターケアや
フォローアップにも今後一層力を入れる必要がある。

　また少し違う視点からもこの制度の課題を考えてみたい。我が国の刑事裁判は
同じ裁判体が事実認定と量刑を行う。英米の陪審裁判では、事実認定を陪審が行
い、量刑は裁判官が決める点において我が国の刑事裁判とは大きく違う。制度的
に手続が二分されていない刑事裁判に被害者が参加することは、被害者の関与が
事実認定にも影響し得る懸念を完全には排除できない。特に裁判員は初めて裁判
に関与するわけであるから、裁判で吐露される被害者の心情には強い同情や共感
を覚える場面があるであろう。その気持ちは被告人への反感や処罰感情に結びつ
きやすい面もあるのではないか。こういった気持ちが、被告人が犯人性を争って
いる事件や、事実関係に大きな争いのある事件の裁判において、被告人を犯人視
することにつながってしまう危険性はないだろうか。

　これを防止するためにはどうすればよいだろうか。否認事件においては被害者
参加制度を適用しない、というのは一つの考えである。しかし、被告人が否認し
ているからといって被害者の刑事裁判への参加の機会を全く認めないのは妥当で
はない。そこで一つの解決策は、我が国も刑事裁判を事実認定と量刑に二分する
ことが考えられる。事実認定を経て、裁判所が有罪の判断をした後に量刑を決め
る段階で被害者が参加できる制度にすべきではないか。被害者の手続参加を尊重
しつつ、刑事裁判の公正さを保障し、えん罪を防止するためには手続二分の導入
を議論すべきであろう。

（ひらやま・まり）

4．更生保護の立場から

犯罪被害者等の思いに応える更生保護の実現に向けて

川本 悠一
法務省保護局

　更生保護における犯罪被害者等施策（以下、「被害者等施策」）としては、被害者等通知制度、意見等聴取制度、心情等聴取・伝達制度（「改正更生保護法」の施策前は「心情等伝達制度」本節（1）4）で詳述）及び相談・支援の4つの制度があり、2007（平成19）年12月1日の施行から15年以上経過し、実務に定着する中、運用改善が図られてきた。

　一方で、2021（令和3）年に実施され本書で報告されている「被害からの回復」に関する犯罪被害者調査（以下、「被害者調査」）において、犯罪の被害にあった方やその御遺族（以下、「被害者等」）が述べられているように、被害者等やその援助を行う民間の団体等から、被害者等施策や保護観察処遇に関する要望や意見が寄せられている。

　また、犯罪被害者等基本法に基づく、2021年度から2025年度までの5か年を計画期間とした、関係府省庁が取組むべき第4次犯罪被害者等基本計画（2021年3月閣議決定。以下、「第4次基本計画」）においても、「加害者処遇における犯罪被害者等への配慮の充実」や「犯罪被害者等の視点に立った保護観察処遇の充実」等、更生保護に関する新たな取組も盛り込まれ、被害者等施策や保護観察処遇をより一層充実させていくことが求められている[53]。

　そこで、本稿では、被害者等施策や被害者等の視点に立った保護観察処遇の内容について概観した後、被害者調査において被害者等が述べられた意見を踏まえ、現状の取組みや被害者等の思いに応える更生保護の実現に向けた今後の展望等を述べていく。

　なお、本文中の意見にわたる部分は、筆者の個人的見解である。

＊53　再犯の防止等の推進に関する法律に基づく第2次再犯防止推進計画（2023年3月閣議決定）においても、「犯罪被害者等の視点を取り入れた指導等」として、心情等伝達制度の一層効果的な運用、新設される被害者等の心情等を聴取する制度の適切な運用に努めることや被害者等の思いに応える保護観察処遇の一層の充実を図ることなどが掲げられている。

（1）被害者等施策

1）概要

被害者等施策は、2005（平成17）年12月に閣議決定された犯罪被害者等基本計画に定められた施策として導入されたもので、以下の4つの制度は、被害者等の「加害者に関する情報を知りたい」、「加害者の仮釈放等について意見を言いたい」、「被害に関する気持ちや加害者に対する意見を伝えたい」、「被害を受けたことの悩みや不安を相談したい」といった被害者等の思いに応えるものであり、仮釈放等審理やその後の保護観察を、被害者等の意見等を踏まえることでより一層適正なものにするという意義も含まれている。

① 被害者等通知制度

検察庁、矯正施設、地方更生保護委員会（以下、「地方委員会」）や保護観察所が連携し、刑事事件の処分結果、刑事裁判の結果や裁判確定後（保護処分決定後）の加害者の処遇状況等を被害者等に通知する制度である。地方委員会からは、仮釈放、少年院からの仮退院や退院を許すか否かに関する審理[*54]（以下、「仮釈放等審理」）が開始されたことやその審理の結果を、保護観察所からは保護観察が開始されたこと、保護観察中の処遇状況や保護観察の終了予定時期に関する事項等を被害者等に通知している。

② 意見等聴取制度

被害者等の申出に基づき、地方委員会が仮釈放等審理において、被害者等から、加害者の仮釈放等、生活環境の調整、仮釈放等中の保護観察に関する意見や被害に関する心情を伺う制度である。被害者等からは、例えば、「仮釈放に反対」や「再度、被害にあうことが怖いので、保護観察において徹底した指導を望む」といった意見等が示される。これらは、仮釈放等を許すか否かの判断、生活環境の調整、仮釈放等を許す場合における特別遵守事項の設定や保護観察を実施する上での指導等で考慮される。

③ 心情等聴取・伝達制度

被害者等の申出に基づき、保護観察所において、被害者等から、被害に関する心情、被害者等の置かれている状況、保護観察中の加害者の生活や行動に関する意見を伺い、被害者等の希望がある場合には、その内容を当該加害

---

*54　退院とは、18歳又は19歳で2年の保護観察処分に付された加害者につき、保護観察中に守らなければならない遵守事項に違反したために少年院に収容された場合で、収容可能期間の満了前に一定の条件の下に出院させ、保護観察を再開する制度である。

者に伝達する制度である。被害者等からは、例えば、「被害弁償して欲しい」や「本当に反省しているか知りたい」といった心情等が示される。

被害者等が心情等の伝達を希望する場合、被害者等の心情等は加害者担当の保護観察官から加害者に伝達される。その後、加害者に心情等を伝達した時期や伝達した内容のほか、申出をした被害者等の希望に応じ、伝達時に加害者が述べたこと等が当該被害者等に通知される。また、加害者に対しては、伝達を受けた心情等を適切に受容し、反省・悔悟の情を深めるよう指導等が行われる。

他方で、被害者等が心情等の伝達を希望しない場合、被害者の心情等は加害者担当の保護観察官に伝えられ、保護観察を実施する上での指導等で考慮される。

④ **相談・支援**

被害者等から悩みや不安等を傾聴し、精神的な負担が軽減されるよう相談に応じ、また、被害者等のニーズに応じて、他の関係機関等を紹介するとともに、関係機関等への連絡や相談を補助し、その円滑な利用を支援している。

2）運用状況

2022（令和4）年における被害者等施策の運用状況は、①被害者等通知制度により地方委員会及び保護観察所から加害者の処遇状況等を通知した件数は10,723件、②意見等聴取制度により被害者等から意見等を聴取した件数は310件、③心情等伝達制度により加害者に対して心情等を伝達した件数は170件、④相談・支援を実施した件数は1,563件となっている。仮釈放等審理や保護観察の開始件数は減少しているのに対し、近年の被害者等施策の利用件数はあまり変化が見られない。[*55]

被害者等施策の利用を希望しない場合があることを踏まえると、利用件数の増減から本施策の効果を判断することは適当ではないが、本施策の制度利用に係る負担を軽減し、より利用しやすい環境を引き続き整備していくとともに、「制度を利用したかったのに知らなかったので、利用できなかった」[*56]

---

*55　被害者等施策導入後の2008年における仮釈放等審理の開始人員は21,322人、保護観察の開始人員は50,717人であるのに対して、2022年における仮釈放等審理の開始人員は12,838人、保護観察の開始人員は23,996人と大きく減少している。

*56　左近司彩子（2018）「更生保護における犯罪被害者」『被害者学研究』28、164頁において、捜査や審判の段階で被害者に対して被害者等制度の説明がされなかったため、被害者等通知制度や意見等聴取制度を利用することができず、被害者が自ら調べて制度の利用を申し出た時には、本人が仮退院になって既に1年が経過していた事例が紹介されている。

といったことがないよう、本施策のより一層の広報・周知を行っていく必要
があると考える。

3）実施体制

被害者等施策に関する業務は、主に、全国の保護観察所に配置されている
被害者担当の保護観察官及び保護司が担っており、その任期中は保護観察や
生活環境の調整等は担当しないものとされている。

また、地方委員会には、被害者担当の保護観察官や保護司は配置されてお
らず、地方委員会の事務局の保護観察官が被害者等施策に関する業務に従事
している。

他方で、地方委員会及び保護観察所には、被害者等が安心して相談できる
よう被害者専用の電話番号を、また、来庁時の不安を軽減できるよう専用の
相談室を設置している。

4）近時の動向

2019（平成31）年4月、法務省保護局においては、被害者等の心情等を踏
まえその思いに応える更生保護を実現するため、「更生保護の犯罪被害者等
施策の在り方を考える検討会」を設置し、同検討会は2020（令和2）年3月
に報告書（以下、「検討会報告書」）を保護局長に提出した。検討会報告書にお
いては、被害者等施策の現状及び課題を踏まえ、①被害者等によるアクセス
の向上、②被害者等の思いに応える制度運用の実現、③被害者等施策を適切
に実施するための体制の整備に関して提言がなされた。[57]

また、第4次基本計画において、検討会報告書や法制審議会による非行少
年を含む犯罪者に対する処遇の一層の充実に係る答申（2020年10月）を踏まえ、
更生保護に関する新たな取組が盛り込まれた。

さらに、2022（令和4）年6月に成立した「刑法等の一部を改正する法律」
により更生保護法の改正（以下、「改正更生保護法」）が行われた。[58]被害者等施
策との関係では、改正更生保護法により①意見等聴取制度における被害者等
からの意見等の聴取事項として、生活環境の調整や仮釈放等中の保護観察に
関する意見を加えること、②被害者等からの申出に応じて、保護観察対象者

---

[57] 更生保護の犯罪被害者等施策の在り方を考える検討会各会合の議事要旨及び報告書は、
法務省のウェブサイトにて公表されている。https://www.moj.go.jp/hogo1/soumu/
hogo08_00002.html（最終閲覧：2024年2月20日）。

[58] 更生保護法の改正内容等は、田中健太郎（2023）「更生保護法及び更生保護事業法の一
部改正について」『罪と罰』60（2）、59-71を参照。

に伝達する場合に限らず、被害者等の心情等を聴取すること（「心情等伝達制度」を「心情等聴取・伝達制度」とすること）とされ、2023（令和5）年12月1日に施行された。^{*59}

（2）被害者等の視点に立った保護観察処遇
1）近時の取組み

　保護観察の実施に当たっては、個々の事案に応じて、しょく罪指導プログラムを始め、被害者等の被害の回復又は軽減に努めることを生活行動指針に定めるなどして保護観察中の加害者に対して指導を行ってきた。

　この点、被害者等の被害の回復又は軽減に努めることを生活行動指針として定めるか否かについて運用上のばらつきが生じているとの指摘がされていた。そこで、2022（令和4）年4月から、①民事裁判等により被害者等に支払う賠償金額が確定している者、②被害者等から意見等聴取制度又は心情等聴取・伝達制度を通じて、明確に謝罪、被害弁償等を求められた者、③その他必要と認められる者については、具体的な賠償計画を立て、被害者等に対して慰謝の措置を講じること等を生活行動指針として設定し、これに即して行動するよう指導を行っている。

　また、しょく罪指導プログラムについては、第4次基本計画等を踏まえ、実施対象を拡大するとともにその内容を充実させ、2022（令和4）年10月から、改定後のプログラムを活用した保護観察を実施している。実施対象の拡大に関して、従来、被害者を死亡させ又はその身体に重大な傷害を負わせた重大な事件の保護観察対象者を対象としていたところ、特殊詐欺事案等被害者に重大な財産的損失を与えた事件の保護観察対象者を新たに加えることとした。また、本プログラムは、①自己の犯罪行為を振り返らせ、犯した罪の重さを認識させるとともに、加害者が負うべき責任について考えさせること、②被害者等の心情や置かれている状況等を理解させること、③被害者等に対する謝罪及び被害弁償に関する対応の状況や考えについて整理させること、④具体的なしょく罪計画を作成させることの4課程で構成され、新たに作成したワークブックを用いて、指導を行っている。^{*60}

---

*59　改正更生保護法の施行と併せて被害者等施策の充実が図られており、詳細は、法務省保護局総務課被害者等施策班（2024）「更生保護における犯罪被害者等施策について」『更生保護』75（2）、11–17を参照。

*60　しょく罪指導プログラムの詳細は、法務省保護局観察課（2022）「新たなしょく罪指導

２）被害者等の視点に立った保護観察処遇の充実

改正更生保護法においては、①仮釈放や保護観察等更生保護法上の措置をとるに当たって、被害者等の心情やその置かれている状況等を十分に考慮するべきことが明記された。また、②保護観察における指導監督の方法として、保護観察対象者が被害者等の被害の回復又は軽減に誠実に努めるよう、必要な指示等をすることが追加され、この指示等をする場合、意見等聴取制度により被害者等から聴取した仮釈放等中の保護観察に関する意見等や心情等聴取・伝達制度により被害者等から聴取した心情等を踏まえることとされた。さらに、③保護観察官又は保護司からの求めに応じ被害を回復又は軽減するためにとった「行動の状況を示す事実」について、保護観察対象者が申告等することが一般遵守事項に追加された。これにより、被害者等の被害の回復又は軽減に誠実に努めるよう必要な指示等をするに当たって、その行動の状況を示すものとして、例えば被害弁償の振込明細、振込が記帳された通帳、被害者等に対する謝罪の手紙の写し等であって、保護観察対象者が現に保管し、又は入手が可能なものの提出等を求めていくことが考えられる。[61]

（３）被害者調査における意見及び取組み
１）被害者等通知制度に関する意見

今回の被害者調査において、被害者等通知制度により加害者の処遇経過について知ることができることはありがたいと満足されている方もいる一方[62]で、加害者がどのように変わっていっているのか分からない、保護観察中[63]の加害者の面接回数だけでなく、具体的な処遇や指導が分かる内容を通知して欲しいと述べられる方もいた。[64]

保護観察中の処遇状況に関する事項としては、保護観察官及び保護司との接触状況のほか、特別遵守事項や生活行動指針の内容、特別遵守事項として設定される専門的処遇プログラムの実施状況等を通知している。被害者等[65]

　　　プログラムを活用した保護観察の実施について」『更生保護』73（8）、44–47を参照。
　＊61　被害者等の視点に立った保護観察処遇の充実の詳細は、法務省保護局観察課（2024）「犯罪被害者等の思いに応える更生保護について」『更生保護』75（2）、6–10を参照。
　＊62　本書第３章１．性被害にあった人々の語り。
　＊63　本書第３章３．身体的な被害にあった人々の語り。
　＊64　本書第３章２．交通被害にあった人々の語り。
　＊65　専門的処遇プログラムとは、特定の犯罪的傾向を改善するための体系化された手順による処遇として法務大臣が定めるもので、性犯罪再犯防止プログラム（Column❽参照）、薬物

への情報提供の在り方については、第4次基本計画を踏まえ、被害者等通知制度の運用状況や加害者の改善更生への影響、個人のプライバシーの問題等を総合的に考慮しつつ検討を行ってきたところ、2023（令和5）年12月1日から新たに①特別遵守事項として設定される社会貢献活動の実施状況[*66]、②専門的援助[*67]の実施状況、③生活行動指針として設定されるしょく罪指導プログラムの実施状況等について、通知することとした。これらは加害者がどのような処遇を受けているのかを示す事項といえる。

　この点、被害者等通知制度は、加害者の同意を得ずに被害者等に通知をしていることから、個人情報保護の観点から通知できる事項が限られる。また、客観的で定量的な事実を通知しており、加害者が事件のことをどう思っていたのか、反省しているのかなど加害者の内心にわたる事項は客観的に評価することは難しく、通知することは困難である。そのため、加害者の内心にわたる事項等、被害者等通知制度の通知事項以外の情報を知りたい場合には、心情等聴取・伝達制度を利用することが考えられる。もっとも、同制度を利用した場合であっても、保護観察官による指導は行われるものの、加害者からの回答を強制させることはできない点は留意する必要がある。

2）心情等聴取・伝達制度に関する意見

① 制度利用における配慮

　被害者調査において、保護観察の開始に関する通知書に被害者等施策のリーフレットが同封されており、リーフレットの「心情等伝達制度」（当時）に付せんが貼られていたことが、制度を利用する契機となったと述べられている[*68]。

　心情等聴取・伝達制度を利用できる期間は、加害者の保護観察期間中に限られている。そのため、被害者等通知制度において、保護観察の開始に関する事項を通知するときは、被害者等施策のリーフレットを同封するなどして、被害者等が制度利用の機会を逸しないようにしている[*69]。

　　再乱用防止プログラム、暴力防止プログラム、飲酒運転防止プログラムがある。
＊66　社会貢献活動とは、保護観察対象者に地域社会に役立つ活動を行わせ、善良な社会の一員としての意識の涵養及び規範意識の向上を図り、再犯の防止を図る取組である。活動の内容としては、公共の場所での清掃、福祉施設での介護補助等が挙げられる。
＊67　専門的援助とは、規制薬物等への依存の改善等特定の犯罪的傾向を改善するための専門的な援助であり、保護観察所以外の更生保護施設等の関係機関等において実施される。
＊68　本書第3章2．交通被害にあった人々の語り。
＊69　意見等聴取制度を利用できる期間も、加害者の仮釈放等審理の期間中に限られているため、

この点、上述の検討会報告書において、被害者等施策に関する広報や説明を被害者等にとってより分かりやすいものにしていく観点から、制度利用時の体験談を掲載すること、広報資料上の文言を平易なものにすること、手続や制度利用の場面等の動画を作成することなどの方策が提言されている。

検討会報告書を踏まえ、被害者等施策を利用した被害者等の体験談を法務省ウェブサイトに掲載するとともに、改正更生保護法の施行に合わせ、被害者等の立場や心情等に配慮した広報資材になるよう見直しを行ったところである。さらに、2023年度内に意見等聴取制度や心情等聴取・伝達制度の内容や利用方法等を説明した動画を作成し、公開することを予定している。

[2] 意義

被害者調査において、保護観察付執行猶予の判決が言い渡され、4年かけて心情等伝達制度を利用したことで相手の変化を見ることができ、本当にありがたい判決であったと述べられている[71]。

心情等聴取・伝達制度は被害者等の心情等を加害者に伝達するだけでなく、被害者等の希望があれば、心情等伝達を実施した際に、心情等の伝達を受けた加害者が①その心情等について述べたこと、②被害弁償又は慰謝の措置について述べたこと、③特に被害者等に対し伝えたいことについても、伝達の結果とともに通知される。本通知を見た被害者等が、再度、心情等聴取・伝達制度を利用することがあり、この場合、被害者等から寄せられる心情等は加害者の現状をより反映したものとなり、伝達の内容はより具体的なものになっていく。

他方で、心情等の伝達を受けた加害者は、被害者等の心情等を具体的に認識し、加害者の保護観察を担当する保護観察官は、加害者がその心情等を適切に受容し、より反省や悔悟の情を促すよう指導を行っていく。このような過程を通じて、加害者の変化を見ることができるようになる場合もある。もっとも、心情等を加害者に伝達した際に、本人は謝罪の意向を示すも、民

被害者等通知制度において、仮釈放等審理の開始に関する事項を通知するときも、同様に被害者等施策のリーフレットを同封するなどしている。

[70]　https://www.moj.go.jp/hogo1/soumu/hogo08_00011.html（最終閲覧：2024年2月20日）。法務省ウェブサイトに掲載されていない体験談について、法務省保護局総務課被害者等施策班（2020）「更生保護の被害者等施策を利用した被害者等から体験談を寄せていただいて」『更生保護』71（11）42–45を参照。

[71]　本書第3章2. 交通被害にあった人々の語り。

事裁判を控えていることなどを理由に謝罪に至らなかった事例[*72]や加害者から仕事を始めたばかりで弁償できないが、生活が安定したら弁償を開始すると言い残し保護観察期間を終えた事例[*73]等、被害者等の意向に沿わない場合もあることに留意する必要がある。

なお、2023（令和5）年12月1日から刑事施設及び少年院において、被害者等からの申出に応じて、被害者等から被害に関する心情、その置かれている状況や受刑者又は在院者の生活や行動に関する意見を聴取し、希望があればこれを受刑者又は在院者に伝達する心情等聴取・伝達制度が開始された。同制度の導入により、矯正施設入所段階といったより早期の段階で被害者等の思いに応えることになり、被害者等の心情等を踏まえた処遇や社会復帰につながるものと考える。

③ 制度の再度の利用

被害者調査において、心情等伝達制度（当時）の利用について、同じことを何度も伝えることはできないと言われたが、支援センターからの援助等を受け、同制度の利用を続けることができたと述べられている[*74]。

心情等聴取・伝達制度について、被害者等が再度の利用を希望する場合、それが「不合理に短期間のうちに（①）、再度、同趣旨の心情等を述べたい旨の申出を受けたとき（②）」は、心情等の聴取を行わないことができるとされている。そのため、心情等聴取を行わないことができるのは、①かつ②を満たす場合である。例えば、前回の制度利用時に被害弁償を求めていた被害者等が、心情等伝達の結果を受けて、再度被害弁償を求める場合、「不合理に短期間」といえず、特段の事情がない限り、再度の心情等伝達は利用可能であると考えられる。また、いずれも「被害弁償」に関することであるからといって、同趣旨といえると即断せずに、被害者等にとって被害弁償が意味していることや、再度被害弁償を求める理由、前回の心境の違い等を聴くことで、前回と今回とで「同趣旨」とはいえない場合もあると考えられる。したがって、再度の制度利用の申出があった場合、同じ内容を繰り返し伝達することはできないとの判断を行うに当たっては、申出の趣旨を踏まえ慎重に行う必要がある。

＊72　前掲注56論文、163頁。

＊73　堤美香（2021）「更生保護における犯罪被害者等施策の現状と課題─被害者等の声を加害者に届ける心情等伝達制度の運用事例─」『家庭の法と裁判』34、151頁。

＊74　本書第3章2．交通被害にあった人々の語り。

被害者等の思いに応える更生保護の実現に向けて取組んでいるが、これは更生保護が未だ被害者等の心情等に十分に応えることができていないことの裏返しであり、今回の被害者調査のように制度を利用された被害者等からの「声」は、全ての保護観察官や保護司にとって、又は制度や運用の見直しを行うに当たって、非常に重要である。

犯罪による被害は被害者等の心身や社会生活にさまざまな影響を与え、被害者本人だけでなくその家族にも影響を及ぼすため、被害者等施策の制度の利用に当たって、被害者等は身体又は精神的に大きな負担を抱えている可能性がある。[75]そのため、制度利用に係る負担を可能な限り軽減し、広報・啓発も含め制度を利用しやすい環境を整備していくことが必要である。

他方で、被害者等の思いは一人ひとり異なり、時間の経過に伴い変化するものであるが、犯罪の被害にあったことに加えて、加害者からの謝罪や被害弁償がないことが、被害者等をより一層苦しめている現状がある。[76]

こうした被害者等の心情やその置かれている状況等を加害者が理解し、被害者等の被害の回復又は軽減に努めることは、被害者等の思いに応えることになるとともに、加害者に自らの犯罪と向き合い、犯した罪の重さを認識させ、反省を深めさせるという意味等において、その改善更生及び再犯防止に資するものといえる。[77]

したがって、被害者等の思いに応える更生保護を実現するためには、被害者等への支援と加害者の処遇を有機的に連動させる運用を目指していくことが必要であり、被害者担当の保護観察官や保護司のみならず、加害者を担

---

*75　更生保護官署が被害者等に最初に接するのは、捜査、少年審判又は公判の各段階を経た後であり、被害から一定の年月が経過しているが、警察庁による「平成29年度犯罪被害類型別調査」によれば、事件からの経過時間が過去10年以内の回答者では、事件と関連した身体上の問題を抱えているとの回答が25.2%、精神的な問題を抱えているとの回答が36.4%となっている。

*76　武るり子（2021）「被害者を苦しませない更生保護に」『更生保護』72（12）、22-25。

*77　検討会報告書においても指摘されているが、「被害者等が被害者等施策の各制度を利用するのは、加害者の改善更生のためではなく、被害者等自身のためであること」には留意する必要がある。

*78　阿部千寿子（2023）「加害者処遇における被害者施策の見直しと課題―第4次犯罪被害者等基本計画における施策を中心に―」『被害者学研究』32、101頁においても、「今後は、加害者処遇における被害者施策の見直しがより被害者のためになるように、加害者処遇と被害者支援という一見相容れないように見える2つを両立させた刑事司法理論を再構築していく時期に来ていると考える」と指摘している。

当する保護観察官や保護司も含めて総合的に取組んでいくことが重要である。これは、前述した改正更生保護法により、保護観察等の更生保護法上の措置をとるに当たって、被害者等の心情等について十分に考慮することが求められることともつながるものと考える。

　そのためには、被害者担当だけでなく加害者担当の保護観察官や保護司に対しても研修等により被害者等の声を聴く機会を設けることで、被害者等の心情やその置かれている状況等への理解の増進を図るとともに、被害者担当と加害者担当の保護観察官等がより一層の緊密な連携体制を図っていくことが重要である。

【参考文献】

・国家公安委員会・警察庁編（2023）『令和5年版犯罪被害者白書』
・大岡由佳（2023）『トラウマインフォームドサポートブック』中央法規
・伊藤冨士江（2021）『司法福祉・実践と展望―少年司法、刑事司法、医療観察、被害者支援―』ぎょうせい
・法務省保護局恩赦管理官室被害者等施策班（2021）「これからの更生保護における犯罪被害者等施策について」『更生保護』72（12）、12－17
・法務省保護局総務課被害者等施策班（2018）「更生保護における犯罪被害者等施策と被害者等の視点を踏まえた保護観察」『更生保護』69（11）、6－11
・西崎勝則（2010）「第10章 更生保護における犯罪被害者等施策について」伊藤冨士江編者『司法福祉入門』上智大学出版、297－330

（かわもと・ゆういち）

性犯罪者の再犯を防ぐために
──更生保護における新たな取組み

伊藤冨士江
元上智大学教授

　今回のインタビュー（第３章１.）では、性被害にあった方に加害者に対する思いを尋ねたところ、「今、どうしているか知りたい」「同じことをしていないか気になる」といった声が上がった。現在我が国では、性犯罪をした者に対してどのような処遇が行われているのだろうか。

　性犯罪者に対する処遇は、2004（平成16）年に奈良市で起きた女児誘拐殺人事件を受けて、性犯罪の再犯対策を求める世論が高まったことを背景に大きく変わった。法務省の矯正局と保護局が合同で認知行動療法等に基づく「性犯罪者処遇プログラム」を策定し、2006（平成18）年度から実施されるようになった。

　2022（令和４）年度から、刑事施設と保護観察所の連携を一層深め、その内容をより一層充実させた改訂プログラムが始まった。ここでは社会内処遇である更生保護分野で実施されている「性犯罪再犯防止プログラム」を取り上げる。

　同プログラムは、保護観察対象者*に対する専門的処遇プログラム（「特別遵守事項」により受講を義務付け）として実施され、知的に制約がある者、小児に対する性加害を行った者など特定の問題性をもつ者に対応する指導内容が追加されたことなどが特徴である。

　同プログラムでは、受講者にプログラムの目的を理解させる導入プログラムから始まり、５課程からなるコアプログラムに進む。コアプログラムは、認知行動療法に基づく指導で、「A. 性加害のプロセス」「B. 性加害につながる認知」「C. コーピング（対処方法）」「D. 被害者の実情を理解する」「E. 二度と性加害をしないために」という全５セッションで構成されている。各セッションは、ワークブックをもとに、保護観察所で個別もしくはグループでおおむね２週間おきに実施される。

　例えば、Dセッション「被害者の実情を理解する」では、視聴覚教材等を用いて架空の被害者の声を聞くなどして、被害者が受けた影響を理解し、事件につながる認知のクセを考え、再犯防止に向けた動機付けを高めるよう指導する。最後のEセッション「二度と性加害をしないために」では、「これからの人生でどのような自分なりたいか」を想像し、それに近づくための具体的方法を考えるとともに、それまでのセッション内容を振り返り、「再犯防止計画」を受講者本人が作成する。

　コアプログラム終了後は、メンテナンスプログラムとして、担当保護司の指導

のもとで再犯防止計画を定期的に見直し、毎月セルフチェックシートを提出して、セッションで学んだことが日常生活に活かされているかを点検していく。

　こうした性犯罪者への認知と行動に働きかける専門的処遇プログラムは、十数年前には全く実施されていなかったことを思うと、性加害の再犯防止への取組みはかなり進んできたといえる。今後の課題としては、次の点を挙げたい。①刑事施設と保護観察所の連携を強固なものにし、対象者が性加害の与える影響の大きさを自覚し、再犯しない生活を維持できる指導を一貫して行うこと、②プログラムの効果検証をして新たな知見も盛り込み、指導内容の改訂を継続すること。

　さらに、最近の動きとして、刑事司法手続終了後も性犯罪をした者の支援を継続するため、2023（令和5）年3月法務省が「性犯罪の再犯防止に向けた地域ガイドライン」を作成・公表した。これにより、地方公共団体等を主な担い手として、地域において支援を効果的に行うことができるようになった。地域社会全体で性犯罪の根絶と予防に向かう展開となるよう、地方公共団体と関係機関の努力に期待したい。

＊性犯罪再犯防止プログラムの対象者は以下のとおり。
・罪名として不同意わいせつ（刑法第176条）、不同意性交等（刑法第177条）、監護者わいせつ及び監護者性交等（刑法第179条）、不同意わいせつ等致死傷（刑法第181条）又は強盗・不同意性交等及び同致死（刑法第241条）が含まれる者（未遂を含む）。
・本件処分の罪名のいかんにかかわらず、犯罪の原因・動機が性的欲求に基づく者（下着盗、住居侵入等）。
　また、保護観察処分を受けたり少年院を仮退院したりした18、19歳の少年も同プログラム義務化の対象となっている。

【参考文献等】
・「性犯罪者処遇プログラム検討会報告書」https://www.moj.go.jp/content/001331664.pdf（最終閲覧：2023年8月31日）
・法務省保護局観察課（2022）「性犯罪再犯防止プログラム：STEPs」『更生保護』73（8）、13−20
・「性犯罪の再犯防止に向けた地域ガイドライン〜再犯防止プログラムの活用〜」https://www.moj.go.jp/hisho/saihanboushi/hisho04_00091.html（最終閲覧：2023年8月31日）

（いとう・ふじえ）

5. 精神科医から

より良い被害者支援に向けて

飛鳥井 望

医療法人社団青山会青木病院 院長
公益社団法人被害者支援都民センター 理事長

　インタビュー結果からはさまざまな被害者の語りに触れることができた。精神科医として被害にあわれた方々の治療にあたっている経験をもとに、日頃考えていることを以下にまとめる。

（1）問題をどう捉えるか
1）性犯罪・性暴力被害者の長期の精神的後遺症を理解する

　深刻な性被害は心的外傷後ストレス障害（PTSD）の発症率が最も高い外傷的出来事であるにもかかわらず、被害者はしばしば誰にも話したがらないことから、被害が潜在化しやすく、またトラウマ症状の治療のために受診するのをためらうことも少なくない。その理由は、多くの場合、加害者は被害者と何らかの関係のある見知った人物であり、また被害を受けたことを周囲に知られるのを憚られる気持ちなどからである。そのため顕著なPTSD症状が存在していても未治療のままに年余にわたって経過し、それにより、二次的、三次的に生活上の困難が「雪だるま」のように拡大してしまう危険がある。したがって、トラウマ症状が明らかな被害者には、やはり早い段階で適切なトラウマケアが提供されることが望ましい。

　深刻な性被害は、典型的なトラウマ反応としての再体験（フラッシュバックや悪夢等）、回避（出来事を思い出させる事物・人物・状況を避ける）、過覚醒（過度の警戒心や過敏反応等）のPTSD関連症状に加えて、被害者のメンタルヘルスに長期にわたり悪影響を及ぼす心の変化がしばしば生じる。中には10年以上も前の性被害による精神的後遺症で初めて相談に訪れる人もいる。性被害が長期に爪痕を残す要因は、自責感や汚れ感、自信喪失等の否定的認知である。「なぜ防げなかったのか」「自分にも落ち度があったのではないか」「結局は自分のせいで起きたことではないか」と被害体験以来ずっと内心で自分を責めていることがある。あるいは、「自分はもう汚れてしまった」「肉体的

にも精神的にも汚れていることを知れば本当に自分を愛してくれる人はいない」「普通の幸せはもう望めない」というような気持ちを心の奥底で抱いていることもある。また社会的場面での男性に対する慢性的な不安緊張によって、対人関係や社会適応上に支障が生じると自信を失ってしまう。さらには、性生活上にも困難が生じることがある。一つは性的嫌悪感・忌避であり、そのためにパートナーとの関係危機につながることがある。逆にもう一つは、性化行動といわれる、一見すると無防備で奔放な性行動や性非行である。被害前には見られなかったこういった性化行動の背景には、「セックスなんて大したことではない、私は平気だ」という深刻な無力感の破れかぶれのような裏返しや、「どうせ汚れてしまったのだから、もうどうなってもいい」という自暴自棄の感情が大抵の場合潜んでいる。

　これらの否定的認知の存在は、被害者の自尊感情を大きく損ない、精神的後遺症が長期化する最大要因となるにもかかわらず、被害者自身から積極的に語られることはまずない。したがって、治療者や支援者が「アンテナ」を張って、被害者に染みついている否定的認知の存在に気づき、トラウマケアの中で取り上げ修正を図る介入が必須となる。

２）死亡事故・殺人遺族の外傷性悲嘆を理解する

　悲嘆は愛する対象の死別・喪失による感情的反応であるが、認知・行動・身体生理的次元にわたる一連の変化をも含んでいる。犯罪や事故の被害者遺族には、外傷性悲嘆（PTSDを伴う悲嘆）の状態がまれならず出現し、悲嘆はしばしば遷延・複雑化する。現場目撃、死亡告知、遺体確認場面等の執拗なフラッシュバックに悩まされるかたわら、あまりにも理不尽な突然の喪失に向き合い受容することの困難から、回復への出口は見失われてしまう。

　回復への第一歩は、やはり外傷性悲嘆による一般的な反応を理解することから始まる。心理教育では次のような死別後の心の変化について一つひとつ取り上げ、遺族の気持ちを汲み取りながら繰り返し話し合うことで理解を促すことが求められる。そしてどのような悲嘆にも必ず出口があり、悲嘆は「不治の病」ではないことを伝え、希望の種を蒔く。

① 悲しさ、寂しさと思慕（また会いたい、戻ってきて欲しいという願い）

② 起きたことが現実と信じられない気持ち

③ 怒り（不条理へのやり場のない怒り、周囲の関係者にも向けられる憤り）

④ 抑うつと空虚感（自分の一部も喪われたようで、人生が空しく無意味に思える）

⑤ 自責感と申し訳なさ（後悔と自分のせいだという思い、生きていることの

申し訳なさ）

⑥　再体験と過覚醒の反応（フラッシュバックや不眠、集中困難）

⑦　回避（喪失の苦痛感から、故人を思い出させる会話、事物、場所を遠ざける）

⑧　感情麻痺（喜びや楽しみを感じることができない）

⑨　否定的な考え（自分は無力で、世の中は不公正だ）

⑩　人間関係への影響（他の人のことに関心がわかず、一緒に過ごすのもわずらわしい）

3）医師とのめぐり合わせに左右される現実がある

　精神科医や心療内科医も十人十色である。薬も処方しつつ上述のような心の変化に寄り添い、丁寧な精神療法的関わりをされている医師もいる。しかしながら、精神療法的関わりはどちらかというと希薄で、表面的な症状（不眠や抑うつ感）のみを聞いて薬を処方するだけという医師の方がまだまだ多い。残念ながら、医師により当たりはずれが小さくないのが実情であり、はずれた場合はトラウマや悲嘆の適切な理解とケアが実質的には何も進まない形での診療が続いたり、治療中断に至ってしまうことになる。それだけでなく、無理解による医師の何気ない一言が、被害者の心の傷をさらに深めたというエピソードも、まれならず聞き及ぶことがある。

（2）より良い被害者支援に向けて

1）個々の不得手をカバーし合える連携を大事にする

　犯罪被害者支援においては、関係機関個々にそれぞれの問題と改善点はあるのだが、もう一つ欠かせない重要な視点が関係機関連携の質である。良い連携ができていれば、それぞれが抱えている不得手とするところや及ばないところを相補うような形で支援全体が展開することが期待できるのである。

　性被害女性の実際例である。被害直後に警察通報し犯人は逮捕されたが、人が背後を通るだけで飛び上がるほどの過敏反応等が続いたため休職を余儀なくされた。被害から数か月後に警視庁被害者支援室にようやく本人が相談し、支援室から民間支援団体である被害者支援都民センター（以下、「都民センター」）に、精神的支援の提供と、犯罪被害者等給付金（以下、「犯給金」）申請のための医師診断書も含めて医療機関紹介の要望があった。いきなり警察が連絡し犯給金申請書類を依頼しても医師が戸惑うことがあり、都民センターに事前説明の仲介の要望であった。都民センターで心理専門職がトラウマ心理教育と症状評価を行い、PTSD症状が顕著であったため、トラウマ焦

点化認知行動療法（PE療法）の適応があることを説明した上で、顕著な不眠と過敏反応には薬物処方の必要性も考慮し精神科受診を勧めた。本人は、薬の服用や精神科受診に抵抗感があったが、都民センターが紹介してくれるのであればと受診を了解した。精神科クリニックには都民センターから、本人同意の上で事前連絡をし、①被害概要と現在の心身状態、②刑事手続と裁判支援の進行状況、③都民センターでのPE療法の実施予定、④犯給金申請手続への協力願いを伝えた。クリニック医師からは、PE療法の経過も見ながら、適宜投薬を検討することの返答があった。都民センターでのPE療法完了後、PTSD症状は改善し、その後はクリニックの継続受診と都民センターの心理面接の双方に支えられて、本人は裁判も無事に乗り越えることができた。また、医師の協力で犯給金申請手続もスムーズに完了した。このように良い連携と信頼関係ができていると、個々では不得手で及ばないことを互いにカバーし合うことで、支援全体をスムーズに運ぶことが可能となる。

２）精神科や心療内科の医師に望むこと

　将来的には、犯罪被害者や遺族の診療において、次のような５つのポイントを実践していただける医師が地域に着実に増えることで、被害者支援を支える大きな力となることを願っている。

①　安全・安心と信頼の場を築く

　安全・安心なくして心の回復はあり得ない。初診時には、まず被害者が現実的に今は安全な環境の下にいるかを確認し、必要であれば、警察通報を含めた緊急介入や、家族や知人に協力を頼んでの一時避難等も考慮し助言する。医師は支持的共感的に接しながら、被害者との信頼関係を育むことを心がける。

②　安易な励ましや批判・非難をしない

　医師の不用意な言葉が、他者不信と受診相談への忌避感を強め、自責や羞恥に関わる否定的認知を強めてしまうことがある。「起きたことは仕方がない」「忘れたほうがいい」「命が助かっただけでもよかったじゃない」などの安易な説得、励まし、慰めは効果がないばかりか、精神的苦痛を理解されていないという思いを抱かせ、かえって被害者を傷つけることになる。また、被害者の取った行動に対する批判や非難がましい言葉は厳に慎む。性被害者に対して「なぜ抵抗しなかったの、なぜ逃げられなかったの」といった一言は、「やはり自分が悪かったのだ」と責められているように感じさせ、傷を深めてしまう。

③ トラウマ体験の内容を丁寧に尋ねる

　トラウマ体験の具体的内容については、初めから詳細に語れる人もいれば、話すことすらほとんどできない人もいる。詳細について無理に話を引き出すのではなく、本人のペースに合わせる。例えば「これからの診療上必要なことなので、お話しできる範囲で結構ですから、お伺いしたいのですが、どのような被害だったのでしょうか」と丁寧に尋ね、苦しみやつらさに対して共感的に接しながら傾聴する。

④ トラウマ心理教育

　トラウマ体験後にしばしば生じる症状を「異常な事態に対するよくある反応」として説明し、被害者に理解してもらう。説明では、PTSD関連の侵入症状、回避症状、過覚醒症状、否定的認知等について一通り取り上げることで、被害者は症状に対する不安が緩和されるとともに、被害者が抱えている症状の苦悩や困難に対する医師の共感的理解を伝える機会にもなる。さらに家族面接の機会を利用して家族にもトラウマ心理教育を行うことで、家族の症状理解を促し、サポート力を高めることができる。

⑤ 他の援助機関への紹介

　被害者はトラウマ症状の治療だけでなく、各種の司法的・行政的手続や生活再建等で、さまざまな援助サービスを必要とすることがしばしばである。したがって、症状を聴取した後に、「他にも何か心配なことやお困りのことはありますか」と尋ね、現実的問題への援助も受けられるよう、一緒に問題を整理し、必要に応じて適切な援助サービスにつなげることにも常に留意する。

（3）犯罪被害者の回復とは何か

　2004（平成16）年に制定された犯罪被害者等基本法第14条において「心理的外傷」による影響からの回復が掲げられたことは、被害者の精神的支援を押し進める上で大きな後押しとなっている。自然災害も被災者に精神的衝撃とトラウマ症状をもたらす。しかし、犯罪被害による精神的後遺症は、自然災害よりも深刻である。それは犯罪被害とは、他人の悪意や不作為により個人の尊厳を踏みにじられた体験であるからにほかならない。筆者が思うに、犯罪被害者の回復とは、究極のところ踏みにじられた尊厳の回復である。そして個人の尊厳の回復には、心身健康の回復、権利の回復、生活の回復のいずれもが必要とされるのである。

（あすかい・のぞむ）

6．性犯罪・性暴力被害者ワンストップ支援センターから
性暴力被害者に寄り添う

坂本理恵

日本赤十字社愛知医療センター名古屋第二病院
性暴力救援センター日赤なごやなごみ　医療ソーシャルワーカー

（1）性暴力救援センター日赤なごやなごみの活動
1）病院拠点型ワンストップ支援センターの役割

　2016（平成28）年1月5日性暴力救援センター日赤なごやなごみ（以下、「なごみ」）は、救命救急センターをもつ日本赤十字社愛知医療センター名古屋第二病院内に開設された。24時間365日対応可能な病院拠点型ワンストップセンターである。ワンストップ支援とは、医療・司法・行政にわたる急性期の総合支援システムとして、被害にあった人に被害直後から、総合的な支援を可能な限り1か所で提供することであり、支援活動の基本は、本人に寄り添い、意思とペースを尊重し、医療支援・心理支援・法的支援・生活支援を実施するために、多機関多職種を結びつける役割を担っている。これまで性暴力を専門とする相談窓口が数少ない中で開設できたことは、被害の顕在化と地域の安心・安全の確保に貢献できていると思われる。

2）チームとしての活動

　なごみの強みは、専門の研修を受けた支援員（アドボケーター）、同じく専門の研修を受けた性暴力被害者支援看護師（以下、「SANE」）、産婦人科・泌尿器科・救急科・精神科・小児科等の医師、また医療ソーシャルワーカーや公認心理師等にて、24時間365日切れ目なく、相談を受けることが可能な点にある。

　医療支援として、避妊薬の投与や検体採取の緊急医療処置や性感染症検査の実施。心理支援として、院内や精神科クリニックの医師等と連携し、主に心理教育・トラウマケアの実施。法的支援として、警察・検察、なごみ連携弁護士の協力の下で法的措置の検討。生活支援として、安心・安全な居場所の確保や経済的な問題等について、児童相談所や女性相談支援センター（旧・

婦人相談所）、民間の支援団体、また子どもの場合は、学校等とも連携して支援を行っている。

（2）なごみにおける性暴力被害の実態
1）2016年1月5日〜2023年3月31日までの統計データ

なごみを開設して7年3か月の間に、電話相談延べ1万1,307件、来所相談延べ3,340件、相談者の実人数としては2,396名からの電話相談があり、来所相談に至ったのは1,057名である。初回電話の1,439名（60.1%）は時間外であり、24時間開設している意義がある。

また、初回電話相談の1,187名（49.5%）は被害者以外の家族や他機関等からであり、被害者自身から電話することが容易ではないことが分かる。被害者の多くは女性だが、来所相談者2,396名のうち男性は27名（2.6%）あった。紹介経路は警察からが一番多く、次に院内救急から被害者の発見、次にインターネット、児童相談所や医療機関等と続く。

被害者の年齢は20歳をピークに2歳から30歳までに大きな山があり、30歳未満が74.5%を占め、高齢では80歳代に至る。被害は不同意性交が半数近くを占め、72時間以内の方には、緊急医療処置（避妊薬の処方や証拠検体の採取）の提供ができる。

加害者の多くは知人であり、見知らぬ人からの被害は123名（11.6%）、特筆したいのは、親族からの被害が258名（24.4%）を占める現状である。さらに18歳未満の子どもに限れば、30.1%が親族からの被害であり、その中で、父親からの被害が64.7%、兄からの被害は18.8%を占めていた。被害場所としては、屋内の場合は、自宅・加害者宅・ホテルの順で、カラオケ店も利用されており、また、屋外では加害者の車や公園や駅のトイレがある。

被害から来所までの時間は、避妊薬の有効な72時間以内の来所が46.9%を占めるが、中には1年を超えて最長は40年前という場合もある。1年超で来所される場合、73.3%の方が、18歳未満で受けた被害であり、いつまでもトラウマが癒えないことが分かる。被害者の支援にあたっては、警察・弁護士・女性相談・精神科・行政・児童相談所・産婦人科のクリニック・学校という順番でなごみの連携先となっている。

2）性暴力の概要

なごみにおける性暴力被害を分類すると、おおよそ次の6つになる。

① 見知らぬ人からの被害：これはいきなり路上で襲われるものから自宅への侵入等がある。

② 身近な親族からの被害：子どもの場合、何をされているのか分からないことで被害が長期化することが多い。そのため、複雑性トラウマや解離性人格障害等の診断を受けることも少なくない。家庭が壊れることもある。あまり取り沙汰されることはないが、兄妹間の性被害もある。背景にDVが隠れていることも多々あり、適切なケアが受けられていないことも起こり得る。

③ 立場を利用された被害：これはコーチや教員等の信頼する人からの被害、また職場の上司部下関係での被害等にあたる。基本的に教える側と教えられる側でもあり、立場がもつポジションパワーもあり、生活に与える影響は深刻である。

④ SNS絡みの被害：これはSNSのもつ利便性と、その裏返しで人が軽んじられて起こる性被害の怖さの二面性がある。レイプドラッグが使われた被害につながることもある。また、友達のように近づいてきて徐々に親しくなり、性的なわいせつ画像を送ってしまうことで、デジタルタトゥーとして、完全にネットから消すことができない被害も起こる。

⑤ 配偶者や交際相手からの被害：これはDV・デートDVである。救急外来へケガ等で受診されることもしばしばある。精神的にも経済的にもコントロールされて孤立していることもあり、受診という貴重な機会を逃さず支援が必要である。

⑥ 友人・先輩からの被害：これは早く相談できるとよいが、さまざまな関係性により困難な場合もある。その後、精神的なダメージで、引き込もるなど、日常生活に支障が生じることもある。時間が経てば、改善するともいえず、むしろ被害事実が立証できなくなることもあり早期の対応が望まれる。時に妊娠も絡み、児童相談所・保健センター・学校との連携も欠かせない。

3）病院拠点型ワンストップ支援センターのメリット

公的機関と同様に守秘義務のある医療機関として、救命救急センターをもち24時間365日男女差なく日頃から対応しているために、多機関との情報共有を始め、連携がスムーズに行きやすい。また、被害者にとっても、医療機関ということで特別視されることなく相談しやすいと考える。DV被害者がなかなかその環境から抜け出せない場合も、ケガ等により救急で受診された

ことを機に支援につながることもできる。それだけにスタッフの勘どころも重要である。医師・SANE・支援員・医療ソーシャルワーカー・公認心理師等、様々な医療関連職種があるので、急性期から中長期に向けた最初のタッチを得意としており、多機関との協働を進めていく。ただし、現状では、「養育支援体制加算」（不適切な養育が疑われる小児患者に対する多職種で構成された専任チームでの支援体制の設置に対する評価）以外は、医療・福祉・保健・警察・司法・教育等、関係機関との適切な連携を診療報酬上で算定できるものがない。財源等の問題もあり、病院拠点型ワンストップ支援センター体制整備はなかなか進んでいない実情がある。

（3）インタビュー協力者の声を聴いて
1）全体を通じて

　ポイントが3つある。1つは、心理的支援の充実。適切な介入がなく、心的外傷後ストレス障害（PTSD）の症状がいつまでも続いている被害者の方がいる。人に話せないことだったり、トラウマケアができていなかったり、症状を理解できていないことだったり、周りからの理解も不十分なために、自分には価値がないと思ってしまったり、身体や心をさらに傷つけてしまうことが起きる。自分の行動がどうして起こってしまうのか、影響が長期に及んでしまうことなど、心理教育やトラウマケアが非常に重要であることが分かる。そのためには、性被害にあうことも他人事ではないこと、身近な人からの被害もある可能性、プライベートパーツは触らせないこと、触るためには同意をとることなどの予防教育から、被害にあったらすぐに話して欲しいことなどの教育が重要であり、またその支援体制の充実が重要であると考える。

　2つめは、支援者自身の姿勢。支援者の向き合い方が問われる。自分の役割を認識しながら、被害者の心情に寄り添った支援ができると、被害者には安心して話せる一歩となる。身近な家族等も、ときに本人を傷つけてしまう。そこで、本人と同様に性被害は身近にあることを認識でき、またその対応の仕方についての教育啓発、また時には家族も二次受傷した被害者として支援することも必要と考える。子どもの時の学校の対応についての疑問の声も聞かれた。学校は、性教育もようやく再開されたところであり、まだまだシステマティックに対応できているわけではない。インタビューで聴かせていただいた声を活かしていくことが大切である。

3つめは、被害者にとっての回復である。より早期に被害の相談ができ、可能な選択肢の提供を受けて実施することである。それは警察への被害の相談であったり、被害を再び受けることのない生活環境への転換だったりと考えられる。「あなたは悪くない」とちゃんと言われてケアを受けながら、できる選択肢を実施し、心理的な支援も受け、正解のない問いに向き合っていけるようそのレジリエンスに関わらせていただく。

２）精神科との連携強化の必要性

　被害直後から、適切な支援が受けられず、対応する機関のスタッフが発する心ない言葉で二次被害を受け、さらに相談者は厳しい状況に陥る。できるだけ被害直後から、ワンストップ支援センターにつながり、秘密は守られ、本人にとって必要な情報や手当や多機関へのつなぎが受けられることができたら、それ以上悪化することは避けられる。しかし、適切な機関につながることなく、声がけや対応を受けられず、身体だけでなく心も傷つくと、回復には何倍以上の力が必要になる。相談者には、元々精神科に受診されている方も多い。主治医に言えなかったとか、言ったが聞いてもらえなかったと言われる方もある。精神的な疾患として、受診しているに関わらず、回復につながりにくい現状があることも感じている。薬だけで対応することのできないPTSDの治療を積極的に受けている医療機関は決して多くない。PTSDやトラウマで苦しむ人が減るためには、積極的に治療を引き受ける機関が増えることが望まれる。その費用のほとんどが自費となっているので、できる限り負担軽減できることが必要である。苦しむ人が一人でも減ることを願ってやまない。

３）身近な親族からの被害

　加害者は見た目では分からない。親の社会的立場に限らず、子どもが被害を受けている現実が垣間見られる。子どもは生まれながらに、自分で親を選ぶことはできない。被害にあっていても、その環境下で、されていることが分からず何とか生きている。被害の意味が分かってきたところで、ようやく被害児童は信頼できる大人か友人等に言える。基本的には、児童虐待なので通告され、児童相談所へ一時保護される。他者に言えず大人になることもある。中には、親や兄弟姉妹の生活の崩壊を心配して、警察へは被害申告せず、自ら一人で親元を離れることで、自分なりの解決を図ることもある。非加害親に協力してもらえると心強いが、DVが存在して困難なこともしばしばである。苦しくても被害時には解離を繰り返しながら何とか乗り越えるが、結

局いくら時が経過してもトラウマを抱えて生活している方も多々ある。被害にあい続けることがないように、年齢に応じた人権をベースにし性教育を行うことで、言葉で伝えることができ、より早期に適切な支援が受けられることが重要である。子どもだけでもなく、非加害親へもしっかりとサポートすることが必要であり、多機関多職種による家族丸ごとの重層支援が必要といえる。

4）被害者の安心につながる支援

「どうせ私のことは、信用してもらえていない」——父親から性虐待を受けていた女性の言葉である。懸命に生きてきた方に、この言葉を言わせてもいいのかと思う。相談した機関の人が親の話を聞いて、自分を信じてくれなかったと言う。少なからず虐待を受けて育った複数の被害者からこうした言葉を聞いた。支援を受ける側の安堵につながらなければ意味がない。被害者が支援者から受ける二次被害は深い傷となる。安心できる支援は重要である。

5）子ども同士の加害と被害

せっかく被害のことを打ち明けたのにかかわらず、そのことに周りが対処することなく放置されると、被害を受けているのにかかわらず、そのまま加害者が対処されないことで、話ができなくなり、学校にも行けなくなり、孤立する。結果として加害者はそのまま普通に生活を送るため、さらに被害者の方が追い込まれるという実態がある。兄妹の場合は、保護者が監護を怠ったとして「ネグレクト」という児童虐待の対象となる。学校の先輩や同級生であれば、警察への被害届は重要な行動となるが、家庭内の場合、結果として、家族も学校も対処できず、適切な支援や指導がなされず、見過ごされることになる。これは大きな問題となるので、地域の大きな課題として関係機関の中で対策を考えることは必須と考えられる。そのため人権をベースにした性教育は非常に重要である。孤立は何よりも被害者のダメージとなる。

個人的な見解ではあるが、同じ学校内に被害者と加害者がいた場合、多くの被害者は被害にあったことを人に話すまでに時間がかかる（言わないだろうという子が狙われやすい）。被害の事実も明確な証拠の確認もないままに、周りが適切な対応ができないことで、被害者は語ることもできなくなり、学校に行けなくなる。その結果、加害者はそのまま普通に生活ができてしまうことも起こっている。学校は、双方が同じ学校の生徒だから、同じ扱いしかできないとして、直接介入を避けることもある。しかし、生徒が話した時点で、加害者から話を聴き取ることはできることの1つと考える。できるだけ

早く事実を確認することは非常に重要と思われる。その後、警察へ相談する等どうするかを考えればよい。いろいろなケースを検討して対策をつくり上げていくべきだが、その途中にあるのが現状と思われる。

（4）医療ソーシャルワーカーの役割
１）多機関多職種連携の必要性とそのポイント

性暴力被害者への支援は多機関とともに進めていくことが必須である。多機関連携は、機関を紹介するだけではない。本人の状況から、その意思に寄り添い、適切な支援の提供を行う必要がある。支援員やSANEや公認心理師や医師が対応している状況が円滑にいくよう広げていく。とはいえ、制度上は、役割や任務が異なる機関との連携でもあり、情報共有も協働も容易ではないことをしばしば経験する。これは業務遂行上やむを得ないことでもある。機関の役割には、強みも弱みもある。強みを活かしつつ、弱みは補完しつつ、被害者とその家族の最善の利益を大事に、ぶれないように歩み寄りながら支援を進めていく地道な活動ともいえる。機関ごとのダメ出しではなく、本人にとっての最善の状況を共有しながら、支援を進めることが大事なポイントである。

２）医療ソーシャルワーカーとして大事にしていること

被害者への支援においては、被害者の意思に寄り添うことはどの職種も同じように大切にしていることだが、医療ソーシャルワーカーとして大事にしていることは３つある。

１つは、ワーカビリティ（問題解決に取組む力）の評価である。人によっては、PTSDや解離等により、適切な意思表示ができない場合もある。その人の態度や行動等の背景にあるものを十分に意識しながら、支援スタッフ間で情報共有しながら支援方針を立てることである。医療ソーシャルワーカーの専門性の部分として、安心・安全な生活の場の確保のための支援の視点が大切である。

２つめは、ポジショニングである。大局を見据えて組織として、今の自分の立場・役割としてできることを考えることである。支援者の姿勢としては、その人がその人らしくwell-beingできることを目指す。本人や御家族に対して、一緒に考えさせていただくことと、そのために必要な機関へつなぐこと、そのためには、支援者同士も情報共有しながら、またそれぞれの専門性を尊重しながら、活かし合うこと。そして、制度として「ない」場合でも、その

問題に対しては、できる限り変化を求めて多機関等に掛け合うことは忘れたくない。

　3つめは、社会風土の構築への貢献である。被害者・加害者の対立軸だけでなく、痛みを感じられない他人事を我が事に変えられる仕組みが必要である。悲しみや憎しみや恨み等の負の感情をもつ意味から、加害者も被害者もその周りの人も、学び気づけるとよい。そのため、性暴力被害の理解が進むように教育啓発活動にも力を入れている。まだまだ不足している子どもへの社会的養護の充実をはじめ、DV被害者の女性への支援体制の充実も必要である。DV・児童虐待・性暴力の連鎖ではなく、自尊感情を大事に、人権の尊重を大事にし合い、より良く生きるための風土づくりに貢献することが必要と考える。

（さかもと・りえ）

7．病院のソーシャルワーカーから

喪失体験をした家族に寄り添う

牧　祥子
聖路加国際病院 相談・支援センター医療社会事業科
ソーシャルワーカー

　私がソーシャルワーカーとして勤務する病院は、三次救急（より高度な救急医療に対応することが求められる）の指定病院で、心肺停止、交通外傷、自殺企図等の患者さんが日々搬送されてくる。家族やかけがえのない人を思いがけず急に亡くした方々に対して、病院としてどのような対応をしているか、どのようなことを大事にしているかなど、日頃の経験をもとにまとめたい。

（1）病院での取組みについて

　突然の死に直面した家族に対して、当院ではその家族へ寄り添う取組みをチーム医療の一環として行っている。ソーシャルワーカーとしての対応はまず傍にいる、話を聴くことだと思う。例えば最初に病院に到着した人が、他の家族が合流するのを一人で待つ間、一人で医師の処置を待つ間、霊安室に行く道すがらなど。また、グリーフケアが必要なことについて、最初に気づ

くのは救急部看護師であることが多い。そこからソーシャルワーカー、チャプレン（病院の牧師）が加わり、多職種に対応が引き継がれていく。

　しかし、病院の慌ただしい時間軸のなかでは、家族を十分にケアする時間が取れないことも多い。そんなときは後からでも相談できるように、支えられるように、当院では『大切な方を亡くされた方へ』という相談先を記したリーフレットを看護師が渡している。慌ただしい中でも、看護師は、救急外来の喧騒から隔てられた部屋に家族を待機させたり、事情が呑み込めないくらい幼い子どもがいると、その子どもと遊んだりと気を配っている。

　病院を離れた後の家族からの相談窓口対応はソーシャルワーカーの大事な仕事となる。その相談は、例えば「眠れない」「涙が止まらない」「病院での経過をもう一度聞きたい」「子どもにどう説明すればいいか」「学校にはどう伝えたらいいか」そして「話を聞いて欲しい」など多岐にわたる。担当ソーシャルワーカーは一つひとつ丁寧に話を聴き、専門治療の必要性、緊急度をその都度判断して、専門医の受療支援を行い、病院内の多職種にも相談し、対応を引き継ぐ。また、家族の了承を得て外部機関を紹介するなど連携をとっている。

　前述したとおり、家族が病院に滞在する時間は往々にして短くて濃いものだと思う。病院にいる限られた間で、家族は悲しむ時間も途方に暮れる時間も許されないのではないかと感じる反面、そこでの体験は記憶に残るはずである。辛い事故に遭遇した患者さんや、その家族に対して心を込めて対応したい。うっすらでも鮮明でも、「病院にいたこと」の記憶は家族に残るであろう。記憶に残る病院の体験ならではの質の高いグリーフケアの実践を模索していきたい。

　また、ソーシャルワーカーとしては、もともと被害者家族がもっていたはずの人や機関とつながる力を引き出し、そのつながりをつくるお手伝いをしたいと考えている。病院以外の社会資源との連携も欠かせない。例えば家族本人への精神的な支援であれば、地域の保健所の保健師を紹介する。家族を亡くしたお子さんや、残された家族への支援としては家族ケアとして子ども家庭支援センターと連携する。そうすることで幼稚園、学校、学童保育等とともに見守り体制を組んでくれるケースもある。こういった病院だけで終わらない、地域社会で暮らす家族へのシームレスな支援がソーシャルワーカーの課題であろう。

（2）職員自身へのグリーフケアの必要性

　対応する職員自身のケアも重要といえる。職員も家族と同じように悲嘆し感情を揺さぶられることを体験することが多い。職員自身へのグリーフケアの必要性にかんがみ、当院ではそこに意識を向けたプログラムを始めている。具体的には、職員間のグリーフケアプログラムである。心療内科・精神科医師の講義のあと、グリーフケアに関わる多職種、すなわち、看護師、チャプレン、ソーシャルワーカーらがグループワークを行う。三次救急ならではの「立て続けに来る患者」「ひっきりなしの対応」への戸惑いや壮絶さ。「自分の対応はあれでよかったのか」という迷いや混乱。自身の体験や感じたことを分かち合う。

（3）グリーフケアを模索する中で感じること

　実は、私も中学生時代に祖父を亡くした交通被害者遺族のひとりである。今回の執筆にあたり、親族と過去の経験を振り返ったとき、インタビュー協力者の語りで何度か触れられている「周囲が良かれと思ってかけた言葉に傷ついた」二次被害が思い出された。急に大切な家族を亡くした被害者、そして心ない言葉や態度で深く傷ついてしまう被害者に対して、私たち医療スタッフはどのような言葉を掛けたらよいのだろうか。毎回戸惑い、躊躇しながらも、被害にあった方々から学びたいと考えている。

　最後に、以前私が対応したグリーフケアのケースを紹介したい。親族を亡くした高齢女性に、他の親族の到着を待つ間、チャプレンと一緒に病院の待合室で付き添ったことがある。何を話そうか、声をかけることもはばかられる雰囲気を傍らに感じたため、途方に暮れ、亡くなられた方がどんな方なのかをぽつぽつとお聞きした。女性は混乱しながらも「あんたがいてくれて心強いよ」と話し、のちに３回忌を迎えたころにはソーシャルワーカーの私にもう一度会いに来てくれた。

　「病院にいる時間は短時間、辛くて濃い時間、どうしたらいいのか途方に暮れる時間、でも傍にいてくれるスタッフがいた」という体験が、逝去した被害者とその家族を支える一助になると信じ、その時間を大切にしている。

　このような取組みを根付かせるのは容易ではないだろう。実践を始めたソーシャルワーカーの力量はもちろんだが、総じて、私の病院ではソーシャルワーカーの意見を尊重し信頼してくれる土壌がある。それは「医療職ではない専門性」というものなのか。院内、院外多職種そして患者・家族と深く

広く関ることで得られる「人間らしい専門性」というのかもしれない。まず
は日々のソーシャルワーカーによる患者・家族支援の延長線上にこうしたグ
リーフケア支援があると思う。それぞれの病院の特徴もあるだろう。日常業
務の過程で感じるケアの必要性、問題意識、そして感じた気持ちを同職種、
多職種と声に出して共有することから始まるのかもしれない。

　なお、上記で紹介したグリーフケアは、当院で逝去された患者御家族のみ
を対象としている。本稿をまとめるにあたっては、同僚の山口絵美氏、柿森
千草氏の協力を得た。

（まき・しょうこ）

8．民間支援団体の相談員から

ともに考え、ともに歩む
──犯罪被害者支援センターの関わりから

工藤美貴子
公益社団法人あおもり被害者支援センター相談員

　インタビュー協力者の方々の貴重な語りから、犯罪被害の実情や被害の影
響、必要な支援、そして対応する機関への具体的な要望をいただいた。民間
支援団体の支援の不十分な点もご指摘いただき大変参考になった。民間支援
団体「あおもり被害者支援センター」の相談員として、日々の支援活動を通
して、被害者支援の現状や、改善に向けて考えることなどを述べたいと思う。
支援を受ける方によって配慮を要するところはそれぞれ違うと思われるが、
相談員・支援員の対応や支援の内容については、被害の状況や罪種によって
の違いはなく、共通と捉えて読んでいただきたい。

（1）あおもり被害者支援センターについて
1）支援活動
　当センターは、2007（平成19）年に青森県内おける犯罪被害者等への支援
を行う民間支援団体として県民プラザ内に開設された。全国にある48団体と
同様に、事件発生から被害者の方々が直面する刑事司法手続、心身への影響、

経済的負担、日常生活の変化等のさまざまな困難について、関係諸機関との連携を図りながら、継続的な支援を目指し、日々支援活動を行っている。

2）途切れない支援

途切れない継続的な支援活動の一つとして、当センターでは、2011（平成23）年10月から自助グループ「犯罪・交通事故被害者遺族のつどい」を運営している。自助グループは殺人や傷害致死、交通事犯により大切な御家族を亡くされた御遺族が安心して気持ちを語り合える場として、月1回開催している。

3）性犯罪・性暴力被害者のためのワンストップ支援

当センターでは設立当初から性被害にあった方々や御家族の相談を受け支援を行ってきたが、2017（平成29）年から性犯罪・性暴力被害者のためのワンストップ支援センターとして青森県より委託を受け、性暴力被害専用相談電話で対応し支援を行っている。

4）広報啓発活動等

支援活動のほか、被害者の現状や取り巻く状況等を、多くの方々に理解していただき、二次被害を与えることのない社会全体での被害者支援を目指し、青森県内各地で開催されるキャンペーン活動、講演会の開催、機関紙等の発行を行っている。

（2）被害者からの相談を受けて―当センターの現状と課題
1）相談員・支援員の対応や支援内容等
① 電話は支援の入り口、大事なファーストコンタクト

電話は相手の様子を視覚で得ることはできず、聴覚のみとなり、それは電話の向こうの相談者も同じであり、相談者は「どのような機関なのか」「自身の相談内容にどのように対応するのか」など不安を抱えている場合も多いと思われる。当センターでは、対応する相談員は、自身の声のトーンや話す速度、対応の癖など自身の電話対応状態を知ることが第一に重要だと考えている。その上で、当センターの支援活動や関係機関の各種情報について熟知しておくことが大事である。

また、電話相談の相手も内容も毎回違うため、相談員としての対応後の振り返りも大事にしている。さまざまな困難や不安等を抱えた相談者の心身の負担を少しでも軽減し、「ここに相談できて、話せてよかった」と思えるような対応、次につなぐことができる対応を心がけている。

被害者は、誰にも相談できずに一人で問題を抱えておられる方、誰かに話し傷つきを経験され話すことが怖くなっている方など、話すこと自体が負担になっている方が多い。そのため、初めて話すこのファーストコンタクトは、相談者の状況や心情を感じ取り、丁寧に親身に寄り添うことで、次の支援につなぐうえで重要な機会と捉えている。

2　「分からない」ことが大きな不安

　被害者は被害後さまざまな「分からない」ことに直面する。当センターでは、支援の担当となる支援員が最初の面接で、センターの支援内容、一般的な今後の刑事司法手続の流れ等について、資料を提示しながら説明する。一般的な内容だが、刑事司法手続の全体像が見えるのは不安の軽減につながる。また早い段階で、当センターで提供できる支援や刑事司法手続の流れを伝えることで、現時点での被害者の気持ちからどのような支援を求め、どのような機関につながることが必要かなど一緒に考えることができる。

　気を付けなければいけなのは、被害者にとって一度の説明ですべて理解することは難しいと捉えて対応を心がけること。最初に全体的な説明をし、その後は適宜その時の状況を確認しながら、再度説明していくきめ細やかな対応が必要である。今後の流れ等を説明し、選択肢のメリット・デメリットも伝えて一緒に考え、適切な支援や機関につなぐことは当センターの大事な役割の一つである。

3　専門的な心理的支援や法律相談は専門家へつなぐ

　当センターでは、弁護士による法律相談へつないだり、臨床心理士のカウンセリングによる心理的支援につなぐことを行っている。弁護士による法律相談は当センターの理事である弁護士を介し被害者支援に精通している弁護士を紹介し、今後の刑事司法手続の流れや弁護士の関わり、被害者が使える制度等の説明をする。

　社会的反響のある事件は県内のニュースになるほか、全国版のニュースやインターネットニュースにもなり、マスコミの動きも激しくなる。また、近年はインターネットによる被害者の特定や書き込み等がされることから、そうしたマスコミへの対応やインターネット上の書き込み等の削除等も含め弁護士へ相談し依頼することも多くなってきている。

　弁護士から被害事案に対する法的支援について具体的に聞くことができるのは、より具体的に今後の見通しを考えることができる。弁護士へつなぐタイミングは状況により異なるが、マスコミへの対応やインターネット上の書

き込み等への対処の場合は早急につなぐ必要がある。

④ 当センターによる刑事裁判の支援

　当センターでの刑事裁判支援については、事前に検察庁と打ち合わせをし、その内容を被害者とも共有する。裁判に臨む被害者等は不安や緊張も大きいため、事前に大まかな流れを伝え、公判当日も再度確認している。裁判では被害事件のことを改めて聞くことになり、被告人も法廷にいることから、被害者自身も予期せぬ心身の状態になる場合があるので、控室の確保も検察庁を通して裁判所に依頼することが多い。

　傍聴される被害者には支援員が付添い、被害者の状況に配慮する。例えば、体調の変化や感情の高まり等があり、傍聴を続けることが難しくなったような場合、担当の相談員・支援員が付添い控室へ誘導する。その日の審理終了後は、裁判に対する思いや被告への感情等を受け止めながら「今、ここ」の時間を意識するように努め、次回の確認等を行い帰路の安全を確認してからその日は解散とする。基本的に被害者が安全で安心と感じる環境を確保しながら、裁判に臨むことができるように支援するよう努めている。

⑤ 「ひとりじゃない」社会へのつながりを取り戻す一歩となるように

　被害にあったことによる大きな変化には、刑事司法手続に関わる機関や性被害後の処置等のため医療機関等へ行くことがある。警察や検察庁、裁判所は重々しく感じ、緊張や不安、警戒などの気持ちを伴う場合が多い。病院での処置等にも大きな不安や心細さを抱えられる方も多い。そうした負担を軽減できるよう、事前に日程や動線等の調整を行い、当日は同行し、場合によっては聴取、問診等への同席、終了後の気持ちのフォロー等に努めている。

　支援は支援を受けられる方の意思決定に沿って行われるが、意思決定に至るまでの混乱した状況も一緒に考え、整理しながら行い、その後の付添支援も不安な場所へ一人で向かうのではなく、当センターの支援員が同行することで、孤立感から「ひとりじゃないんだ」と感じていただき、社会への信頼感を取り戻す一歩となるよう願いながら関わらせていただいている。

　しかし、一方で付添い先での支援員の対応に傷ついた声も受け止めなければいけない。関係機関に赴く際は支援を受けられる方のお気持ちや心身の状態を把握しながら対応し、付き添う支援員は、例えでいえば「黒子」であることを忘れず動くことが大事だと思う。ここでも、支援に携わる支援員は自身の反応を知ることが大事と考える。どういった場面でどのような反応が現れるのかを事前に知る、予測することができれば自身の反応に対処し、適

切な支援が行えると考える。

２）被害者支援の改善に向けての取組み

⬜1 つなぎ、重ねる関係機関との連携支援、ワンストップ支援の実現へ

　民間支援団体には生活支援が乏しい、行政とのスムーズな連携が必要といった課題は、私自身も現状から痛感している。

　全国の支援センターの中には、関係機関との連携や被害者支援条例の制定を機に、行政との連携会議等が定期的に開かれているところもあるが、当センターでは現在構築しているところである。民間支援団体は当初、刑事司法手続の支援が中心であったが、被害者の抱える困難は多岐にわたり、現在は生活全般を見渡しての途切れのない継続的な支援を目指すため、自助グループの運営や関係機関との連携体制が必須となっている。

　実際、被害者に必要な支援も時間の経過や取り巻く状況の変化とともに変わっていくため、最初は支援センターがコーディネート機能を担っても、刑事司法手続の支援中心から生活支援中心となれば、その経過に合わせながらコーディネート機能を担う機関も行政や社会福祉機関等へと変わっていくことになる。関係機関同士のつながりを保ち、全体での見守りを続けるためにも、各関係機関が関われる支援を一同で話し合い、役割を明確化することが重要と感じる。

　関係機関との連携は受け身であると順調には運ばない。手探りだが理解を得ながら実務を重ねて、スムーズな連携の形、ワンストップ支援を実現させたいと現在構築中である。

⬜2 広報啓発活動は継続が大事

　私は常に被害者支援の効果的な広報啓発活動について考えている。「もっと早く支援センターを知っていたら」「自分が被害にあって初めて被害者の現状等について考えた」などの声は実際に支援で関わっていて触れることが多い。

　以前、青森県内において一般市民へ支援センターの周知のための広報活動を行っていた時に「私は被害にあわないから」と広報物を受け取らない方がおり、一人二人ではなかった。犯罪の被害は、いつどこで誰があうかもしれず、身近な方が被害にあったときに支援センターを教えていただくことが支援のつながりの一歩と思われるため、他人事ではなく自分事として捉えていただけることが効果的な広報活動と考える。

　当センターでは、県内各地で開催され来場者の多いイベント等の活用や被

害者御遺族、センター相談員の講演、年2回の機関紙を発行し、県内行政機関や公共機関への機関誌の設置依頼、県内市町村発行の広報誌への広報掲載依頼、マスコミの取材を受け番組や記事による広報等、他センターで行っている方法を参考にしたり、独自で考え工夫したりしている。広報啓発活動は継続することが大事と考え、当センターの相談員・支援員とともに今後も続けていきたい。

③ **プロ意識をもったボランティア支援員等の育成と支援センターの財政等含めた種々な支援**

全国にある民間支援団体は資金も乏しく、ボランティアの方々の協力で成り立っているところが多い。ボランティアの相談員・支援員は毎月の定期的な研修を重ね、学びを深め、ディスカッション等から考えや視点を広げており、先輩相談員や支援活動責任者は後進育成を担って力を注ぎ、日々研鑽し合い、被害者支援のプロを目指している。

しかし、ボランティアで携わっている方々にとっては支援活動が重責であることも否めず、また、被害者が被害にあう前の生活に近づけるよう支援していくことが支援の目的であるため、即戦力となる専門職の採用や有給での採用は必須であると考える。現在支援活動も増加傾向にあり多岐にわたるため、支援活動の経費や人件費の増加が見込めないと、支援センターの活動の継続が困難となることは明らかで、危惧するところである。

目の前の困難に直面している被害者に対して、今後も継続して安定した支援の提供ができるよう私どもが考えるとともに、社会全体で考えて欲しい課題である。

インタビュー協力者の方々の率直な思いや御意見をいただけたことで、私自身がこれまでの支援を見つめ、今後の支援や組織を考える機会を得られたことに感謝の気持ちでいっぱいである。これからも、関係機関との連携や相談員・支援員の育成等を含め、民間支援団体としての支援の充実を図り、被害者の声を大切に日々の支援活動に活かしていきたいと思う。

（くどう・みきこ）

9. 教育現場から

スクールソーシャルワーカーから見た
学校の被害者対応

横井葉子
聖徳大学心理・福祉学部社会福祉学科准教授

（1）スクールソーシャルワーカーの視点

スクールソーシャルワーカーは、「学校における子どもの福祉の支援に従事する」学校の「職員」である（学校教育法施行規則第65条）。多くは都道府県、市区町村等の地方自治体の教育委員会に所属して、それらの自治体が設置する学校に派遣されたり配置されたりしている（私立の学校に雇用されている場合もある）。職務内容は、不登校、いじめの加害・被害、暴力行為や多動性、自傷行為、自殺念慮等の形でSOSを表出する子ども（背景には家庭や学級、学校における家族や友人、教員との関係性の問題があることが多い）や児童虐待や家庭の経済的困窮等、家庭への支援が必要な子どもの支援に校内の関係者及び関係機関等と連携して関わること、また、これらの未然防止や早期支援の体制づくりを校内及び地域に働きかけることである。学校では、子ども同士の関係、子どもと教職員の関係、教職員同士の関係、そして子どもの家族、地域の人々の関係が複雑に絡み合う。こうした場で、子どもが「問題行動」と呼ばれるような行動によって、生きづらさを抱える大人の代わりにSOSを表出することは少なくないのである。

スクールソーシャルワーカーは、こうした子どものSOSを「個人の問題」と捉えるのではなく、子どもを取り巻く環境（たとえば家庭、学校・学級、地域社会）について情報を集め、分析し、環境面における不具合を特定し、それらが問題解決に向けて機能するように人や組織などの仕組みに働きかけて調整をはかる。その際、子ども主体、子どもの最善の利益（児童権利条約）の優先、子どもの強みへの着目などに価値を置く。また、校内および地域に多職種・多機関による支援のネットワークと仕組みが形成されるようにチームアプローチを重視する。

筆者は、2009（平成21）年からスクールソーシャルワーカー及びそのスーパーバイザー（指導・助言者）として活動してきた。ここでは、「学校における」

子どもの支援を行う立場から、学校現場、特に義務教育及び中等教育の年齢の子どもと学校に視点を置いて述べることとする。

（2）性被害にあわれた方々の声に接して

インタビュー協力者の声に接して、第一に、性被害が起きている場が通学途上、地域、校内、家庭内と多岐にわたることに驚く。また、加害者も痴漢だけでなく、教員、家族、カウンセラーとさまざまである。学内で「怖い大人」から性被害を受けた、家族からの性被害を受けた後にカウンセラーから性被害を受けたなどの重大な例が潜在している。身近なところのどこででも、性犯罪は起こり得ると気づかされる。学校では、地域で通学途上に犯罪に巻き込まれる可能性、あるいは外部から校内への侵入者を想定して警戒を強めてきているが、校内と家庭内の性被害は未だ潜在化しており対策の外にあるのではないか。

第二に、インタビュー協力者の多くの方が、親には「怖くて言えなかった」、加害行為の「意味が分からなくて言えなかった」と語っていることである。筆者は、特に「意味が分からなくて」というところに着目する。「怖くて言えなかった」という声が、心理の専門的なケアを必要とする領域であるのに対し、「意味が分からなかった」というのは事前の教育によって予防できると考えるためである。児童虐待防止の領域では、性的虐待の防止を含む子ども向けの啓発目的で書かれたさまざまな絵本が刊行されている。また、学校に認定NPO法人CAPセンター[*79]を招いて、子どもたちを対象として性被害を含む暴力防止ワークショップを実施する学校もある。小学校低学年からの性教育についてもさまざまなプログラムが開発されている。こうした教材や手法を用いて早期に子どもたちに予防教育を行うことにより、信頼できる大人を探し、伝える力が子どもたちに備わるのではないか。特に予防教育の推進に関する養護教諭と生徒指導主事の役割は重要であろう。学校ごとの取組みにゆだねることも大切ではあるが、必要最低限の予防教育を法令等によって保障しなければ、「大人に言わない」子どもたちを濫用する大人の行為に歯止めがかからないだろう。

---

*79　CAPセンター・JAPANは、「子どもの人権が尊重され、子どもへのあらゆる暴力を許さない社会」を作ることを目指して、実践者の養成、地域活動の支援、社会啓発の講演会、専門職研修等を広く地域で実施している団体。https://cap-j.net/outline（最終閲覧：2023年11月1日）。

第三に、今回のインタビューの語りでは取り上げられていなかったが、イ
ンターネットを用いた性被害の深刻さを指摘しておきたい。善悪の判断や社
会性が未熟な思春期の子どもたちは、インターネットを用いて取返しのつか
ない加害行為に及ぶことがある。加えて、義務教育期の子どもたちは現在、
2020（令和2）年のコロナ感染症による休校措置を機に、子どものインター
ネット環境の格差を解消すべく文部科学省が推進した「1人1台PC端末」
によって、全員がインターネットにつながる端末を所持している。インター
ネットを加害行為に使用しないことへの効果的かつ継続的な教育プログラム
が必要とされている。

（3）犯罪被害に関する学校の強みと弱み
1）学校の強み
　第一に、学校は優れた組織を構成している。この組織性を生かしてPDCA
サイクル（子どもが抱える課題のアセスメント→支援プラン作成→プラン実行・効
果のチェック→再アセスメント）に則してチームアプローチを展開すれば、さ
まざまな子どもへの支援の実効性を高めていくことができる（横井 2016）。
　第二に、学校にはさまざまな行事があり、それらの中には卒業式、発表会
等、人生のセレモニー（儀式）として行われるものも少なくない。卒業式に
遺族が参画することで遺族も「卒業できた」とのインタビュー協力者の語り
にあるように、こうした行事が遺族の気持ちの整理に何らかの役割を果たす
場合もあることが見てとれる。
　第三に、学校を通じて子どもは友だちをつくる。友だちは、成長に欠かせ
ないものである上に、インフォーマルなサポートを与える。効果的な予防教
育によって深刻な悩みを抱える子どもを信頼できる大人につなぐ役割を果た
すのも友だちである。また、「ママ友」が遺族に代わって言葉を発してくれ
たとの語りがあったように、学校を通じた親密な人間関係は、希薄化してい
る地域の人間関係の中で貴重なサポートを提供する。大勢の学友や保護者が
参列する「大きなお葬式」の語りも、こうした人間関係をもとにコミュニティ
が形成されていること、被害にあわれた方がコミュニティに包摂されること
の大切さを示唆している。
　第四に、学校は生徒指導主事を核として警察との連携体制を長く構築して
きている。学校の安全および地域との連携を考える際、このことは外せない。
　一方で、以上に挙げた強みは、裏返せばそのまま学校の弱点となり、子ど

もや家族を傷つける場合がある。

２）学校の強みを生かす動向

① 『生徒指導提要』の改訂

学校の生徒指導主事向けに文部科学省が発行する手引書『生徒指導提要』が2022（令和４）年に改訂された。生徒指導について、近年の子どもや社会の状況に即して体系的に編集されているこの手引書においては、事案が発生してからの事後対応だけでなく、すべての子どもを対象とする予防や未然防止、早期支援が重視されている。

スクールカウンセラーやスクールソーシャルワーカーを含む教職員が行う「教育相談」も、生徒指導の中に明確に位置付けられている。「教育相談」では、個々の子どもが抱える課題の「アセスメント」に基づき、チームで教職員が支援を展開することがいわれている。また、多様で複雑な子どもの課題に対して教員だけがすべての業務を担おうとするのではなく、スクールカウンセラーやスクールソーシャルワーカーを含むさまざまな専門職の参画のもとで、組織的に支援を展開する「チーム学校」[*80]の考え方が基本とされている。

犯罪被害防止の観点からは、この手引書の「学校危機」（予防的なリスクマネジメント及び事案発生後のクライシスマネジメント）の項が注目される。ここでは、「通常の課題解決方法では解決することが困難で、学校の運営機能に支障をきたす事態を『学校危機』と呼び」、学校レベルの危機だけでなく、「個人レベルの危機（虐待、帰宅後の事件・事故、家族旅行中の事故、家族の死亡、性的被害、自殺、貧困問題）など、学校の管理下に含まれないもの」にも「学校は、児童生徒個人や学校での交友関係に配慮した対応を行うことが必要」になると明記されている。これは「学校は個人レベルの危機にも対応する」と読むことができ、学校現場から専門職を含むチームで支援を行う根拠となると捉えられる。

② いじめ防止

2011（平成23）年に発生した「大津市中２いじめ自殺事件」を契機として、2013（平成25）年６月に「いじめ防止対策推進法」が成立し、同年９月から施行された。同法第２条には「この法律において『いじめ』とは、児童等に

---

*80　中央教育審議会「チームとしての学校の在り方と今後の改善方策について（答申）」平成
27年12月．https://www.mext.go.jp/b_menu/shingi/chukyo/chukyo0/
toushin/1365657.htm（最終閲覧：2023年11月１日）。

対して、当該児童等が在籍する学校に在籍している等当該児童等と一定の人的関係にある他の児童等が行う心理的又は物理的な影響を与える行為（インターネットを通じて行われるものを含む。）であって、当該行為の対象となった児童等が心身の苦痛を感じているものをいう。」と規定されている。同法の下で、学校はいじめ防止組織を置くことが義務付けられ、その中にスクールカウンセラーやスクールソーシャルワーカーを含むことができるようになっている。重大事案が発生した際の対応等についても定めてある。同法が定めるところが学校現場に定着するには不断の努力が必要であるが、事案発生時の初動からこの法の枠組みを利用して組織的に漏れのない対応を行うことによって、関係者の混乱や葛藤を最小限に収めることができると思われる。

3）学校の弱み

① 性的虐待への対応

先に述べた『生徒指導提要』（改訂版）は非常に充実した内容となっており、児童虐待についても15頁を割いて予防から対応まで詳細に記してあるが、性的虐待については具体的な対応方法の記述がなく、児童虐待への全般的な対応に包含されている。手引書としての機能を果たすためには、性的虐待については二次被害の防止や事実確認の方法等、支援者が知っておくべきことが多く、別に項を設けて記述する必要があると思われる。性的虐待については、未だ対応方法について啓発が必要とされる段階であると考えられる。また、児童相談所等との連携のためにスクールソーシャルワーカーの活用を進める必要がある。

② 学校の中で起こる性加害・被害の予防と対応

学校の中で起こる性加害・被害には、①子ども間の性加害・被害、②大人と子どもの間での性加害・被害、③外部の侵入者からの子どもへの性加害・被害が考えられる。①についてはいじめ防止対策推進法の枠組みに沿って、専門職を入れて、助言を受けながら対応する必要がある。②、③については、ためらわずに警察に通報する。いずれの場合も管理職および教職員に「学校危機」としての認識が必要であり、教育委員会等がそれを指摘する必要がある。学校の外部である教育委員会に在籍するスクールカウンセラーやスクールソーシャルワーカーには事案が秘匿されることも珍しくないが、本来なら学校にない視点からアドバイスができ、役立つはずである。

③ 教育委員会のコミットメント

学校危機において、学校現場（多くの場合、学校管理職）に全面的に対応を

委ねる教育委員会の姿勢を垣間見ることがある。学校がなかなか認識をもて
なかったり対応方法に悩んだりするような事案においては、学校の設置者で
ある教育委員会の積極的な手引きや応援体制が必要と思われる。

（4）子どもの教育保障のために

　学校という場は基本的に、決められたカリキュラムに則り一斉に日々の授
業が繰り返されている場であり、子どもの個別性に対応するには限界のある
システムとなっている。しかし、今日では学校・教育委員会とフリースクー
ル等の民間機関の連携も法律に定められており[*81]、個々の子どもの状況に応
じた教育が少なくとも制度上は保障されている。犯罪被害にあうという極め
て過酷で個別的な経験をした子どもにも、専門職・専門機関との連携の下で、
子どもの状態に適った教育が保障されなければならない。

　こうした点で、学校にはより一層の多職種・多機関連携が求められる。異
なる法律や価値に依拠する職種・機関が一つのチームになって支援を展開す
るためには、目的・目標の共有と支援の計画化（プラン策定）、すなわち組織
的で計画的な支援が必要である。個別的な支援を行うには、子どもを中心に
置いて家族、支援者が集まり、支援の計画を立て、役割分担のもとで目標に
近づくための策を実行し、一定の期間を経て効果を見ていく計画性が必要な
のである。ソーシャルワーカーという職種（「社会福祉士」、「精神福祉士」の名
称の国家資格）は、こうした計画的な支援をチームで展開するための教育・
訓練を受けている。学校は、スクールソーシャルワーカーを活用することに
よって、課題に直面する子どもの個別性に応じた支援を推進できるのである。

　犯罪被害が関係する場合、子どもの家族が子どもの代弁者・擁護者として、
あるいは遺族として支援の対象となる事案が少なくないであろう。家族への
支援について、ここでは紙面を割くことはできなかったが、支援の組織化・
計画化にあたり、家族は重要なメンバーであり対象であることを追記してお
きたい。

＊81　「義務教育の段階における普通教育に相当する教育の機会の確保等に関する法律」（2016
　　年12月14日公布）。

【引用・参考文献等】

・文部科学省（2022）『生徒指導提要　令和4年12月』
https://www.mext.go.jp/content/20230220-mxt_jidou01-000024699-201-1.pdf
（最終閲覧：2023年11月1日）

・横井葉子（2016）「スクールソーシャルワーカーの仕事と校内体制」『新教育課程ライブラリ』Vol.6、34-37

・認定NPO法人CAPセンター・JAPAN
https://cap-j.net/save-child/assault（最終閲覧：2023年11月1日）

（よこい・ようこ）

第6章

被害者支援の新たなステージに向けて

伊藤冨士江

　2024（令和6）年は犯罪被害者等基本法が制定されて20周年の年にあたる。このインタビューに応じて下さった22名の方の被害にあった時期をみると、2004（平成16）年以前が7名、2005（平成17）年以降が15名で、直近は2019（（平成31）年だった。近年被害にあった方々の声からは、警察や検察の対応が改善されていることが読み取れた。立件する際の検察の説明が不十分といった指摘はあったものの、基本法の制定以前と比べると一定の改善が見られる。

　我が国の被害者に対する施策や支援は、第1章で概観したように、経済的支援から始まり、精神的ケア、刑事司法手続上の配慮、そして日常生活上の支援と充実が図られてきたが、そうした支援は被害者の元に届き、ニーズに十分対応できているだろうか。また、一般市民の被害者支援に対する認識は進んでいるだろうか。

　現在、被害者支援において地域によって支援の格差があることは否めず、一般市民の間に被害者支援の重要性が広く理解されているとは言い難い。

　基本法制定後20年がたとうとしている今、被害者支援の新たなステージに向けて、現状の課題を整理しながら「求められる支援」について、①地方公共団体の支援力、②多機関連携の体制整備、③被害者の刑事手続への関与、④社会における被害者支援の重要性という4つの観点からまとめたい。

①　地方公共団体の支援力のレベルアップ

　被害者が住み慣れた地域で元の生活を取り戻していくには、自治体からの支援は欠かせない。しかし、その支援の法的根拠となる被害者支援を目的とした条例を制定している自治体はまだ限られ、全国の市区町村で見ると上記の条例を制定しているのは35％にとどまる（2023年4月1日現在）。したがって、例えばある自治体では条例に基づく支援として見舞金や生活支援金のほか、

転居費用・配食サービス費用の助成等が受けられるが、隣の自治体ではそうした支援を一切受けられないといった事態が起こる。全国どこにいても被害者が同じ質の支援が受けられるようにすることが急務である。

　人口規模の小さな基礎自治体では、そもそも犯罪被害の件数が少ないので支援体制は必要なのかといった声が上がることも多い。だが一方で、「犯罪被害にあう人は必ずおり潜在化していることも多い。困っている人々を支えるのが行政の役割」と認識し、アウトリーチ的支援を行っている基礎自治体もある。被害者支援は、安全で安心できる地域づくりに波及するものであり、どこでも起こり得る多数の死傷者が出るような重大事件に備える意味もある。

　まず、行政としての被害者支援の必要性を認識し、自治体内の体制整備に取組んで欲しい。被害者のための総合的対応窓口には対人援助専門職を配置することが望ましいが、小さな自治体では人事・財政上難しい場合もあろう。兼務であっても福祉部署の相談業務の経験者もしくは行政の仕組みを熟知している職員を配属し、被害者に対応できる力を付けるとともに、組織内の被害者支援に関する優先順位を上げていくことが肝要である。

② 多機関連携の体制整備と推進

　被害にあったことで被害者は、時間の経過とともにさまざまな困難やニーズを抱える。多様なニーズに対応するには、警察、検察、弁護士を始めとする刑事司法機関、自治体、民間支援団体、医療機関、教育機関等の関係諸機関・団体による緊密な連携が不可欠である。被害者自らが必要な窓口を探すことは心身の負担が大きい。また連携といっても、単なる他機関紹介にとどまっていてはならない。被害者を中心に置き、そのニーズを見極め関係機関・団体が集って調整会議を開き、支援を組み立てていくような仕組みが必要である。

　地域によってはすでにそうした仕組みをもっているところもあるが、全国で見ると未整備のところの方が多い。都道府県、市区町村、警察、民間支援団体等主な機関・団体の役割を明確化し、日頃から互いの「顔の見える」実務的な会議体を動かしておくことが大事である。

　多機関連携の体制でポイントになるのは、個人情報の取扱いに関する取決め（ガイドライン）とコーディネーターの存在であろう。とくに、コーディネーターについては被害者のニーズに応じて、関係機関・団体と適切な調整を行う力量が求められ、その役割を担う専門職を都道府県に配置することが望ま

れる。都道府県にコーディネーターを置くことで、市区町村への助言等が可能となり支援の活性化にもつながる。

　何より被害者にとってワンストップで必要な支援がスムーズに提供されること――これが実現されて初めて多機関連携体制が整備されたということができる。それぞれの地域、自治体の実情に合った体制を整備すべきだが、確実に機能させるためには国として財政面も含めバックアップしていくことが求められる。

③ 被害者の刑事手続への関与のさらなる充実

　長い間被害者は公判手続の中で「証拠」の立場しか与えられていなかった。しかし、1999（平成11）年に被害者等通知制度（以下、通知制度）が始まり、被害者は事件の処理結果、公判期日、裁判結果等を通知されるようになった。その後2004（平成16）年に基本法が施行され、犯罪被害者等基本計画の重点課題の１つに「刑事手続への関与拡充への取組」が入ったことで拡充が進んだ。現在は検察、裁判所、矯正施設、保護観察所における通知制度によって、公判、受刑、保護観察の段階での加害者の情報を得ることができる。大きな転換点としては、2008（平成20）年の被害者参加制度創設があり（Column❷❼参照）、被害者は一定の要件のもとで刑事裁判に参加できるようになった。司法機関の重い扉が、徐々に開かれていった感がある。

　また直近の動きとして、2023（令和５）年12月１日から「刑の執行段階等における被害者等の心情等聴取・伝達制度」（2022〔令和４〕年の改正刑法による）が始まった。これは、被害者が被害に関する心情、矯正施設の加害者の生活や行動に関する意見等を述べ、加害者に伝えることができる制度である。更生保護ではすでに2007（平成19）年より心情等伝達制度[*82]が導入されているが、より早い段階、すなわち加害者が矯正施設にいる間に始めようという趣旨で導入されたものである。被害者の中には刑事裁判（少年審判）以降の加害者の動静に関心をもつ者は少なくなく、「どんな処遇を受けているか知りたい」「真摯な謝罪が欲しい」などのニーズがある。同制度はそうした被害者側のニーズに対応し、加害者処遇の充実を図るのが目的だが、実際どのように運用されていくか注視する必要がある。被害者に二次被害を与えることがない

---

　*82　更生保護における犯罪被害者等施策の１つで、対象は保護観察中の者である。2023（令和５）年12月1日から「心情等聴取・伝達制度」と名称変更。

よう、的確な運用と事後評価が望まれる。

　上述の刑事手続への関与、情報提供は、被害者の目から見るとまだ不十分な点はあるものの一定の進展といえる。しかし、残された課題の一つとしては、医療観察制度[*83]の対象となった事件の被害者の問題がある。同制度の対象となり不起訴となると一般の刑事事件と異なり、被害者への情報提供や審判への関与はかなり制限される。被害者の中で最も「取り残されている」のが、この医療観察事件の被害者である。医療の問題としてベールに包んでしまうのではなく、他害行為を行った者のプライバシーを保護しつつ被害者の権利を認めた対応ができないか、突破口が見出されることを強く望みたい。

4　社会における被害者支援の重要性の浸透

　犯罪被害の問題について研究を始めた2005（平成17）年頃から数年間にわたって、被害者支援の実態調査のためニュージーランド、イギリス、アメリカを訪れたことがある。どの国も被害者に対する素早い支援システムが確立されており、支援にあたるスタッフのトレーニングも充実していた。日本は相当遅れを取っていると感じたものだったが、近年はかなり整備され支援先進国並みになった面も多い。

　ただ、被害者支援に関する社会の認知度は低く、公益社団法人民間支援団体の活動や自治体の被害者のための総合的対応窓口が広く周知されているとは言い難い。多くの民間支援団体や自治体は、課題として一般市民の周知度の低さを挙げ続けている。ニュージーランドやイギリスでは「Victim Support」といえば、どんな支援をする団体か広く認知されており信頼も得ている。我が国の認知度の低さは、被害者支援に対する一般の関心の低さの反映といえる。

　「被害者の人権が尊重される社会を」というのは、今から30年ほど前に我が国の被害者支援の礎を築くうえで尽力された方の言葉である。常に、その実現を念頭に、インタビュー協力者の思いを反映できるよう被害者支援の重要性の浸透、さらなる充実に取組んでいきたい。

---

*83　心神喪失又は心神耗弱の状態（刑事責任を問うことのできない状態）で殺人、放火、強盗等の重大な他害行為を行った者に対して適切な医療を提供し社会復帰を促すことを目的とした法律。2005（平成17）年から施行。

C o l u m n ❾

自治体の総合的対応窓口に福祉専門職を置く意味

大岡由佳
武庫川女子大学心理・社会福祉学部准教授

　被害者支援では、刑事司法手続における支援やカウンセリングが重要な支援となる。一方で、犯罪被害によって受ける経済的困窮、就労、家事や育児・介護の問題、学校教育の問題など、生活の支援も欠かせない。

　国は、犯罪被害者等基本法の施行によって、犯罪被害者等基本計画（以下、「基本計画」）を5年ごとに見直してきているが、次頁の図に示したように「支援等のための体制整備への取組」に関して、地方公共団体における犯罪被害者等支援体制の整備を促進してきた。第3次基本計画において、専門職として社会福祉士及び精神保健福祉士等の活用及びこれらとのさらなる連携・協力を打ち出した。

　しかしながら総合的対応窓口等の専門職配置は、『令和5年度犯罪被害者白書』によると、2023（令和5）年4月で、11都道府県、8政令指定都市、93市区町村（前年：13都道府県、7政令指定都市、95市区町村）となっており、都道府県で2割、市区町村で1割にも満たず、むしろ、2022（令和4）年度よりも微減している状況にある。つまり、いまだに支援自体が十分でない地域が大多数なのである。

　一方で、自治体の被害者支援といったときに、潜在的被害者のニーズの発掘から被害者支援を始めていく必要に迫られている。また、関係機関の連携を密にして、被害者支援ニーズを吸い上げていく体制整備を早急に進めていくことが求められている。決して、その地域に被害者がいないのではなく、被害者はいるが単に支援機関につながっていないという事実を認識する必要がある。

　そして、被害者が相談に来た際の窓口の課題も存在している。被害者の生活の問題は、医療、保健、福祉と密接に絡んでおり、さまざまな社会資源を熟知しコーディネートしていく必要がある。高齢者や障害者支援分野において、介護保険法や障害者総合支援法を根拠法として、公的にケアマネジメントが行われているが、被害者支援分野においても、一部の支援者の情熱に支援を頼るのではなく、エビデンスに基づいたケアマネジメント支援を体系立てていく必要があると考えられる。そこに、社会福祉士や精神保健福祉士といった国家有資格者の関与を拡充していくことが効果的だと考えられる。福祉専門職を配置することが、被害者が既存の社会資源をフルに活用し、生活再建を促すことにつながる。何よりも、被害者のエンパワメントを促し、被害者の権利を擁護することにつながると考えられる。

図　地方公共団体における総合的対応窓口の施策的位置づけ

(第1次)基本計画　全ての都道府県に犯罪被害者等のための総合的対応窓口を整備

第2次基本計画　市区町村においても窓口の設置が促進され、市区町村に総合的対応窓口を整備

第3次基本計画　体制整備の取組みが求められていた
- 総合的対応窓口の設置及び地域住民に対する周知の促進
- 総合的対応窓口等の充実の促進
- 専門職の活用及びこれらとのさらなる連携・協力の充実・強化
- 総合的かつ計画的な犯罪被害者支援の促進等

第4次基本計画　さらなる体制整備の取組みが求められている
- 総合的対応窓口の設置及び地域住民に対する周知の促進
- 総合的対応窓口等の充実の促進
- 専門職の活用及びこれらとのさらなる連携・協力の一層の充実・強化
- 地方公共団体間の連携・協力の充実・強化等
- 犯罪被害者等施策に携わる地方公共団体の職員等の育成及び意識の向上等

出典：警察庁：犯罪被害者等施策、犯罪被害者等基本計画、ホームページ（筆者改変）

　現在、福祉専門職の活用は、司法福祉分野では矯正施設や保護観察所、地域定着支援センター等の加害者支援での活躍が目覚ましいが、今後は被害者支援にも福祉専門職の関与が切に望まれており、それらの職能団体は、被害者支援分野への福祉専門職の活用・連携を後押ししていく必要があるだろう。

（おおおか・ゆうか）

自治体における総合的対応窓口の充実に向けて
——研究者の視点から

大塚淳子
帝京平成大学人文社会学部教授

　被害にあわれた方々のインタビューに臨み、生活への影響が長期化、多岐化していることを改めて認識した。また、種々のニーズに対応する社会資源や支援体制の不足が生活困難を助長していることも痛感した。さらに居住地域による格差も深刻な問題である。

　犯罪被害者等基本法の基本的施策第11条に記されている「相談及び情報の提供等」に該当する内容は、国及び地方公共団体が主体となっている。しかし、インタビューからは、支援に関する情報や相談窓口の周知不足が被害種別を問わず確認でき、被害者の方が必要な情報や窓口にアクセスできていない現状が窺える。アクセスできた際にも活用できる支援施策がない実情や、さまざまな要因から使いづらいという問題も確認できた。

　被害種別によって被害者が現状で利用できる制度施策は理念法である犯罪被害者等基本法にはなく、例えば児童虐待防止法などの個別法に規定されている。被害の状況や時間の経過等で変わる日常生活や社会生活が円滑にできるようになるためには、児童福祉法や介護保険法、障害者総合支援法等の個別法制度施策をうまく活用する必要がある。しかし、それら個別法制度の要件に合致しない犯罪被害者は利用できない。

　自治体における総合的対応窓口の充実に向けて、現状において考えられる課題を以下に挙げておきたい。

　①我が国の福祉施策等を利用する際には申請主義がとられている。被害に遭遇した直後の衝撃や混乱、受傷等の状態にあっては、被害者による申請が難しいことがある。ファーストコンタクト機関や支援者による分かりやすい情報提供に加えて、各機関や部署連携、またはワンストップ支援窓口等の整備により、庁内での申請支援の在り方やアウトリーチについて検討及び整備が求められる。

　②各種個別制度に規定される施策において公的機関は夜間や休日の対応に限界が生じやすい。被害は日時を選ばず起き得るため、その対応が検討不足である。

　③人口減少傾向を受け、また、事前に数値目標化による量的整備をしづらい犯罪被害者支援施策の特性も踏まえ新規施策の創設困難を考えると、既存制度施策の活用が可能となることが望ましい。既存の個別法制度に規定された支援策を柔軟に転用するためには、その理解と財源等を捻出する根拠となる自治体条例等の策定の推進が求められる。さらに、既存のサービス提供者が二次被害を与えない

ような研修等も求められる。

　④被害者が多岐にわたるニーズを有することにかんがみ、生活支援に関する各福祉分野等の個別法制度施策の内容及び所管部署を熟知している支援コーディネーターの存在が求められる。

　⑤上記コーディネーターの配置及び各関係機関等のネットワークを構築し推進を図るために、官民の役割分担や協働を含む体制整備の必要性を自治体条例に規定しておくことが求められる。

　⑥被害者支援に熟知した行政を始めとする人材育成。特に異動がある市町村の総合的対応窓口担当者への被害者の体験講話、支援に関する講義、他機関連携及び事例検討等の演習を含むトータル研修を県が毎年実施すること。また、ソーシャルワーカーや心理職などの専門職団体等における被害者支援人材研修等の推進が求められる。

　最後に、支援に関する自治体格差が大きいことについてだが、条例が制定されていても自治体規模や理念によって格差が生じていることを踏まえると、どこに暮らしていても適う権利利益のためにミニマムスタンダードを定める国の法制度が基盤として重要である。暮らす市町によって生活再建や人生のリカバリーが困難になるとしたら、被害者の尊厳と権利を護るべき国や地方公共団体の責であり、また、住民の意識の問題といえよう。

　災害大国日本で未だ大災害に見舞われていないから防災計画がないという自治体はないはずである。同様に、被害者の声に耳を傾け、全ての人にとっての安心安全な暮らしを築くことを多くの人と考えていけたらと願う。

（おおつか・あつこ）

◎おわりに

　科学研究費の助成を受け「『被害からの回復』に関する犯罪被害者調査」
の一環として、2021（令和3）年6月から11月にかけて、過去に犯罪被害にあっ
た方々を対象にインタビュー調査を実施した。被害による衝撃、受けた支援、
被害者支援への要望、そして被害後の御自身の変化等をつぶさに語っていた
だいた。インタビュー全体の分析結果は私のウェブサイトに公開したが、こ
の貴重な語りを本として残したいという気持ちが強くなり、本書刊行を企画
した。本には被害者の声だけでなく、支援する側の声や被害者支援の発展経
緯と現状、今後の展望も載せよう、Columnも充実させたいと構想は膨らみ、
「欲張りな」内容になってしまった。

　まず改めて、インタビューに御協力いただいたみなさまに深くお礼を申し
上げます。コロナ禍にあって御負担の多い時期に大変丁寧に対応していただ
いた。今まで研究者としてさまざまな被害者の実情に触れてきたつもりだっ
たが、このインタビューでは実に多くの新たな気づきと示唆があった。

　今回のインタビュー調査では被害からの「回復」を探ることもテーマの1
つとし、「心的外傷後成長（PTG）」という考え方を手掛かりとした。非常に
過酷な経験をきっかけとしたポジティブな心理的変容であるPTGが、「回復」
とつながりをもつのではないかと考え、インタビューにおいてPTGに関わ
る問いを投げかけた。第4章「被害者の語りから被害からの『回復』を探る」
でまとめたように、インタビュー協力者の語りにはPTGと読み取れる発言
が多々あった。

　ただ次のような発言もあったことを記しておきたい。ある御遺族は、事件
から20年ほどたちここまで乗り越えてきた自分をほめたいと語る一方で、「夫
が殺されて、自分は成長したとはとても言うことができない」と明言された。
また、子どものころの性被害で長い間苦しんだ方は、「回復」の経過を「い
きなり白黒テレビからカラーテレビに替わるみたい」な感覚と表現する一方
で、「（被害後）いろんな人のおかげで今の自分の暮らしがあることはよかっ

たと思っている。でも、そう思うことと被害の経験自体を肯定することは違う」と指摘された。

　犯罪被害とPTGの関連は複雑でありトラウマからの成長を一様に認めることは難しいが、こうした研究は我が国ではほとんど行われてこなかった。PTGの研究自体は現在欧米諸国で進められており、臨床面のみならずコミュニティ、社会的支援といった幅広い範囲から捉える視点が必要だと考えている。
　私が犯罪被害とPTGに関心をもつようになったきっかけは、2018年6月開催の第16回世界被害者学会国際シンポジウム（16th International Symposium of the World Society of Victimology）にさかのぼる。このシンポジウムで、Dr. Benjamin Roebuck（当時カナダ・アルゴンキン大学 被害者学と公共安全の研究委員長兼教授）が「レジリエンスと暴力の被害者（Resilience and Victims of Violence）」と題して、暴力犯罪の被害者を対象にしたオンライン調査とインタビューによる大規模調査の結果を報告していた。その報告は「人々はどのように暴力から回復するか」という問題意識のもと、刑事司法システム、援助機関、インフォーマル・サポートとの相互作用から回復過程を分析しており、回復過程を説明する概念としてレジリエンスやPTGを用いていた。被害者やサバイバーの視点から導き出した回復要因は非常に明解なものだった。こうした調査研究を我が国でも実施したいと思うに至り、カナダに赴きRoebuck氏から直接教示を受ける機会も得た。
　また、PTG研究の第一者である宅香菜子氏（アメリカ・オークランド大学 心理学部プロフェッサー）からは、本調査について相談したところ「外傷後成長尺度（Posttraumatic Growth Inventory）の日本語版」等の最新情報をメールで送っていただき、PTGに関する多数の論文・著書を参考にさせていただいた。ここに記してRoebuck氏と宅氏にお礼を申し上げたい。

インタビューは「語り手とインタビュアーの共同作業」とよく言われるが、協力者の語りを被害当事者の視点から的確に分析・解釈し、社会へ橋渡しすることができたか、心許ない気がしている。本書を手にした読者が一人でも多く、被害者問題に関心をもち、個人として、社会としてどうあるべきかを考えるきっかけになることを願っている。

　なお、被害者の方の心情は時間の経過とともに変化し、本書の語りはあくまでインタビュー調査時のものである。また、声を上げることのできない被害者の方も多くおられ、社会に埋もれている声があることに留意したい。

　第5章「支援者側からの声を聞く――被害者支援を改善するために」では、支援現場に何らかの形で関わっておられる9名の方に執筆をお願いした。実務でお忙しい中時間をかけて、編者の意図を汲み取って執筆して下さった。またColumnについても、限られた紙幅で示唆に富む原稿をお寄せいただいた。執筆者みなさまのおかげで本書がより厚みのある内容になったと思う。深謝いたします。

　最後に、本書の刊行は当初予定より大幅に遅れたが、現代人文社の成澤壽信氏には大変お世話になった。出版事情が芳しくない昨今、犯罪被害を全面に出した本の刊行が容易でないことは分かっていたが、現代人文社から出版応諾のメールがあったときは本当にうれしかった。編集作業も着実に進めていただき出版にこぎつけることができた。感謝したい。

編著者　伊藤冨士江

本書のカバー（裏）は、インタビュー協力者の方々の心の癒やしにつながるようにとの思いを込めて早春の花々の写真を選んだ。協力 yakko flower shop（東京・北新宿）。

◎執筆者一覧

*（肩書［所属］は執筆当時）

第1章〜第4章…伊藤冨士江（編著者）
第5章　第1節…奥田　暁宏（警視庁渋谷警察署 警視）
　　　　第2節…梶　　美紗（法務省刑事局付）
　　　　第3節…長谷川桂子（弁護士）
　　　　第4節…川本　悠一（法務省保護局）
　　　　第5節…飛鳥井　望（医療法人社団青山会青木病院院長、公益社団法人
　　　　　　　　　　　　　被害者支援都民センター理事長）
　　　　第6節…坂本　理恵（日本赤十字社愛知医療センター名古屋第二病院 性
　　　　　　　　　　　　　暴力救援センター日赤なごやなごみ 医療ソーシャ
　　　　　　　　　　　　　ルワーカー）
　　　　第7節…牧　　祥子（聖路加国際病院 相談・支援センター医療社会事業
　　　　　　　　　　　　　科ソーシャルワーカー）
　　　　第8節…工藤美貴子（公益社団法人あおもり被害者支援センター相談員）
　　　　第9節…横井　葉子（聖徳大学心理・福祉学部社会福祉学科准教授）
第6章……………伊藤冨士江（編著者）

Column ❶………山上　　晧（東京医科歯科大学名誉教授、公益社団法人被害者
　　　　　　　　　　　　　支援都民センター特別顧問）
　　　　❷………髙橋　正人（弁護士）
　　　　❸………安田　貴彦（公益社団法人全国被害者支援ネットワーク顧問、
　　　　　　　　　　　　　元警察庁警察大学校長）
　　　　❹………小沢　樹里（一般社団法人関東交通犯罪遺族の会（あいの会）
　　　　　　　　　　　　　代表理事）
　　　　❺………河井(川満)由美（〜犯罪被害者支援〜ひだまりの会okinawa代表）
　　　　❻………鴻巣たか子（ハートバンド運営委員）
　　　　❼………平山　真理（白鷗大学法学部教授）
　　　　❽………伊藤冨士江（編著者）
　　　　❾………大岡　由佳（武庫川女子大学心理・社会福祉学部准教授）
　　　　❿………大塚　淳子（帝京平成大学人文社会学部教授）

◎編著者プロフィール

伊藤冨士江（いとう・ふじえ）
早稲田大学第一文学部（心理学専攻）卒業。アメリカ合衆国ウィスコンシン州立大学マディソン校ソーシャルワーク大学院修士課程修了。東洋大学大学院社会学研究科社会福祉学専攻博士後期課程修了（社会福祉学博士）。
警視庁（心理職）、警察庁科学警察研究所（心理技官）、聖カタリナ女子大学等の勤務を経て、上智大学総合人間科学部社会福祉学科教授（2020年3月定年退職）。
現在、法務省中央更生保護審査会委員、警察庁犯罪被害者等施策推進会議専門委員、公益社団法人被害者支援都民センター理事、公益財団法人犯罪被害救援基金理事等。

【主な著書】
『司法福祉・実践と展望―少年司法、刑事司法、医療観察、被害者支援―』
　　（編著、ぎょうせい、2021年）
『福祉が世界を変えてゆく―社会の課題に取り組む現場の声』（編著、上智大学出版、2017年）
『司法福祉入門―非行・犯罪への対応と被害者支援』（編著、上智大学出版、2010年）
『わが国におけるソーシャルワーク実践の展開』（編著、川島書店、2008年）
『ソーシャルワーク実践と課題中心モデル』（川島書店、2001年）

犯罪被害と「回復」
求められる支援

2024年6月10日　第1版第1刷発行

編著者…………伊藤冨士江
発行人…………成澤壽信
発行所…………株式会社現代人文社
　　　　　　　〒160-0004　東京都新宿区四谷2-10八ッ橋ビル7階
　　　　　　　振替　00130-3-52366
　　　　　　　電話　03-5379-0307（代表）
　　　　　　　FAX　03-5379-5388
　　　　　　　E-Mail　henshu@genjin.jp（代表）／hanbai@genjin.jp（販売）
　　　　　　　Web　http://www.genjin.jp
発売所…………株式会社大学図書
印刷所…………株式会社ミツワ
装　幀…………加藤英一郎

検印省略　PRINTED IN JAPAN
ISBN978-4-87798-859-3　C3032
© 2024 Ito Fujie